ヴァロワ朝

フランス王朝史2

佐藤賢一

講談社現代新書

2281

目次

はじめに　王朝が交替するということ

ヴァロワ朝の始まり

一三二八年、フランス最初の王朝であるカペー朝が断絶した。フランク王だったものが、結果的にフランス王になったという意味で最初なのだが、とにかく始祖ユーグ・カペーが即位を果たした九八七年から、実に三百四十一年の長きにわたり君臨してきた王朝が、とうとう途絶えることになった。

フランス王家がなくなったわけではない。カペー朝の後はヴァロワ朝が継いだ。ヴァロワ伯フィリップがフランス王フィリップ六世として即位したことから、そう呼ばれる王朝である。以後ヴァロワ朝は、ジャン二世、シャルル五世、シャルル六世、シャルル七世、ルイ十一世、シャルル八世、ルイ十二世、フランソワ一世、アンリ二世、フランソワ二世、シャルル九世、アンリ三世と、全部で十三人の王を輩出して、一五八九年まで続く。

全部で二百六十一年を数える新たな歴史の始まり——と書いた日には、ひとつの画期が訪れたように聞こえるだろうか。

王朝の交替といえば、大抵は画期であり、少なくとも事件である。フランク王国の前例を引いても、そうだ。メロヴィング朝からカロリング朝に交替したときは、宮宰《きゅうさい》という高級役人の地位を世襲していた一門が、王家を追放して王冠を我がものにしたという、一種の宮廷クー・デタだった。カロリング朝からカペー朝に交替するときも、かたや王家、かたや有力豪族という立場で、数代にわたる政争を演じた末の王位簒奪《さんだつ》だった。

なんとも、穏やかでない。だから事件であり、また自《おの》ずから画期をなす。カペー朝からヴァロワ朝への交替も、その多分に洩《も》れないのか。

王位に就いたヴァロワ伯フィリップは、カペー朝の最後の王シャルル四世の従兄にあたる。シャルル四世の父王がフィリップ四世だが、その弟のヴァロワ伯シャルルが新王の父親なのである。土台がヴァロワ伯家というのは、このシャルルを成り立たせるために、そのまた父王のフィリップ三世が、クレピィ、ピエールフォン、ラ・フェルテ・ミロン、ベティズィ・ヴェルブリィというパリ南東の四領地を合わせて伯領とし、それを与えて一二八四年に立てた新しい親王家なのである。一二九〇年にはアンジュー伯領とメーヌ伯領、一二九三年にはアランソン伯領、ル・ペルシュ伯領、シャルトル司教代理領と加増され、ヴァロワ伯は有力諸侯のひとりに成長してもいた。

そのシャルルの家督を継いだヴァロワ伯フィリップも、当然ながらフランスの王族である。それも何百年も系図を辿《たど》り、ようやく血縁が確認できるという王族ではない。ごく最近の分家、ほんの一代前に分かれた親王家の当主なのだ。同時代人からすれば、王の家族の感さえあったかもしれない。それが従弟王の死を受けて、フランス王フィリップ六世になる。本家が絶えたから、分家が継ぐ。ただ、それだけのことなのだ。

何も大騒ぎするような話ではない。この程度の出来事が取り沙汰されなければならないなら、他でもない、当のヴァロワ朝が何度か断絶したことになる。十五世紀の末にはシャルル八世が子なくして隠れ、王位はオルレアン公ルイのものとなった。オルレアン公家の祖はシャルル五世の第二王子で、シャルル六世の弟のルイである。シャルル八世からすれば、三代前に本家から分かれた分家の当主が、オルレアン公ルイなのである。その即位してルイ十二世となった王だが、やはり世継ぎに恵まれず、またぞろ王位をアングーレーム伯フランソワに渡すことになった。アングーレーム伯家はオルレアン公家の分家、王家の嫡流《ちゃくりゅう》からすれば分家の分家ということになる。それを継いでいた当主が、フランス王フランソワ一世となったのだ。

大事件といえば、よほどの大事件である。事実、ルイ十二世の即位をもってヴァロワ・

オルレアン朝の始まり、フランソワ一世の即位をもってヴァロワ・アングーレーム朝の始まりとする向きもないではない。が、それほど大騒ぎすることなく、大多数の歴史家はヴァロワ朝の括《くく》りで済ませている。かかる態度を遡及《そきゅう》させるなら、始祖のフィリップ六世の即位など、まして騒がれるべきではない。新たにヴァロワ朝が興《おこ》ったというより、カペー朝が続いたとされて、全然おかしくない。せいぜいがカペー・ヴァロワ朝と付記される程度の話ではないか。

フランス王家始まって以来の試練

なお特筆するべき事情があるのか。いくらか時間を遡り、「王朝交替」の経緯をもう少し詳しくみてみよう。

前に本シリーズ『カペー朝　フランス王朝史1』でも強調したが、この王朝の最大の強み、繁栄の秘訣というのは、子作りの妙にあった。十世紀から十四世紀のはじめまで、歴代の王が後継者となるべき男子を必ず儲《もう》けてきたために、王朝として抜群の安定感を誇ることができたのだ。

男子を儲けるといって、ひとりでは不安である。不測の事態が生じたときの保険として、できれば二人、三人と欲しい。かかるハードルまで楽々と超えてみせる王とて、カペー朝には少なくなかった。例えばフィリップ三世なども、夭逝《ようせい》したルイを除いてなお、長男フィリップ、次男のヴァロワ伯シャルル、三男のエヴリュー伯ルイと、三人も成人した王子がいた。その長男フィリップこと、次のフィリップ四世とて抜かりなく、長男ルイ、次男のポワティエ伯フィリップ、三男のラ・マルシュ伯シャルルと、やはり王子は三人だった。

問題など起こりそうにない。フィリップ四世が一三一四年に隠れたときも、長男ルイがフランス王ルイ十世として即位した。ところが、である。このルイ十世が治世わずかに十八ヵ月、二十六歳の若さで死んでしまった。一三一六年の話だが、残された子供は前の王妃マルグリット・ドゥ・ブールゴーニュとの間に生まれた、ジャンヌという五歳の王女ひとりだった。王位継承者となるべき男子がいない。カペー朝三百年の歴史に前例がないからには、どうしてよいかわからないと、事態は王家始まって以来の試練になった。

ルイ十世はナバラ王（スペインの北東部を支配する王）も兼ねていたが、こちらには前例があった。一二七四年にエンリケ一世が、娘のフアナ（フランス語のジャンヌ）にナバラ王位を継がせていたのだ。このフアナ一世がフランス王フィリップ四世と結婚したため、二人の息子であるルイ十世がナバラ王位を手にしていた。それを再び娘に継がせて、何も悪いことはなかろうと、さしあたりジャンヌ王女はナバラ女王フアナ二世になった。

フランスの王位はどうか。ジャンヌ王女はフランス女王ジャンヌ一世になれるのか。問題は突き詰められず、当面は保留にして流された。ルイ十世が死んだとき、後妻に来ていたクレマンス王妃が妊娠していたからだ。待望の男子かもしれないと、王女ジャンヌの相続は見送られ、ひとまずは故王の次弟ポワティエ伯フィリップが、摂政としてフランス王国を治めることになった。しかして、男子が生まれた。ジャン一世の名前で歴史に残る王だが、なんたることか、生後五日で死んでしまった。

さて、どうする。結果からいえば、ポワティエ伯フィリップがフィリップ五世として、新しいフランス王になった。ジャンヌ王女擁立派を黙らせながらに強行して、なしくずし的な即位だった。それだけに、きちんと御墨付きが欲しかったのか、新王は一三一七年二月二日に王国集会を召集して、女子は王位を継承できないと決議させた。

新しい例といえば、新しい例である。が、これまたカペー朝の伝統の力といえなくもない。まさかのときのために兄弟が多いのだから、兄の王位を弟が継いでも構わないのだ。そう打ち上げてみて改めて驚くが、カペー朝の王位継承というのは全て父から息子という縦の線で行われていて、兄から弟という横の線も、これが全く初めての例だった。ただ即位前の話であれば、長男王子が死んで次男王子が父を継いだ、というような例もないでなく、なにより世の常識に照らしても、兄から弟の線にさほどの違和感はない。

いや、クレマンス王妃が産んだ赤子、ジャン一世の存在をどう考えるか。それを正式な即位と見做《みな》せば、フィリップ五世は甥《おい》の王位を受け継いだことになる。兄から弟の線なら本家相続でよかろうが、甥から叔父の線なら分家相続、見方によれば新しい王朝の創始である。いや、いや、分家というなら、本家をないがしろにはできないだろう。話を蒸し返せば、甥のジャンから叔父のフィリップという線より、弟のジャンから姉のジャンヌの線のほうが、むしろ自然ではないか——等々と異論が噴出して不思議でなかった。

それでもポワティエ伯フィリップは、フランス王の玉座を手放さなかった。異論という異論を圧殺できたのは、すでに摂政として権力の座にあったからだ。ここに、もうひとつ前例、というより不文律ができる。摂政になることが王になる前段階、少なくとも王位を狙ううえで非常に有利なポジションだという不文律である。前例だの、不文律だのとうるさくしてしまったが、それというのはフィリップ五世も一三二二年には、治世わずかに六年、まだ二十八歳の若さで早世してしまうからだ。息子はあったが、早くに亡くなっていた。残されたのは三人の王女だけで、してみると、これは自業自得の教訓か。

女子は王位継承から排除される。前例あることなので、今回は問題にもならなかった。兄から弟の線は奇妙ではない、今度こそ異論の余地もないと、末弟のラ・マルシュ伯シャルルが、フランス王シャルル四世として、すんなり王位を継承した。ところが、歴史は繰り返される。シャルル四世も一三二八年には治世わずかに六年、三十四歳の若さで隠れてしまうのである。

繰り返されるといえば、今回もジャンヌ王妃が身重だった。また出産を待とうとなって、また摂政が置かれることになったが、もう王弟はいなかった。選ばれたのが故王の従兄、ヴァロワ伯フィリップだった。生まれたのは王女で、ブランシュと名づけられたが、いずれにせよ、女子は王位継承から排除される。フィリップ五世の前例も見方によれば分家相続であり、カペー朝の傍流に王位が受け継がれても悪いことはない。本流に最も近い分家の当主がヴァロワ伯フィリップで、これが摂政の地位にあり、全ての異論を圧殺できる権力者になっている。となれば、もう事は勢いである。かくて四月二日、フィリップは王国集会で承認されて、フランス王に晴れの即位を果たしたのである。

幸運王

ヴァロワ朝の始祖フィリップ六世は、歴史に「幸運王（le Bien Fortuné）」の名前で残る。本当ならヴァロワ伯で終わるところを、フランス王になれたからだ。

なるほど、よほどの運に恵まれなければ、起こりえない話である。本家に三人も王子がいれば、まさか自分まで御鉢が回ってくるなどと、当のフィリップからして想像だにしていなかったに違いない。

とはいえ、ヴァロワ伯家という親王家があることも、男子が多いという王朝の伝統の賜物である。やはり、事件であるとは思われない。フィリップ五世の王位継承のほうが、よっぽどの事件であり、始まって以来の事態という意味でも、新たな前例を残したという意味でも、画期とされるべきなのである。それが問題にもされない。フィリップ六世の即位ばかりが「ヴァロワ朝の成立」などと、歴史に特筆されてしまう。

一体なにゆえの話なのか。思うに、始めから事件だったからでなく、ほどなくして事件になったからである。フランス王家の歴史で初めて、王位を巡る争いが勃発した。ごくごく自然に思われるフィリップ六世の即位に異議を唱え、我こそフランス王位継承権者の筆頭なのだと声を上げた男がいた。その名をイングランド王エドワード三世という。争いのほうはフランス史上で、いや、イギリス史上でも、現在では「百年戦争(La guerre de cent ans, The Hundred Years' War)」と呼ばれている。これは確かに大事件である。

図版作成　さくら工芸社

ヴァロワ朝

フランス王朝史2

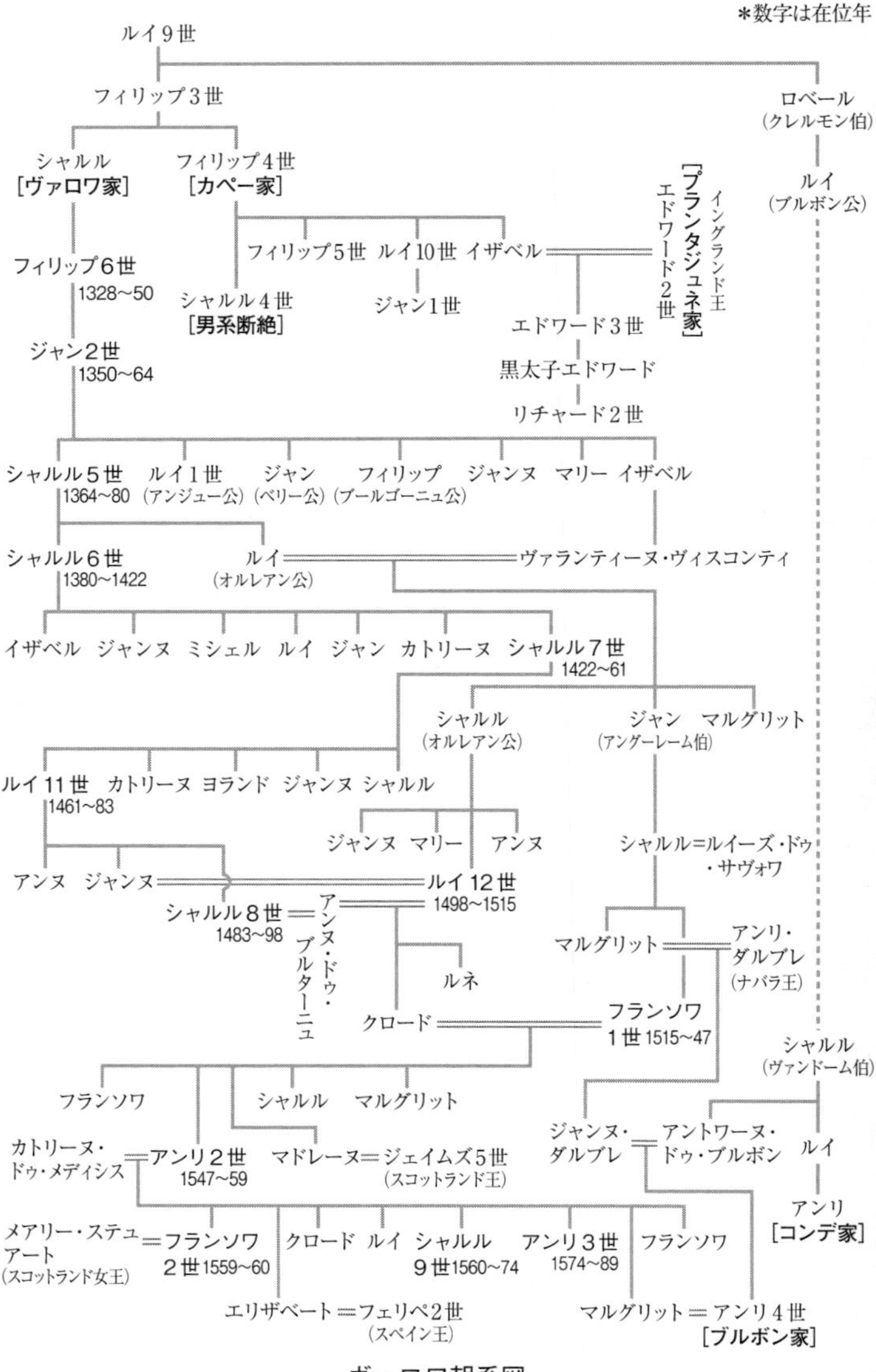
*数字は在位年
ルイ9世
フィリップ3世
ロベール (クレルモン伯)
ルイ (ブルボン公)
シャルル [ヴァロワ家]
フィリップ4世 [カペー家]
フィリップ5世
ルイ10世
イザベル
イングランド王 エドワード2世 [プランタジュネ家]
ジャン1世
シャルル4世 [男系断絶]
フィリップ6世 1328~50
エドワード3世
黒太子エドワード
リチャード2世
ジャン2世 1350~64
シャルル5世 1364~80
ルイ1世 (アンジュー公)
ジャン (ベリー公)
フィリップ (ブールゴーニュ公)
ジャンヌ
マリー
イザベル
シャルル6世 1380~1422
ルイ (オルレアン公)
ヴァランティーヌ・ヴィスコンティ
イザベル
ジャンヌ
ミシェル
ルイ
ジャン
カトリーヌ
シャルル7世 1422~61
シャルル (オルレアン公)
ジャン (アングーレーム伯)
マルグリット
ルイ11世 1461~83
カトリーヌ
ヨランド
ジャンヌ
シャルル
ジャンヌ
マリー
アンヌ
シャルル=ルイーズ・ドゥ・サヴォワ
アンヌ
ジャンヌ
ルイ12世 1498~1515
シャルル8世 1483~98
アンヌ・ドゥ・ブルターニュ
ルネ
マルグリット
アンリ・ダルブレ (ナバラ王)
クロード
フランソワ1世 1515~47
シャルル (ヴァンドーム伯)
フランソワ
シャルル
マルグリット
カトリーヌ・ドゥ・メディシス
アンリ2世 1547~59
マドレーヌ=ジェイムズ5世 (スコットランド王)
ジャンヌ・ダルブレ
アントワーヌ・ドゥ・ブルボン
ルイ
アンリ [コンデ家]
メアリー・ステュアート (スコットランド女王)
フランソワ2世 1559~60
クロード
ルイ
シャルル9世 1560~74
アンリ3世 1574~89
フランソワ
エリザベート=フェリペ2世 (スペイン王)
マルグリット=アンリ4世 [ブルボン家]

ヴァロワ朝系図

第一章　幸運王フィリップ六世（一三二八年〜一三五〇年）

異議あり

そもそもヴァロワ伯フィリップ、即位してフランス王フィリップ六世となった男とは、どんな人物だったのか。

すでに触れたように父はヴァロワ伯シャルル、母はマルグリット・ダンジューで、生まれたのが一二九三年、場所はノジャン・ル・ロワとも、クーロムとも伝えられる。いずれにせよ、パリの生まれではない。その近郊にある王家の持ち城で産湯を使ったわけでもない。場所がはっきりしないというのも、王子の誕生のようには注目されなかったからだ。

一三一三年には騎士に叙せられた。つまりは成人したと見做《みな》されて、この二十歳の年には大諸侯ブールゴーニュ公の娘、ジャンヌ・ドゥ・ブールゴーニュと結婚している。一三一四年には父から領地を分けられ、アンジューとメーヌの伯、ロッシュ・シュール・ヨン

フィリップ6世

フランス国立図書館

の領主になった。すでにして立派な諸侯だが、同じ頃からフランス王の宮廷にも呼ばれ、顧問会議の一席を占めるようになる。ひとりの青年王族として、順調といえば順調、月並といえば月並な人生の歩み出しといえる。

いや、ちょっとした挫折も味わった。一三一六年、フランス王家の重臣としてニヴェルネ地方に送られ、在地領主の反乱鎮圧を命じられたが、これにフィリップはあえなく失敗するのである。一三二〇年にはローマ教皇の要請でイタリアに遠征した。ミラノ公ガレアス・ヴィスコンティの討伐を試みたが、要《かなめ》のヴェルチェッリ包囲を断念させられ、これまた撤退に終わるという不面目である。体軀の立派な騎士ではあったらしいのだが、どうも軍才には乏しかったようだ。

が、それはそれである。一三二五年には父伯シャルルが亡くなり、ヴァロワ伯フィリップとして親王家を継いだ。一三二八年二月一日、シャルル四世の崩御には、王国の大諸侯として、また王家の重鎮として立ち会った。すでに三十五歳の貫禄の男でもある。妻もあれば子もあり、世人には危なげないと思わせる。凡庸なりにフィリップは、やはり堂々たる実力者だったのである。ジャンヌ王妃の出産を待つ間に摂政を任されて、少しも不自然でない。が、それは無難に王国を治めればよいという話ではなかった。フィリップ五世の前例から、単なる中継ぎに終わらない含みがあったからだ。

王位まであと半歩というポジションであれば、摂政の位からして熾烈《しれつ》に争われる。イングランド王エドワード三世も、まずそれを要求してきた。すでに一国の王とはいえ、十五歳の少年にすぎない。摂政など務まるかと声も上がる。それでも我こそは相応《ふさわ》しいとして譲らない。自分はフランス王フィリップ四世の直系の孫なのだから、というのが、あちらのエドワード三世の言い分だった。

嘘ではない。母親がイングランド王家に嫁いだフィリップ四世の娘、イザベルだったからである。イザベルは、ルイ十世には妹に、フィリップ五世、シャルル四世には姉にあたるのだ。その王女の息子であるからには、エドワード三世はカペー朝の直系である。摂政の位には傍流のヴァロワ伯フィリップより自分のほうが相応しいとがんばられれば、なるほど確かに聞くところがないではない。

苦慮したヴァロワ伯フィリップは「名士ならびに聖職者会議」を召集した。三部会をはじめとする各種合議機関の協賛を獲得し、その御墨付きで自らの主張を通すというのは、

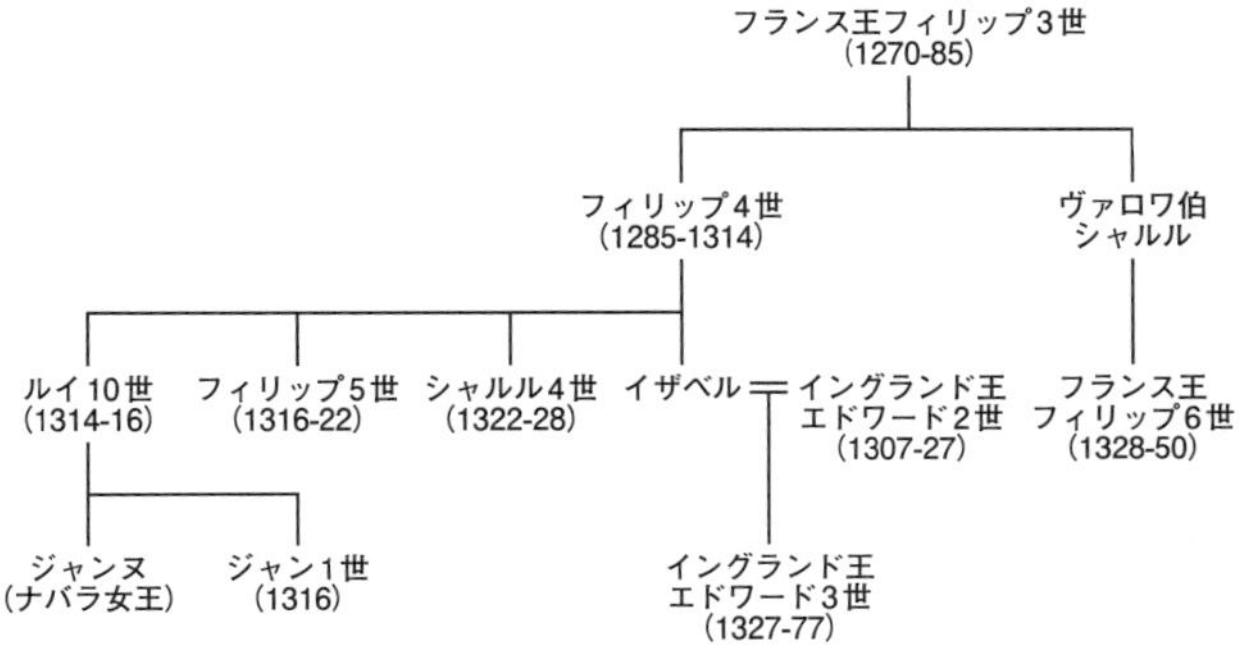

フランス王とイングランド王

＊数字は在位年

フィリップ四世の時代からさかんに用いられるようになった政治手法である。それを踏襲したフィリップは、フランス王国の聖俗有力者の総意という形で、自らの摂政就任を正当化し、またイングランド王の要求を退けた。四月一日、ジャンヌ王妃が女児を産むと、今度は「豪族ならびに同輩衆会議」が開催された。これがヴァロワ伯フィリップの「フランス王フィリップ六世」としての即位を認め、いよいよ王位を要求してきたエドワード三世を、再び退けたのだ。

なぜか。これまで王女たちを排除してきたのと同じ論理、フランス王位継承権は女子には認められないという論理がひとつである。フィリップ四世の直系の孫とはいいながら、エドワード三世はイザベル王女を通じた女系なのだ。もちろんエドワード三世は納得しない。女はフランス王になれないとしても、自分は男ではないか、女系であろうが男子は男子ではないかと粘る。それでも摂政を望まれ、ついで王位を認められたのは、フィリップ六世のほうなのだ。

明暗を分けたのは、政治力の差だった。正しいか正しくないか、ではなく、強いか強くないか、である。要するにフランス王国では、フィリップが振るえる力のほうが、エドワードが持てる力より大きかったのである。が、それも個人の政治力というより家門の政治力であり、だからこそフィリップ六世は幸運王なのだというべきか。

父の遺産

特筆されるべきは、ヴァロワ伯家の家祖にして先代のシャルルだった。カペー朝の始祖ユーグ・カペーの父も、「大ユーグ」と呼ばれた傑物だったが、それに似てヴァロワ朝の始祖フィリップ六世の父も、まさに一時代を築いた英雄だったのだ。

一二八四年、ときのフランス王フィリップ三世とローマ教皇マルチネス四世の話し合いで、アラゴンの王位を与えられることになり、十四歳でイベリア半島に遠征したのが始まりだった。この遠征で父王が亡くなり、フィリップ四世の御世となったが、この兄王が戦場に出たがらない質《たち》だった。フランス王家が戦争をするとなれば、将軍として王軍を率いるのは、ほとんど常にヴァロワ伯シャルルになる。これがまた稀代の戦上手で、アキテーヌに、フランドルに連勝しながら、軍事的カリスマの地位さえ築き上げていく。一三〇一年、三十一歳のときにはコンスタンチノープル皇帝を名乗りながら、教皇ボニファキウス八世の要請で今度はイタリアに出兵する。一三〇八年、三十八歳のときには教皇クレメンス五世に推されて、いよいよ神聖ローマ皇帝に名乗りを上げる。

はじめがスペインで、次がフランス、そしてイタリア、ドイツと飛び回り、まさに戦場から戦場へ、冒険に次ぐ冒険という、なんとも派手やかな人生だった。どの試みひとつ報われたわけでなければ、王や教皇に都合よく担ぎ出されただけともいえるが、そのたびに征服だ、十字軍だと打ち上げるのだから、フランス貴族の間では絶大な人気を誇った。ヴァロワ伯シャルルは自らが持つ六伯領からだけでも、五百人の騎士が率いる一万の軍勢を集められたと伝えられる。さらに直接の主従関係がない輩まで、その声望に惹《ひ》かれて寄ってくる。フランス貴族に支持されることは軍事力、ひいては政治力を持つことと同義なのである。

もとより王子の生まれで宮廷の重鎮だが、フランス王の専制が目に余るとなれば、貴族反乱の首領の役割も演じた。一三一五年にはルイ十世を屈服させ、その寵臣《ちょうしん》アンゲラン・ドゥ・マリニィを処刑させている。一三一六年、その甥王が死んで、クレマンス王妃の出産を待つとなったときには、もうひとりの甥ポワティエ伯フィリップと、実は摂政の座を争ったりもしている。アキテーヌにイングランド王軍を撃破、パリに戻る帰路のペライ・アン・イヴリーヌで病に倒れ、そのまま亡くなる一三二五年まで、ヴァロワ伯シャルルはときにフランス王さえ凌《しの》ぐ、フランス最大の実力者であり続けたのだ。

その声望を父の遺産として労せず引き継いだのが、息子のヴァロワ伯フィリップだった。まさに親の七光り、自身は凡庸だったかもしれないが、それらしくみえる三十五歳は手堅くやっているだけで、自身もフランス最大の実力者でいることができた。フランス貴族一般が自らの指導者と仰いでいれば、面々が集《つど》う会議では摂政に選ばれるし、遂にはフランス王位まで認められるのだ。

一三二八年五月二十九日、フィリップ六世はランスのノートルダム大聖堂で、古式通りの戴冠式を挙げた。ほどない七月には都市アラスに軍勢を集結させ、領内の反乱に手を焼くフランドル伯の加勢に出立した。八月二十三日、カッセルの戦いで叛徒《はんと》の兵を蹴散らせば、新しいフランス王の武名は早くも響きわたる。一三三〇年の六月にはマルセイユまで巡礼に出たが、帰路のアヴィニョンでは教皇ヨハネス二十二世と会談を試みた。何が話されたかといえば、一三三二年十月二日に十字軍計画が発表された通りである。イベリア半島に遠征するとか、エルサレムに向かうとか、意外なほど勇ましい豪語をなして、戦争に次ぐ戦争は苦手意識の裏返しか。あるいは父伯の再来を演出したのかもしれないが、いずれにせよ、それが罷《まか》り通るからにはフィリップ六世の求心力たるや、やはり大したものなのである。

イングランド王エドワード三世は、どうか。求心力がなかったとしても、それは外国人だからではない。長らくフランス王の敵であり、その文脈では嫌われていたが、他面でイングランド王はフランスの諸侯のひとり、アキテーヌ公だった。が、そうであるからにはフィリップ六世の戴冠式に参列せよ、封臣アキテーヌ公として新しいフランス王を封主と認め、臣下の礼を捧げよと命じられた。激怒したのがエドワード三世本人より母親のイザベルで、フィリップ六世の使者に「王家に生まれた者が伯の息子でしかない者に、臣下の礼を取れるわけがない」と叩きつけたと伝えられる。

そもそもフランス王位に野心を抱いたのは、このフィリップ四世の娘として気位高い王女だったとの説がある。海の向こうではエドワード二世妃だが、これがイングランドでは「狼女（She-wolf）」と呼ばれていた。息子を立てて、フランスに乗りこまんとする以前に、イングランドでもやっていたからだ。一三二七年、愛人のモーティマーと共謀してクー・デタを決行、かねて不仲の夫を廃位に処したのだ。エドワード三世が十五歳の若さで王位に就いた事情であり、それからもイザベルは愛人と一緒にやりたい放題だった。同じことを大陸で繰り返されてはたまらないと、この母親のこともエドワード三世がフランス貴族に嫌われた一因になっていた。

見方を変えれば、嫌っても構わないと思われた。はっきりいって、侮《あなど》られた面もあるが、それも無理からぬ話だった。廃されたエドワード二世というのが、残忍で、猜疑心《さいぎしん》が強く、極端な寵臣政治で国政を混乱させるばかりという、絵に描いたような愚君だった。イングランド王家の威信は急落した。二世の廃位が認められた所以《ゆえん》だが、三世のほうも政変の直後であり、まだ足元を固められていない。そこにフランスから命令が届いたのだ。

イングランド王エドワード三世は、フランス王フィリップ六世の戴冠式を欠席した。それでも臣下の礼だけは、捧げざるをえなくなった。さらに反抗を続ければ、アキテーヌを没収されかねなかったからだ。軍事衝突に発展すれば、勝算が立たないのだ。一三二九年六月六日、エドワードはフランス北東の都市アミアンに赴き、封臣アキテーヌ公としてフィリップを封主フランス王と認めた。まさに屈辱のときだった。父親といい、母親といい、こちらは負の遺産ばかり押しつけられた格好であり、エドワード三世のことは逆に「不運王」と呼びたくなる。が、徒《いたずら》に悲観するのは早計である。ほんの運、不運の差でしかないなら、世の中どう転ぶかわからない。

百年戦争の始まり

エドワード二世が愚君だという理由のひとつに、スコットランド政策の失敗が挙げられる。十三世紀このかた、イングランド王家が力を傾けてきたのが、グレート・ブリテン島の統一だった。そのまた先代のエドワード一世は、一三〇一年にウェールズ征服を遂げた。さらにスコットランドにも食指を動かしたが、一三〇七年の遠征途上で病に果てた。その無念を見事に晴らすどころか、後継のエドワード二世は一三一四年のバノックバーンの戦いで、スコットランド王ロバート・ブルースに大敗を喫したのだ。

続くエドワード三世がフランス王位に固執できなかったのは、この汚点を消さなければならないからでもあった。

ほどなく好機も訪れた。一三二九年、老獪《ろうかい》な難敵ロバート・ブルースが亡くなり、わずか五歳の息子がスコットランド王デイヴィッド二世として即位した。一三三三年、エドワード三世は軍勢を北上させると同時に、スコットランド王族のエドワード・ベイリアルにスコットランド王を名乗らせた。この傀儡《かいらい》に、イングランド王を封主と認めて、臣従すると誓わせたのだ。他方のデイヴィッド二世は、手もなく亡命した。一三三四年、保護を求めた先が、フランス王の宮廷だった。ただ保護したのみならず、フィリップ六世は一三三五年九月、スコットランド遠征の準備にかかった。意趣返しだったかもしれないというの

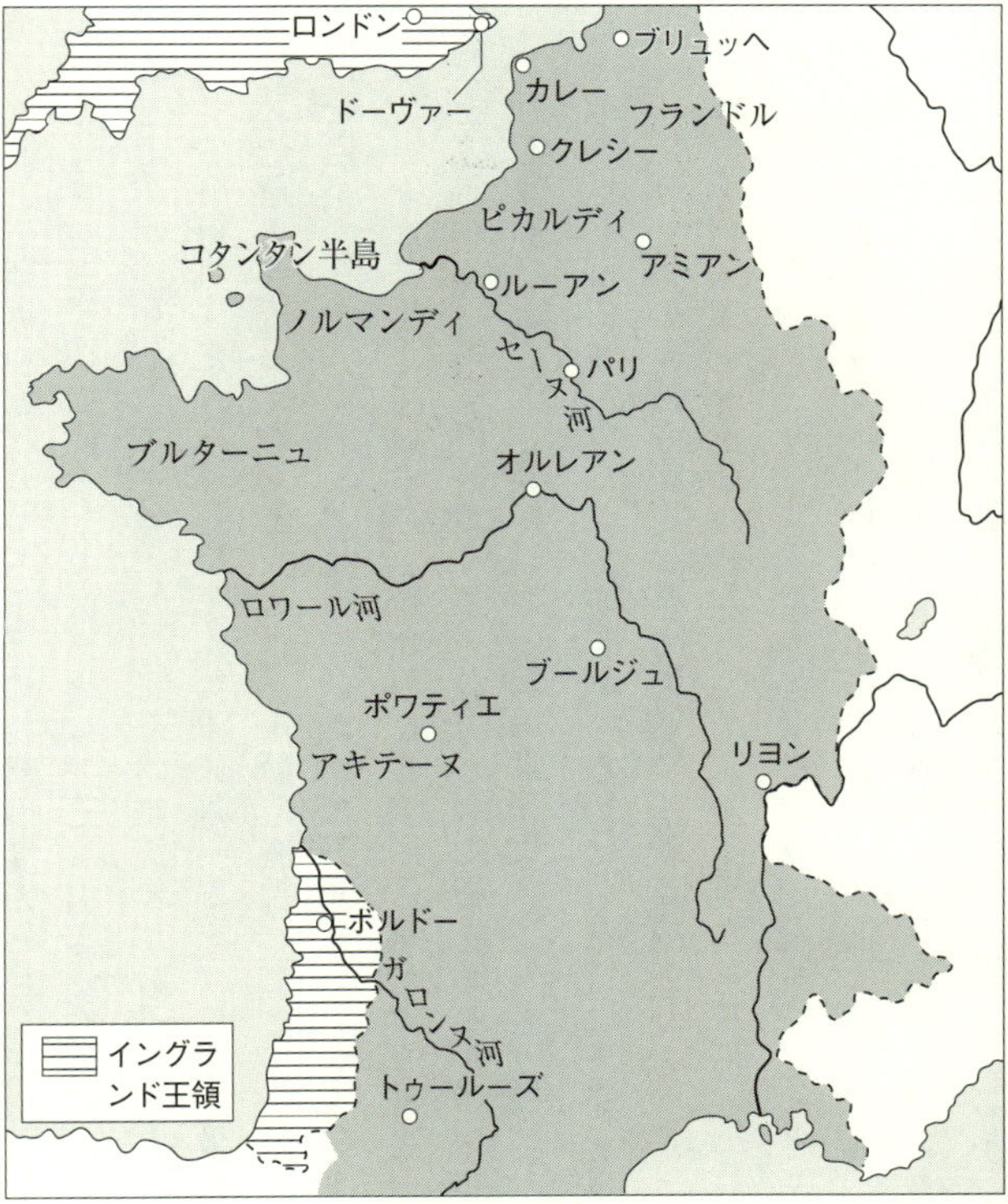
ロンドン
ドーヴァー
ブリュッヘ
カレー
フランドル
クレシー
ピカルディ
アミアン
コタンタン半島
ルーアン
ノルマンディ
セーヌ河
パリ
ブルターニュ
オルレアン
ロワール河
ブールジュ
ポワティエ
アキテーヌ
リヨン
ボルドー
ガロンヌ河
イングランド王領
トゥールーズ

百年戦争直前英仏圏

は、一三三二年四月、アルトワ伯領の相続問題から自分と対立していたフランスの王族ロベール・ダルトワの亡命を、イングランド王も引き受けていたからである。

新たな火種が生まれた。エドワード三世にとっては運の変わり目、解決済みの話まで蒸し返せる好機到来だった。一三三六年十二月、フィリップ六世はロベール・ダルトワのフランス送還を要求してきたが、これを綺麗に無視してやる。のみならず、先年アミアンで捧げた臣下の礼を取り消し、改めてフランス王位を要求すると通告した。激怒のフランス王は、そんなに臣下でいるのが嫌ならばと、一三三七年五月二十四日、アキテーヌ公領の没収を宣告する。外交は終わりで、双方ともに軍を動かす。一四五三年まで続くことになる、百年戦争の始まりである。

ときを同じくして、フランドルも熱くなっていた。フランス王国の北東の角を占める伯領は、欧州屈指の富裕な商工地帯である。基幹産業のひとつが毛織物加工だが、材料の羊毛は専らイングランドからの輸入だった。一三三六年八月、エドワード三世はその羊毛の輸出を禁止した。フィリップ六世に与《くみ》するフランドル伯ルイを牽制《けんせい》するためだった。商工地帯といえば、フランドルは諸都市の力が強い。伯に対しても、しばしば反乱を起こす。一三三七年十二月、羊毛不足の不満から有力商人ヤーコプ・ファン・アルテフェルデに率いられ、まずヘントが蜂起した。反乱はブリュッヘ、イープルと他都市を巻きこみながら拡大、これらと連携を強めるべく、一三三八年七月にはエドワード三世も海を渡った。

フランドル伯ルイはといえば、一三三九年二月にフランス王宮に逃げた。とはいえ、一三三八年、三九年と小競り合いに終始したため、エドワード三世は一三四〇年一月にヘントで正式にフランス王を名乗るも、イングランドに引き返さざるをえなくなる。やはり苦手なのか、フィリップ六世は合戦に応じなかった。かわりに構想したのが、海戦だった。

一三三六年、新しい教皇ベネディクトゥス十二世が十字軍の延期を決めたため、南のマルセイユに集めていた艦隊が遊ぶことになっていた。ならばと北のノルマンディに回航させて英仏海峡の制海権を握ろう、イングランド王とフランドル諸都市を分断しようと、それが王の考えだったのだ。

一三四〇年六月、エドワード三世がフランドル再上陸の動きを示すや、フランス海軍は出撃した。二万の軍勢を二百の軍艦に分乗させ、「飾り立てられたマストというマストは、あたかも森のようにみえた」と伝えられる大艦隊である。

それでもイングランド艦隊は逃げなかった。六月二十四日、ブリュッへの外港スロイスで激突すると、大艦隊を相手に勝利も収めた。陸地から漕ぎ出したブリュッへ市の艦隊にも背中を襲われ、フランス海軍は挟み討たれる格好になったのだ。海戦の経験が違っていた。フランス艦隊に提督は二人いたが、一方のキエレはボーケール・セネシャル、他方のブーシェにいたってはルーヴル城の文書管理官でしかなかった。艦隊の指揮などとれるわけがない。イングランド艦隊を率いたモーレー提督、ハッティントン伯、ノーザンプトン伯らに比べられるはずもない。

エドワード三世はフランドルに再上陸した。諸都市の軍勢を合わせて、三万という大軍まで整えたが、その後はパッとしなかった。サン・トメールの戦い、トゥールネの戦いと、フィリップ六世の軍勢に連敗して、九月には撤退に追い込まれた。軍資金が枯渇していた。九月二十五日、両王はエスペルシャンで一三四二年六月二十四日までの休戦に同意した。また運の潮目が変わったのか、フランドルではアルテフェルデの影響力が急激に陰り始め、またスコットランドでもデイヴィッド二世が帰国を果たした。

エドワード三世は再び旗色が悪くなった。翻ってフィリップ六世のほうは盤石、という風にもいかなかった。フランス王としては、やはり不甲斐ない結果である。ヴァロワ伯シャルルの威光も、そろそろ尽きる。カペー朝の頃の、あの強い王家は全体どこに消えたのかとも嘆きたくなる。圧倒できないのは、もはやイングランド王兼アキテーヌ公だけではなかった。他の諸侯も揺れ出した。争乱続きのフランドル伯領然り、さらにブルターニュ公領も揉《も》め始める。

ブルターニュはフランス王国の北西を占める半島である。一三四一年四月三十日、その主であるブルターニュ公ジャン三世が、子供を残さず病死した。このため前公の異母弟モンフォール伯ジャンと、前公の姪《めい》パンティエーヴル女伯ジャンヌの間に、相続争いが持ち上がった。女伯の夫がブロワ伯シャルルだが、これがフィリップ六世の甥だった。九月七日、封主フランス王の名においてブロワ伯にブルターニュ公の位を認めると、年末までには長子ノルマンディ公ジャンに軍勢を預けて、公領の制圧に着手した。首邑《しゆゆう》ナントを奪い、その戦いでモンフォール伯を捕虜にすれば、これで「ブルターニュ継承戦争」は落着するはずだった。ところが、エドワード三世をフランス王と認めれば、今や誰でもその支援を受けることができるのだ。

一三四二年春、モンフォール伯妃ジャンヌ・ドゥ・フランドルが、郎党を集めて抗戦を開始した。エドワード三世もエスペルシャンの休戦が明けた十月には、ブルターニュに上陸した。今度はブロワ伯がヴァンヌを包囲される番だったが、そこで教皇クレメンス六世の仲裁が入り、一三四三年一月十九日、マレストロワ休戦協定が成立した。一三四五年の聖ミカエルの祝日まで戦闘はなくなったが、エドワード三世にすれば大きな前進だった。モンフォール伯家の保護という名目で、ブルターニュ半島に軍を駐留させられるからだ。フィリップ六世との再戦に向けて、大陸に格好の足場を手に入れたのだ。

クレシーの戦い

一三四六年三月、休戦が明けた。イングランド王軍はブルターニュ、フランドル、アキテーヌと活動を開始する。エドワード三世も七月十二日、コタンタン半島のサン・ヴァースト・ラ・ウーグに上陸した。そこからヴァローニュ、カランタン、サン・ロー、カンとノルマンディを縦断し、さらにピカルディに入り、フランドルを目指しと、行軍を続けていく。「騎行（chevauchée）」と呼ばれた戦術は、道々で略奪、放火、破壊を繰り返すものだった。ひとつには相手の体力を弱らせる意味があり、もうひとつには挑発の狙いがあった。

実際、フィリップ六世も今度は戦いに応じた。サン・ドニに兵を集めると、それを率いてアミアンに向かい、両軍が対峙したのがポンテュー伯領の小都市クレシーの郊外だった。八月二十六日、待ち受けるイングランド王軍の兵力は、騎兵六千、弓兵六千、総勢でも一万二千ほどだった。右手にクレシーの森を、左手にワディクール村を置き、騎兵はエドワード三世の中央大隊、「黒太子（Black Prince, Prince Noir）」こと王太子エドワードの右大隊、ノーザンプトン伯の左大隊と分け、その外側に左右の翼として弓兵の二大隊が配置される布陣である。ここで特筆するべきは、全員が徒歩で位置についた点だ。

騎兵とはいえ、戦術次第で馬を下りる。当たり前の話のようだが、これが中世社会の常

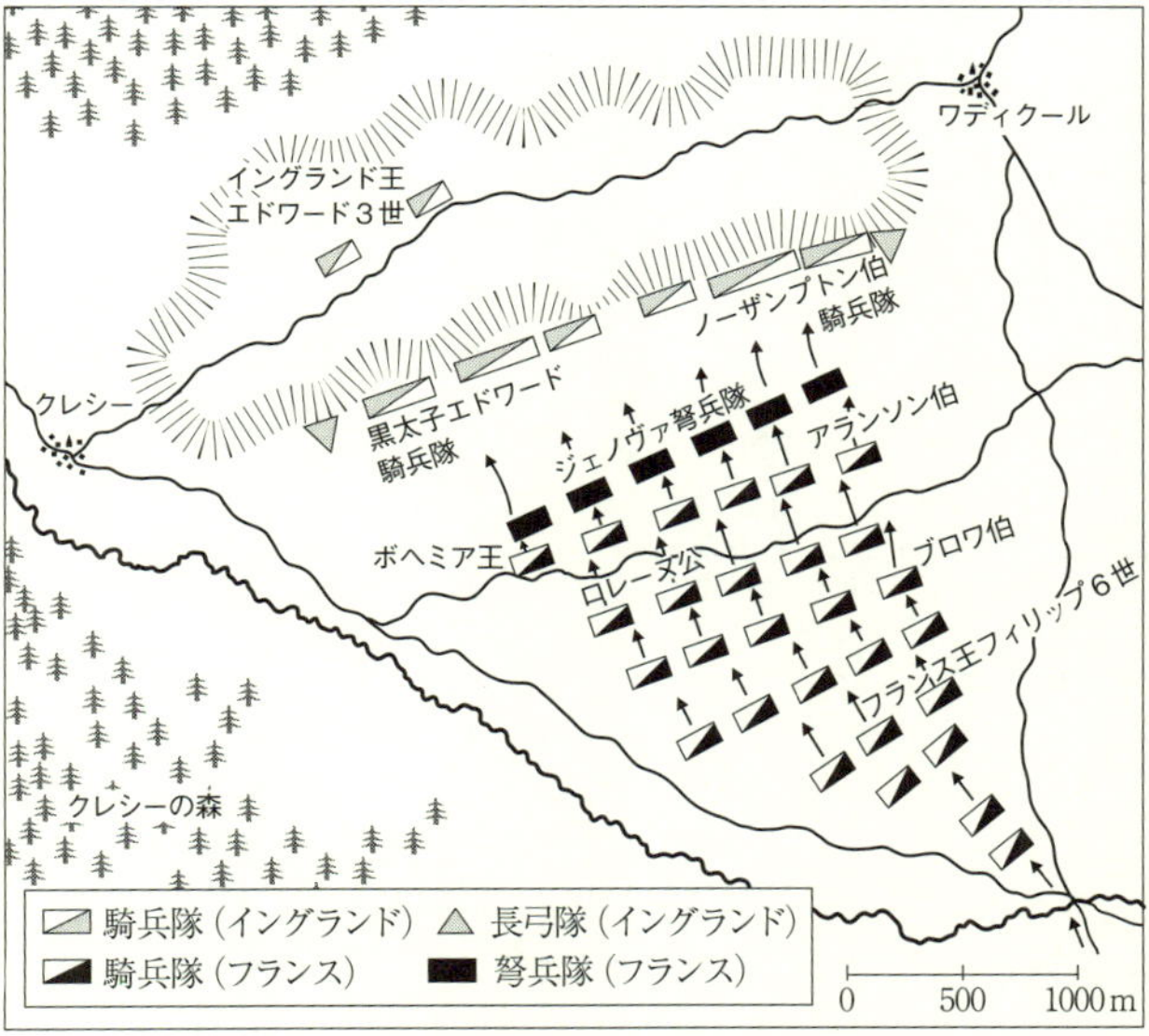

クレシーの戦い

識では瞠目《どうもく》の事態だった。軍事制度が身分制度と密接にリンクしていたからで、騎兵は多くが貴族の出身なのだ。世に「騎士（chevalier）」というように、その身分に「馬（cheval）」は欠かすことができないのだ。素朴な実感として、馬上の高みは気分がよく、それだけで自分が偉いような錯覚が生じる。この特権を高慢な貴族たちが容易に手放すわけがない。下馬など命じられた日には侮辱されたとさえ思う。弓兵のような歩兵は平民と同義だからで、貴族扱いされていないと思うのだ。戦術的な理由で騎乗を断念させ、徒歩の布陣を強要できたとするなら、そのこと自体がイングランド王の強権を示唆するのだ。

フランス王軍は、どうか。こちらは騎馬の布陣だった。総勢四万という大軍は、まさしく華やかなりし騎士軍だった。ブロワ伯、アランソン伯、オーセール伯、サンセール伯、アルクール伯と譜代の諸侯を掻き集めたばかりか、フランドル伯という「外様」や、ボヘミア王、モラヴィア侯、マジョルカ王、ロレーヌ公という外国の王侯にまで出馬を頂いているのだから、屈辱的な徒歩の布陣など強要できるはずもない。

フランス王は作戦命令を全軍に浸透させることすらできなかった。年代記作家フロワサールに「王たちも、公たちも、伯たちも、大貴族たちも、フランス人たちは団結して戦場に乗りこんだのでなく、あるものは先に駆け、あるものは後に駆けというように、事前の申し合わせも、事後の命令も関係ないという風だった」と記録される通りだ。午後遅くに戦端が開かれたが、前衛のジェノヴァ弩兵隊六千が敗走するや、もう逸《はや》る騎士たちを抑える術《すべ》がなくなった。あとは怒濤の突撃あるのみだったが、それこそイングランド王軍の思う壺だった。

こちらで最初に動いたのは、左右翼の弓兵だった。傭兵契約で連れてこられた平民たちだが、イングランドの弓兵は一味違う。手に手に握られていた秘密兵器が、ウェールズ由来の長弓（long bow）で、読んで字のごとく、身の丈を越えるくらいの大きな弓である。射程距離が長い割に、仕組自体は単純なので、連発が可能だ。左右から囲むように発射すれば、弾幕が張られる形になる。そのなかに突撃の兵団が飛びこめば、面白いように殺傷できる。それが騎馬突撃であれば、矢の痛みに馬まで暴れてくれる。フランス王軍は混乱の渦に巻きこまれた。五十万発とも伝えられる矢尻を落とされては、さすがの騎士たちも膝を屈せずにはいられなかった。かかる瀕死の体に襲いかかったのが、イングランド騎兵なのだ。こちらは止《とど》めを刺すというのが、専らの役割だった。

クレシーの戦いはフランス王軍の完敗だった。死傷者は数知れず、フランドル伯ルイ、王弟アランソン公シャルル、ボヘミア王ヨハンなど、王侯からも陣没が相次いだ。フィリップ六世自身も負傷したが、なんとか戦場を逃れることができた。が、そこまでで、大勝に勢いづくエドワード三世を止める余力まではなかった。イングランド王軍は、もう八月二十九日にはカレーに到着した。英仏海峡の重要拠点、ドーヴァーと結ぶ大陸側の港湾都市だが、九月四日から包囲を始めて、これを翌一三四七年の八月には陥落に追いこんだ。以後カレーは一五五八年まで、イングランド領であり続ける。

エドワード三世はアキテーヌでも新たに数都市を占領した。ブルターニュでは一三四七年六月二十日、ラ・ロシュ・デリアンの戦いでブロワ伯を捕虜に取り、スコットランドでは十月十七日、ネヴィルズ・クロスの戦いでデイヴィッド王を捕らえと、まさに勝ちまくりである。フランドルに関してだけ、一三四七年三月に新しく伯となったルイ二世が、一三四八年の十二月までに蜂起都市の平定に成功したため、惜しくも足場をなくしてしまった。

散々な晩年

一三四七年九月二十八日、フィリップ六世とエドワード三世は教皇庁の斡旋《あっせん》で再び休戦協定を結んだ。なお勝敗は決定的でないということで、フランスの王位を巡る争いも、ひとまず棚上げとされた。あるいは戦争どころでなくなったというべきか。

マルセイユの港からフランスに「黒死病（peste noir）」が上陸したのは、ほどない十一月の話である。いうところのペストだが、その爆発的な流行で翌一三四八年にかけては、フランス人の実に三人に一人が死んだといわれる。戦争に負けたうえに、国を疫病にまで襲われて、なおフィリップ六世を「幸運王」と呼ぶものが全体どれだけいたことか。フランス王に即位してからというもの、やることなすこと裏目裏目で、全て悪いほうに出る。ヴァロワ朝を始めたというが、それも同時代の人々には、いつまで持つものやらと首を傾《かし》げられていたかもしれない。

フィリップ六世は凡庸な人物で、武勇に優れるわけでなかった。取り柄は政治家として、ただ手堅いというだけだ。そうした自らの本分を、晩年になるほど強く自覚したとするならば、そこはフランス王たるに相応の器と評価しなければならない。フィリップ六世は一三四九年の一月から二月にかけた交渉で、南フランスの都市モンペリエの領主権を手に入れている。それまでの所有者であるマジョルカ王家に一万二千エキュを支払い、つまりは武力にものをいわせて征服するのでなく、平和裡に購入したのだ。

同じ年の三月には、今度はドーフィネ侯領を獲得した。従前のドーフィネ侯がアンベール二世だが、これが息子に先立たれたことで世を儚《はかな》み、僧院で余生を送ることに決めた男だった。だから手放したいと望んだ侯領を、フィリップ六世は二十万リーヴルを支払い、さらに一万八千リーヴルの終身年金をつける約束で手に入れたのだ。

アンベール二世がつけた条件がもうひとつ、ドーフィネ侯領がフランス王家の長男に贈られること、すなわち代々の王位継承者はドーフィネ侯（dauphin）を名乗ることだった。これを呑んだフィリップ六世は、ドーフィネを長子ジャンではなく、その息子の、自らには嫡孫にあたるシャルルに贈ることにした。七月十八日、リヨンで行われた式典で、シャルルはドーフィネ侯の海豚《いるか》（dauphin）の紋章を帯びた。以後、フランス王の王位継承者は「王太子（Dauphin）」と呼ばれるようになる。

さておき、派手な戦争を仕掛けるのでなく、穏便な売買契約で着実に領地を拡げるほうが、よほどフィリップ六世らしい感じがする。ドーフィネ侯領を手に入れて、それを息子でなく孫息子に与えたというのは、異議を差し挟まれて揺れる新しい王家が、末永く発展してほしいという願いの表れだったろうか。王になるのは幸運ひとつ、割合に簡単な話であるとしても、それを王朝として長続きさせるのは、もとより至難の業なのだ。その理《ことわり》を噛み締めながら、フィリップ六世は未来に希望を託したのか。

あるいは先が長くないことを、すでに悟っていたのかもしれない。息子のジャンをドーフィネ侯にしたところで、間もなく自分が死ぬなら、どのみち孫息子のシャルルに渡るのだからと、単に手間を省いただけなのかもしれない。いや、いや、フィリップ六世は一三五〇年の一月十九日、ナバラ王家の姫君ブランカと再婚している。フランス語で「ブランシュ・ドゥ・ナヴァール」と呼ばれた十八歳の花嫁は、フィリップ六世より三十八歳も年下だった。ということは、まだまだ王は元気だったのか。その元気も王女ジャンヌまで拵《こしら》える段になって、とうとう尽きてしまったか。そのへん見境ないところ、やはり凡庸とされるべきなのかもしれないが、フィリップ六世がドルー近郊のクゥロンブ大修道院で隠れたのは、同年八月二十二日のことだった。

第二章　良王ジャン二世（一三五〇年〜一三六四年）

騎士王

　幸運王の最後の幸運といえば、自身の後継については心配せずに済んだことである。フィリップ六世が崩御すると、その長子であるノルマンディ公ジャンが、フランス王ジャン二世として即位した。九月二十六日には、ランスで戴冠式も挙げた。かねてあるエドワード三世の異議を別とすれば、まずは順当な王位継承だった。

　ジャン二世は一三一九年四月二十六日、メーヌ伯領のゲ・ドゥ・モーレー城で生まれた。パリの王宮でも、王領地の城でもない。父フィリップ六世はまだヴァロワ伯で、つまりは一諸侯の長男にすぎなかった。それが父親の幸運な即位に伴い、一三二八年、九歳で王子になり、一三三二年、十三歳でノルマンディ公、アンジュー伯、メーヌ伯に叙せられ、そのまま一三五〇年、三十一歳でフランス王となったのである。

新王は若すぎず、歳を取りすぎてもいない。一三三二年に結婚したボンヌ・ドゥ・リュクサンブールとの間には、すでに十一人の子供を儲けていた。この王太子妃には一三四九年に黒死病で先立たれたが、ほどない一三五〇年にはジャンヌ・ドゥ・ブーローニュと再婚した。私生活も充実して、フランス王ジャン二世の晴れ姿は、まさに理想的な君主の登場とみえたかもしれない。

このヴァロワ朝の二代目だが、歴史に「良王（le Bon）」の名前で残っている。良いといわれても何が良いのか、なんだか捉えどころがない感じもあるが、当時の価値観で「良い」というのは「鷹揚《おうよう》にして勇ましい」、端的に「騎士らしい」と同義だったとされる。堂々たる体軀のジャン二世は、確かに見事な騎士だった。戦場経験も豊かだったというのは、父王フィリップ六世があまり得意でなかったからだ。その名代《みようだい》として若い頃から軍勢を預けられ、それを率いて戦場を駆け回ったのだ。

一三四一年にブルターニュ継承戦争が始まると、フランス王家が支持するブロワ伯シャルルへの援軍を指揮したのが、ノルマンディ公ジャンこと後のジャン二世だった。一三四六年三月にも、王軍を率いて北アキテーヌに侵攻、イングランド王の重要拠点エギヨンの包囲攻撃を手がけた。四ヵ月で奮戦を切り上げたのは、ひとつには軍資金が枯渇したからだが、もうひとつには北から急報が届けられたからである。イングランド王軍がノルマンディに上陸したと聞くや、それを自分も迎撃しようと、急ぎ包囲陣を畳んだわけだが、その途中で耳にすることになったのが、クレシーの戦いの大敗だった。

騎士王は悔しかったに違いない。ジャン二世が即位一番に取り組んだのが、王軍の立て直しだった。ランスの戴冠式から戻って早々の十一月十九日、まずはイングランド王エドワード三世と内通したかどで、フランス大元帥ラウル・ドゥ・ブリエンヌを逮捕した。一三五一年一月、その後任に就けたのがシャルル・デスパーニュだった。フランス大元帥の位は、いうまでもなく王軍の最高指揮官であり、これまでは専《もっぱ》ら大貴族に与えられてきた。それをジャン二世はシャルル・デスパーニュのような、従前家内で側仕えをしていたような小貴族、まさに一介の騎士にすぎない者に与えたのだ。電撃人事の狙いは、指揮命令系統の確立だった。従来の王軍で戦術といえば、諸侯や大貴族が好き勝手に戦うだけだった。闇雲に突撃を繰り返したあげくが、クレシーの戦いの大敗である。その反省からジャン二世は、意のままになる軍隊を作ろうとしたのだ。

ジャン2世
ルーヴル美術館

一三五一年四月三十日の勅令で定められ、翌一三五二年一月にサン・トゥーアン城で結団されたのが、エトワール騎士団である。騎士団に集めた五百人と普段から密な紐帯《ちゅうたい》を築き、いざ戦争となれば王軍の指揮官に任命する。腹心たちを通じて、総指揮官の命令を末端まで届ける。かかる目論見《もくろみ》に即して、同勅令ではフランス大元帥（connétable）の下に二人のフランス元帥（maréchal）と弩兵頭（maître des arbalétriers）、これら上級指揮官の下に隊長（capitaine）と、ピラミッド型の軍隊ヒエラルヒーも定められた。兵士の給金値上げまで決めて、のっけからジャン二世は実に意欲的なのである。

ところが、そのことごとくを冷ややかに眺める向きもないではなかった。シャルル・デスパーニュの抜擢《ばってき》は行きすぎた寵臣政治だとか、エトワール騎士団の創設もイングランド王の「靴下止め騎士団《ガーター》」の物真似にすぎないとか悪口したのは、それまで王宮や王軍に幅を利かせてきた諸侯や大貴族たちである。その筆頭格というべきナバラ王シャルル、そして王弟オルレアン公フィリップが、ノルマンディの都市レーグルでシャルル・デスパーニュの殺害に及んだのは、一三五四年の一月八日のことだった。

もうひとりのライバル、ナバラ王

ここで新たな火種が登場する。ナバラ王シャルル二世はナバラ王国というスペインの一角を治める王なのだから、シャルルでなくスペイン語でカルロスと呼ぶべきなのかもしれないが、あえてフランス語で通したい理由がある。

二十二歳のナバラ王シャルルは、ナバラ女王ジャンヌ二世の息子だった。これまたフアナでなくジャンヌなのは、フランス王ルイ十世の長女ジャンヌ、つまりは女子だからとフランス王位の継承を認められず、ナバラ王位を継ぐことだけを許された王女のことだからだ。このジャンヌが母親で、父親がエヴリュー伯フィリップだが、このエヴリュー伯家というのは、さらに先代のルイこと、フィリップ四世の末弟に始まる親王家である。その孫ということを考えても、ナバラ王シャルルはほとんどフランス人なのである。フィリップ六世が晩年に迎えた王妃ブランシュ（ブランカ）が妹なので、ジャン二世は年上ながら義理の甥《おい》ということになる。自身はジャン二世の娘ジャンヌと結婚していて、その縁からすればフランス王は今度は義理の父親である。

ややこしい話になった。とにかくナバラ王シャルルはフランス人で、のみならずフランス屈指の貴公子だった。血筋だけでなく、北にノルマンディ公領の一角を占めるエヴリュー伯領、南にピレネを跨《また》ぐナバラ王国と領有して、実力においても屈指の諸侯なのである。であれば、虎視《こし》眈々《たんたん》と狙いを定める。何を狙うといって、フランス王位に決まっている。イングランド王エドワード三世が女系を通じたフィリップ四世の直系の孫ならば、ナ

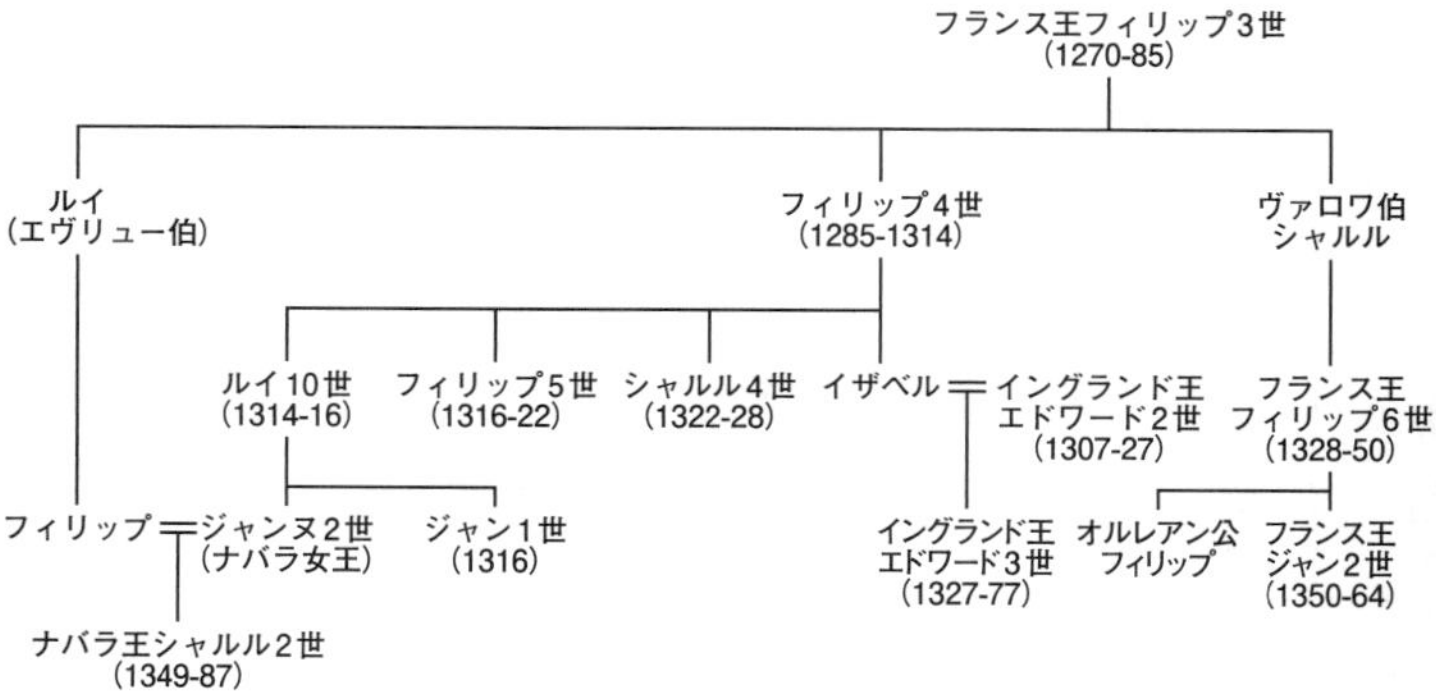

フランス王とナバラ王、イングランド王　＊数字は在位年

バラ王シャルルも女系を通じたルイ十世の直系の孫なのだ。

実はシャルルはフランス王フィリップ六世の宮廷で育てられた。文字通りの懐柔だったが、子供時分はヴァロワ家の王位継承に異議を唱えるとか、自ら王冠を要求するとかは考えることすらできなかったに違いない。が、そのフィリップ六世が徐々に馬脚を露《あらわ》にした。こちらが大人に長じていくほど、スロイスの海戦に負け、クレシーの戦いに完敗し、その弱さ、脆《もろ》さを露呈させるばかりだった。ヴァロワ家は大したことがない。一方的に勝っていたのがイングランド王エドワード三世だが、その立場は自分と変わらない。それで王位を求めてよいなら、自分も求めてよいはずだと、野心を抱かないわけがない。

そのナバラ王シャルルが動き出した。ジャン二世の弟のオルレアン公フィリップを誘い、フランス王の側近大元帥を亡きものにしたのが、それだ。殺害にいたる理由はあった。ナバラ王シャルルはシャンパーニュ伯領の相続権も持っていたが、フィリップ六世との取り決めでアングーレーム伯領との交換が成立していた。これが、なかなか引き渡されない。のみか、ジャン二世の代になると、寵臣シャルル・デスパーニュに与えられてしまった。一三五〇年十二月二十三日のことで、一三五四年一月八日の暗殺には、一連の処置に対する抗議と報復の意味も込められていたのだ。

当然、シャルルには後の用意もあった。パリ大学を説き、フランス各地の都市に手紙を送りつけ、なかんずくイングランド王に訴えた。ヴァロワ王家が嫌がることなら、なんでも大歓迎のエドワード三世であり、耳を貸さないわけがない。ランカスター公ヘンリーが派遣され、すぐさま話し合いの機会がもたれ、となれば、慌てなければならないのはフランス王ジャン二世のほうだった。イングランド王とナバラ王が同盟を結ぶことにでもなれば、もう目も当てられないからだ。

一三五四年二月二日、ジャン二世はナバラ王とマント条約を結んだ。この条約でシャルルはシャルル・デスパーニュの殺害を不問に付され、さらにボーモン・ル・ロジェ伯領とコタンタン半島が与えられた。どちらもノルマンディの領地で、かねて持つエヴリュー伯領と合わせ、これで公領の半分までを手に入れたことになる。いやはや、単なる野心家というのでなく、実によく頭が回る。陰謀また陰謀、策略また策略の人生を送り、そのためナバラ王シャルルは「悪王（le Mauvais）」の異名で歴史に残るのだが、その悪辣《あくらつ》な手腕で次に抱きこみにかかったのが、もうひとりのシャルルこと、ジャン二世の長男、王太子シャルルだった。

一三五五年十二月八日、王太子シャルルはノルマンディ公に叙せられた。その首邑ルーアンに置かれた屋敷に、ノルマンディの有力者であり、義理の弟でもあるナバラ王シャルルが出入りしても、別段おかしなことはない。一三五六年四月五日、その日も王太子シャルルは他のノルマンディ貴族ともども、ナバラ王を招待していた。そこに乗りこんだのが、フランス王ジャン二世だったのだ。問答無用にナバラ王を逮捕すると、そのままガイヤール城に幽閉してしまった。恨みもあれば、怒りもあったのだろうが、それにしても乱暴というか、短絡的というか、なんとも見境ないというか、王の人柄が透けてみえるような逸話である。

もちろん、ジャン二世なりの理由はあった。イングランド王エドワード三世との開戦が、もう間近に迫っていた。何度か更新された休戦も、一三五五年六月二十四日には切れた。八月にはイングランド王軍が、ノルマンディの港町シェルブールに上陸してきた。九月二十日には黒太子エドワードの別動隊がボルドーに入り、そこから南フランスを縦断する騎行を始める。この挑発を受けて、フランス王も応戦準備にかかった。おまえはノルマンディの守りを固めよと、王太子シャルルをノルマンディ公に叙し、ルーアンに送りこんだところに、ナバラ王シャルルが接近してきたのである。

そこは歴史に残る「悪王」であり、ナバラ王シャルルは密かにイングランド王と同盟を結んでいた。かつて王弟オルレアン公フィリップが唆《そそのか》されたように、王太子シャルルが今また抱きこまれ、一緒に裏切るようなことがあれば、ただ痛手であるのみならず、仇敵エドワード三世の味方を増やすことになる。もう看過ならないと奸物《かんぶつ》の逮捕を決めて、背後の憂いをなくしたからには、もはや騎士王ジャン二世には宿敵との決戦あるのみだった。

ポワティエの戦い

こたびはフランス王に分があるようにもみえた。イングランド王の諸軍に、相互の不首尾が生じたからだ。まずエドワード三世がスコットランド政策に忙殺されて、フランスに来られなかった。一三五六年六月十八日、かわりにランカスター公が二千五百の兵を率いて、サン・ヴァースト・ラ・ウーグに上陸した。ボルドーから北上する黒太子エドワードと合流しようと南下したが、これがヴェルヌイユでフランス王軍に捕捉されてしまった。押し戻される格好で、ランカスター公は北に退いた。黒太子エドワードもボルドーに戻ろうとしたが、ジャン二世には千載一遇の好機である。

フランス王軍は猛追をかけた。折しも大雨であり、イングランド王軍も逃げきれないと覚悟を決めた。黒太子エドワードが布陣したのは、ポワティエから南西に十五キロ、森を背負う平原モーペルテュイだった。九月十九日に両軍が対峙すれば、劣勢の下馬評を覆して、いよいよ英雄伝説の開幕というわけだが、かの有名なポワティエの戦いも中身をいえば、クレシーの戦いの再現でしかなかった。イングランド王軍は騎兵三千、弓兵三千の総勢六千、対するフランス王軍は総勢三万を数え、兵数に差があることも同じである。

前回と違うといえば、フランス王の命令が全軍に行きわたったことか。号令一下、フランス騎士ともあろう者が戦場で馬から下りた。ジャン二世の取り組みが功を奏したのかもしれないし、前回の苦い経験で懲りたところもあったのだろう。が、それも的がずれていた。クレシーでは下馬したイングランド騎士に負けたと考えていた。こちらも下馬すれば負けないのだと、素直に行動に移したものの、長弓戦術にやられたとは思っていない。弓兵のような高が平民に負けるわけがないと、そのあたりの差別感情は頑《かたく》ななのだ。

であれば、結果は同じである。騎馬ならぬ徒歩で突撃して、長弓の弾幕に餌食にされる展開は変わらない。王太子シャルルの第一列は早々に崩れた。王弟オルレアン公の第二列も敗走したが、ジャン二世の第三列は最後まで奮闘した。イングランド王軍の弓兵がさす

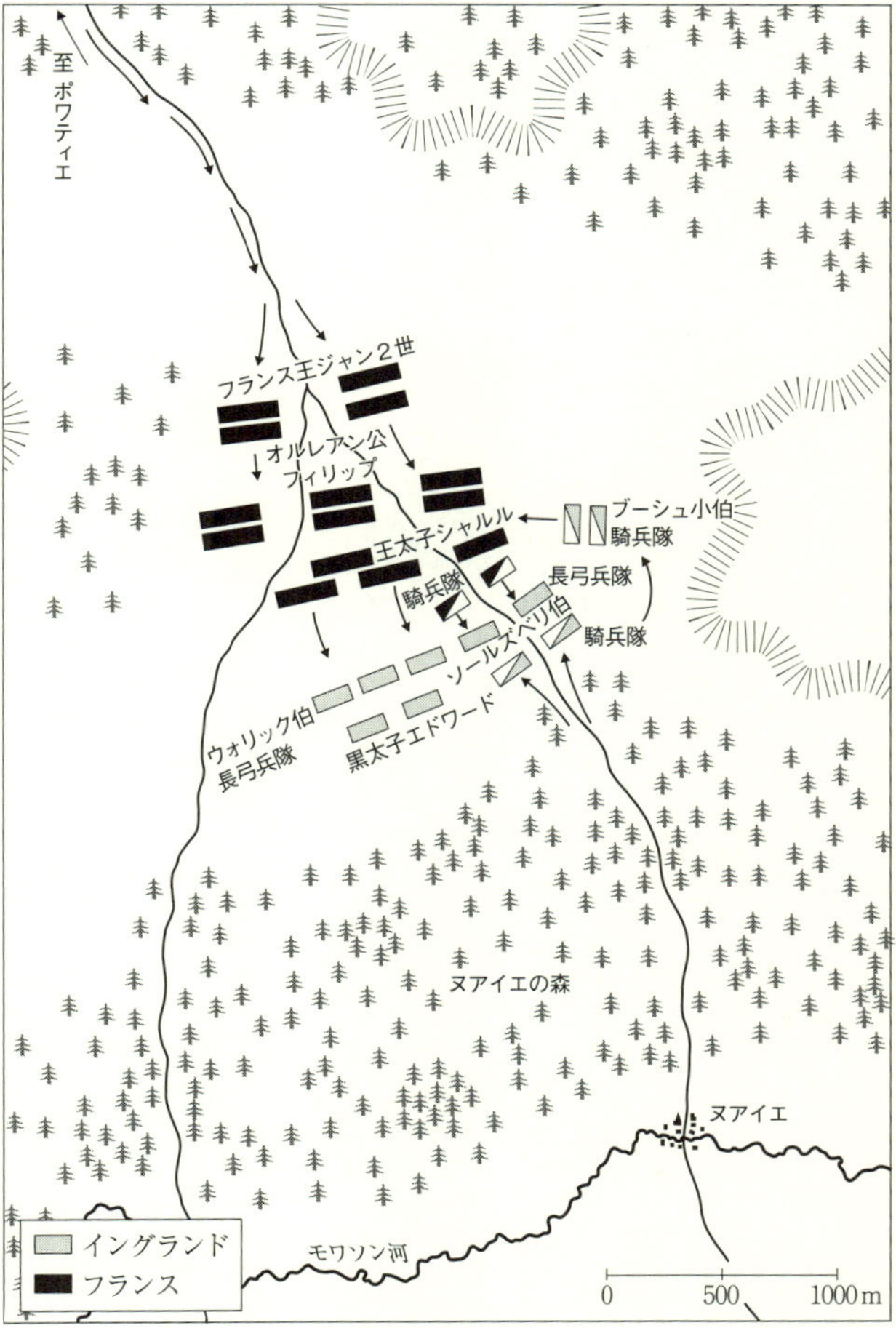
至 ポワティエ
フランス王ジャン２世
オルレアン公
フィリップ
王太子シャルル
ブーシュ小伯
騎兵隊
長弓兵隊
騎兵隊
ソールズベリ伯
騎兵隊
ウォリック伯
長弓兵隊
黒太子エドワード
ヌアイエの森
ヌアイエ
モワソン河
イングランド
フランス
0
500
1000m

ポワティエの戦い

がに少なすぎたこと、フランス王軍が暴れる馬に悩まされなかったことで起きた、ちょっとした異変だった。黒太子エドワードは作戦を変えた。こちらは馬を用意して、騎馬突撃を敢行したのだ。フランス王軍の側面を討つ鮮やかな攻撃を決めたのは、ブーシュ小伯ジャン・ドゥ・グライーが率いるガスコーニュ騎兵だった。

フランス王軍は総崩れである。が、ジャン二世は最後まであきらめず、孤軍奮闘を続けた。

「父上、右にお気をつけください。父上、今度は左です」

そう声をかけたのが末の王子フィリップで、このときの逸話から「豪胆公（le Hardi）」と呼ばれるのは後日のことだ。右に左に敵を迎えたジャン二世も、すっかり囲まれてしまえば投降せざるをえない。この時代の捕虜は一種の戦利品だった。身柄解放の代償として、身代金を取る慣行があったからだ。身代金を払える金持ち貴族しか捕虜にされず、他は問答無用に殺されるのだが、いずれにせよフランス王ともなれば、鎧兜《よろいかぶと》からして立派である。一目で儲け話とわかる。兵士の間で奪い合いが起きたが、これを諫《いさ》めたジャン二世の台詞が傑作である。年代記作家フロワサールによれば、こうだ。

「朕《ちん》の身柄を巡って、喧嘩するのは止めたまえ。というのも朕は貴殿ら皆を、揃って金持ちにしてあげられるくらいの大物なのだから」

あまりに呑気《のんき》で拍子抜けしてしまう。歴史的な大敗を喫しながら、ジャン二世には応えた様子がみられないのだ。「良王」という異名は、少なからず嘲弄《ちょうろう》が込められた「おひとよし（le bon）」の意味に取るほうが、あるいは妥当ということか。

捕虜

ポワティエの戦いの後は、ボルドーに連行された。が、それもジャン二世は意気揚々と白馬に跨《また》がり、かえって貴賓気取りだった。さらに船に乗せられて、一三五七年五月二十四日にはロンドンに到着したが、テムズ河岸のサヴォイ館に豪奢《ごうしゃ》な居を構えながら、いよいよお呼ばれ気分である。狩猟もすれば、舞踏会も楽しみ、暮らしぶりは自由の身でいるときと変わらない。いや、それを来賓扱いにして、エドワード三世のほうも監禁生活を強いるではなかった。ここぞと華の騎士道にものをいわせて歓待しながら、これぞ中世の感覚なのである。

王侯貴族にとって、戦争とは一種の娯楽だった。あるいは大きな遊びというべきか。今日にいうスポーツ感覚といえばよいのか。ジャン二世は軍の立て直しに取り組んだというが、それも次の試合は是非勝ちたいと、それくらいの思いからだ。エドワード三世が捕虜に手厚かったというのも、ひとたび戦いが終われば、もう「ノー・サイド」だからなのだ。国の浮沈を賭ける、というような深刻な感覚ではない。いや、死ぬことはあるし、捕虜に取られれば大枚の身代金を払わなければならない。敗戦で領地を失うことも、王冠を奪われてしまうことさえある。遊びで済む話ではないのだが、それまた一種のギャンブル感覚といおうか、賭けるものが大きいほど、遊戯のスリルも増すのである。

それを一領主の感覚ということもできる。金であれ、領地であれ、称号であれ、全ては私物なのだから、それをどうしようと俺の勝手だろうという理屈だ。この文脈でフランス王といえども、大きな領主にすぎなかった。捕虜に取られても、身代金を払えばよいと、ジャン二世が簡単に考える所以《ゆえん》だが、そこは天下のフランス王の話である。

身代金は途方もない額になる。現代にいう「国家賠償」の意味を帯びるからである。他面の現実として、中世の感覚が通る時代でなくなりつつあった。身代金を払う払わないの以前に、あれこれ問題が多発する。行われるのは村と村の喧嘩でなく、やはり国と国との戦争になっているのだ。

戦場となったフランスは、無残に荒廃させられた。ひとつにはイングランド王の騎行戦術があった。フランス王を戦場に誘《おび》き出す挑発行為というが、家を焼かれ、財産を略奪され、身体にまで気まぐれに危害を加えられる人々には、真実たまったものではなかった。とはいえ、騎行の被害は行軍路だけであり、つまりは局地的である。王国全土を等しく破壊と略奪の恐怖に陥れたのが、解雇された傭兵隊の跳梁跋扈《ちょうりょうばっこ》だった。

封臣が封主に仕える従来の封建軍では、その期間は年に四十日と定められていた。遠隔地に遠征できる日数でなく、もとより貴族たちは自分の領地を含めた郷土防衛しかやりたがらない。ところが、フランス王の戦争となると、この広い王国のどこで行われるとも定かでない。時間的、空間的な制約を免れるために導入されたのが、有給制だった。遅くとも十三世紀後半から十四世紀には定着するが、そうすると給与めあてに戦列に加わる一団が登場する。いわゆる傭兵隊である。この連中にとっては戦争の終了、軍隊の解散は失業を意味した。が、休戦中も食べなければならない。傭兵隊は戦争がなくなると、たちまち盗賊と化して、各地を荒らし回るのだ。

ポワティエの戦い後も例外でなかった。それが中世最大級の合戦であれば、まさに未曾有の数で、傭兵隊がフランスの大地に放出された。「大盗賊団（Grandes Compagnies）」とか、「主なき部隊（Free company）」とか、あるいは「戦の後難（Tard-venu）」などと呼ばれながら、こうした傭兵隊の猛威は数年フランスを不断の脅威におののかしめた。

なんとかしなければならない。ところが、肝心のフランス王は捕虜に取られて、フランスを留守にしていた。ジャン二世は頼りになる男でもない。ロンドンでは手紙を書くのも自由だったが、フランスに送ってよこす指示はといえば、葡萄酒の輸出に関するものだけだった。銘酒の誉れも高いアンジュー、メーヌの葡萄酒を送ってこい、それをイギリスで売りさばいて、つまりは贅沢三昧の生活費を賄う算段である。

国王代理の称号で、かわりに国の舵取りにあたったのが、まだ十八歳の王太子シャルルだった。ポワティエで第一列の将を務めながら、あえなく敗走してきた情けない王子のことだが、なるほどシャルルは年若なだけでなく、生まれながらに病弱な質でもあった。剣術も駄目、馬術も駄目、騎馬槍試合は大の苦手で、これで戦争などできるわけがない。父王の留守とて守れるのかと問われる以前に、自分でも手に余る役目と考えたらしい。急ぎ召集したのが、全国三部会だった。フランス王家の政治手法としては常識的で、ほとんど模範的でさえあったのだが、これが大失敗だった。

革命

確認までに、全国三部会とはフランス王国の代議機関、つまりは議会である。聖職者(第一身分)、貴族(第二身分)、平民(第三身分)の各代表で構成されるので、全国三部会(États généraux、直訳すれば全体の諸身分会議)の名前がある。一三〇二年四月にフィリップ四世がパリに召集したものが、最初の全国三部会であるとされ、王家の施政に助言と同意を与える機関として、以後も繰り返し開かれてきた。その中身をいえば、ほとんど専らの議題が援助金（subside, aide）であり、要は臨時課税を許すか許さないかである。

フランス王家の出費が急速に増大していた。なかんずく戦費が嵩《かさ》んだ。伝統的な封建軍では、封臣は封地という土地をもらうかわりに、封主の戦争に参加する。いわゆる御恩と奉公の原理で、その従軍は基本的に無償である。ところが、有給制が定着し、傭兵隊は無論のこと、封建制の原理で集められた貴族まで給与を受け取るようになると、不可避的に王家は戦費の調達に頭を悩ませることになったのだ。

というのも、フランス王家の収入は基本的に領地からの上がり、日本史にいう「天領」からの上がりである。小川に水車を回し、村の共同竈を営み、なかんずく毎年の年貢を取ることで糧を得ていたのであり、領地の数は多いとしても、収入の原理は一介の城主や領主となんら変わるところがない。にもかかわらず、戦争をするとなると、一介の城主や領主の分限を越えた規模になる。あくまで王国の利害で戦争を行わなければならないのだから、金が足りなくなるのは、これまた当然の帰結である。頭を悩ませたあげくに考え出したのが臨時課税であり、それを承認させるために組織したのが、全国三部会だったのだ。

実際、全国三部会は戦争に前後して繰り返されてきた。フィリップ六世は一三四三年八月にはブルターニュ継承戦争のため、一三四六年にはクレシーの戦いに備えて、一三四七年二月にはカレー陥落を受けた善後策のため、それぞれ全国三部会を開いている。ジャン二世も一三五五年十一月に全国三部会を開き、三万人の兵士を雇う一年分として、五百四十万リーヴル・トゥルノワの援助金に同意を得ている。

全く便利な機関である。フランス王の要求に応えるだけの、従順な議会なのである。が、そんな全国三部会も設立から半世紀を経て、ときに援助金を拒否したり、集め方に注文をつけたり、あるいは定期的な開催を求めたりと、少しずつ自意識を持ち始めていた。イングランド王軍の騎行戦術の被害にあったり、盗賊と化した傭兵隊に襲われたりという不条理に、人々の怒りも蓄積していた。にもかかわらず、さらに巨額の身代金まで出してもらいたいというなら、よくよく注意しなければならなかったのである。

一三五六年十月十七日、王太子シャルルの召集で、全国三部会が開会された。全国三部会というが、それは地方ごとの集会に留まらないという意味で、なおラングドイル（北フランス）とラングドック（南フランス）に分かれていた。パリで開かれたのは、このうちラングドイル三部会である。八百人の議員が集結したが、先の敗戦で貴族たちは顔色《がんしよく》なかった。突出したのは平民議員で、なかんずく議事進行を支配したのが、パリ商人頭（実質的なパリ市長）のエティエンヌ・マルセルだった。今もパリ市庁舎の前で、銅像になっている男だ。

不甲斐ない王侯貴族には、もう任せておけないと、エティエンヌ・マルセルは王国改造を叫んだ。その骨子が三部会の議員から選出された四人の聖職者、十二人の貴族、十二人の平民でなる顧問会議を設立し、その合議において王家に建言するというものだった。いいかえれば、王家の施政をコントロールする。もっといえば、王家から実質的な国政の権を取り上げる。援助金を拒まないにせよ、その課税徴税も、それを用いる軍隊の編成も、全て三部会が行う。持ち出された王国改造とは、今日にいう議会制民主主義の雛形だった。

パリに革命が起きようとしていた。王太子シャルルは難色を示したが、三部会の出した勅令――大勅令とも改革勅令とも謳《うた》われた法文に、一三五七年三月三日、とうとう署名することになった。ジャン二世は、そんなものは破棄する、朕の王国から勝手に税金を取ることも許さないと、四月五日の手紙で通告してきた。が、捕虜に取られた敗軍の将に、遠くロンドンから吠えられたところで、怖くもなんともない。三部会のほうは四月三十日には、独自の徴税作業に手をつける。

政治の実権は奪われた。革命の常か、そうするうちに市民は活動を急進化させた。一三五八年二月二十二日、エティエンヌ・マルセルの一党はシテ島の王宮に乱入し、王太子の二人の側近、シャンパーニュ元帥ジャン・ドゥ・コンフランとノルマンディ元帥ロベール・ドゥ・クレルモンを、無残に撲殺する事件まで起こした。が、この直後から潮目が変わる。三月十四日、王太子シャルルは国王代理より上位とされる摂政を名乗ると、その数日後にはパリから忽然《こつぜん》と姿を消した。再び現れたのがシャンパーニュで、四月十日にプロヴァンで、五月四日にコンピエーニュで、パリの三部会とは別の三部会を相次いで開催した。パリにあるのは偽物だと打ち上げて、三部会の大義を奪おうとしたのだ。

六月にかけては「ジャックリーの乱」と呼ばれる農民蜂起が起きた。同じく戦禍に追い詰められての動きだが、これをパリは見捨ててしまう。かわりといおうか、エティエンヌ・マルセルが結びついたのが、ナバラ王シャルルだった。ジャン二世に逮捕監禁されていた危険人物は、前年の秋に三部会の求めで釈放されていた。顧問会議に名を連ねたラン司教ロベール・ドゥ・ル・コックが、ナバラ王の盟友だったからだ。

ナバラ王は農民蜂起の弾圧を始めた。三部会の推挙という形で、このまま王位に就きたいと夢も膨らませていた。かたわら、王太子シャルルは独自の三部会で軍資金を獲得し、六月二十九日からパリ包囲に着手した。この圧力に耐えかねたか、あるいは身内でも不信感を拭えなくなったのか、七月三十一日にはパリに内紛が起こり、エティエンヌ・マルセルが惨殺された。パリ城代を称していたナバラ王も、逃げ出さざるをえなくなった。

八月二日、革命に勝利を収めて、王都に捲土重来《けんどちょうらい》を果たすときまでに、かつての学者殿下は明らかに変貌していた。権謀術数に長《た》けた巧みな政治家、歴史に「賢王（le Sage）」の名前を残す王太子シャルルこと後のシャルル五世は、騎士王ジャン二世の息子であるとは思えないくらい、全く新しいタイプの国王になる。

ブレティニィ・カレー条約

さておき、ようやくポワティエの戦後処理である。正式な和平条約を締結して、フランスは国王ジャン二世の身柄を取り返さなければならない。

すでに交渉はロンドンで始まっていた。一三五八年五月、イングランド王エドワード三世が示した条件は、ポワトゥーを含めた全アキテーヌの宗主権付き割譲、ブルターニュ公領の宗主権、そしてジャン二世の身代金が四百万エキュだった。フランス王位については触れられず、つまりは含みを持たせたままである。まだパリの全国三部会と抗争している最中で、王太子シャルルは受け入れを表明するしかなかった。が、正式な条約とする前に、イングランド王のほうが取り下げた。

一三五九年三月の第二回ロンドン交渉までに、エドワード三世の要求はさらに高じていた。王位の放棄は明言されたが、そのかわりに全アキテーヌは無論のこと、新たにノルマンディ、トゥーレーヌ、アンジュー、メーヌの割譲まで求めてきたのだ。この条件で条約が締結されれば、フランス王国の実に三分の二までが、イングランド王の手に渡ることになる。フランス王としては絶対に呑めないはずだったが、これにロンドンのジャン二世が応じてしまった。そろそろ異国の生活にも飽きてきたとも、英国美人にふられた心痛からとも、はたまた脅しにロンドン塔に送られたからとも諸説あるが、いずれにせよ、この王は相変わらず呑気そのものなのである。

王太子シャルルは違う。間髪《かんはつ》置かずに手を打ったが、それにしても驚かされる。辛酸をなめさせられた記憶も生々しいはずなのに、摂政の名前で全国三部会を召集したからだ。フランス王国の三身分の総意というその決議において、ロンドンでの条約締結の事実を否認してしまったのだ。いや、フランス王は認めたではないかと、エドワード三世は激怒した。ならば実力にものをいわせるまでと、一三五九年十月、フランス北岸の占領地カレーから軍勢を繰り出した。まず騎行戦術に訴えて、クレシーあるいはポワティエのような合戦に持ちこみ、再びの戦勝を背景に要求を呑ませる腹だったが、もはや相手はジャン二世ではなくなっていた。王太子シャルルは挑発行為に応じなかったのだ。

イングランド王軍に応えたのは冬将軍だった。王太子シャルルはといえば、寒さに震える敵を横目に腹案を練り上げながら、春の訪れとともに素早く動いた。シャルトル近郊の小都市ブレティニィに場所を選び、招聘《しょうへい》していたクリューニー大修道院長にローマ教皇インノケンチウス六世の名前で、和平交渉の再開を宣言させた。この鮮やかすぎる手際のほどに、エドワード三世も逆らえなかった。

一三六〇年五月八日、ブレティニィで仮条約が締結された。イングランド王家はポワトゥーを含む全アキテーヌ公領の領有を宗主権付きで認められ、北岸でも都市カレーと周辺域、ならびにポンテュー伯領、ギュイーヌ伯領を割譲され、そのかわりにフランス王位を断念する。フランス王ジャン二世の身代金は三百万エキュとするが、四ヵ月以内に六十万エキュを払えば、あとは六年間の分割払いとする。そうした内容はフランス王家にとって、なお多大な損失だった。割譲する領地の広さは、おおよそ王国の三分の一を占める。身代金ひとつとっても、莫大な負担になる。金塊にして実に五トン、それは王家の年収の、そういう言葉を用いてよいなら、フランスの国家予算の、実に二年分を超える額なのである。

とはいえ、内憂外患の窮地に立たされた一時を思えば、王太子シャルルの外交勝利といってよかった。一三六〇年十月二十四日、フランス王とイングランド王はブレティニィ仮条約を本条約として、カレー条約を締結した。騎士王ジャン二世は晴れて自由の身となり、この占領された北岸の港町からフランス帰還を果たした。

再びロンドンへ

向かうはフランス王国の都パリである。十月二十九日にカレーを出発すると、十一月十五日にはエダンに到着、十二月五日にはコンピエーニュで勅令を出し、身代金を支払うための課税を定めた。このときは主に間接税で、あらゆる商活動に五パーセントの消費税がかけられ、また葡萄酒は十三分の一額が、塩は五分の一額が王に納められるべしとされた。援助金(aide)と呼ばれた税金は、全てパリの援助金出納総局(collège des généreux trésoriers des aides)に集められることも定められた。責任者がニコラ・ブラークで、王太子シャルルの推薦による抜擢だった。コンピエーニュ勅令からは、なんだか王太子シャルルの手つきが透けてみえる。

ジャン二世に話を戻せば、十二月十二日にはサン・ドニに到着、駆けつけたのが仇敵ナバラ王シャルルで、臣下の礼を捧げるといわれて、この腹黒の二枚舌を信用したか、信用しなくても「おひとよし」の良王なのか、受けて領地を安堵してやった。あけて十三日にパリ入城となり、フランス王ジャン二世は帰ってきた。で、何をやるか。

この年は割譲される地方の諸都市に宛てて、以後はイングランド王に臣下の礼を取るべしと指示するなど、引き渡しの事務に努めた。翌一三六一年は、十一月二十一日にブールゴーニュ公フィリップ・ドゥ・ルーヴルが子なくして死んだので、その遺領の確保に奔走している。十二月二十三日、ジャン二世は首邑ディジョンに赴き、母親がブールゴーニュ公家の出だからと、ブールゴーニュ公領の相続を宣言した。少し先の話になるが、一三六三年の九月六日には、それを末の王子トゥーレーヌ公フィリップに譲り渡し、ポワティエの戦いで最後まで一緒に戦った愛息子を、ブールゴーニュ公にしている。

なんとも、普通である。が、それも一三六二年に入ると、俄《にわ》かに落ち着きをなくし始める。三月三十一日、ローマ教皇ウルバヌス五世は、キプロス王ピエール・ドゥ・リュジニャンの要請を受けて十字軍を宣言、その総大将にフランス王ジャン二世を任命した。騎士王は大喜びで、十一月には自らアヴィニョンに足を運ぶ。そこでキプロス王、さらにデンマーク王と落ち合うと、一三六三年三月三十一日、三王で教皇の説教を拝聴し、十字軍は一三六五年の三月に出発という命令を、恭《うやうや》しく頂戴したのだ。

今度は十字軍である。なるほど、「おひとよし」の騎士、ジャン二世の面目躍如なのである。地中海を東に渡り、異教徒どもを蹴散らして、聖地エルサレムを奪還する――まさに中世の夢であり、たびたび繰り返されてきた冒険ながら、いよいよ莫大な戦費を要するという現実には、まるで思いが及ばない。ただでさえ金欠なのだという現状など、すっかり忘れてしまっている。繰り返しになるが、ジャン二世の身代金、三百万エキュは莫大な金額である。それは支払いが危ぶまれるほどの金額なのである。

エドワード三世は、全額の支払いを待たずして捕虜の身柄を解放するかわりに、フランス王の二番目の王子アンジュー公ルイ、三番目の王子ベリー公ジャン、王弟オルレアン公フィリップら数人の王族を含む、四十人もの人質を要求した。妥当な措置とも思わせるのは、実際にフランス王家の金策は難航を極めたからだ。一三六三年の時点で百八十万エキュまで納めているはずが、まだ百万エキュも支払われていなかった。

そのために将来を悲観したか。あるいは単純に軟禁生活に辟易《へきえき》したのか。一三六三年の秋九月、人質のひとりアンジュー公ルイは、ロンドンからカレーに身柄を移され、さらにブーローニュまでの外出を許可された。ノートルダム大聖堂で聖餐式に与《あずか》るというのは口実で、二年ぶりに妻のマリー・ドゥ・ブロワと会えるという、特別の計らいだった。実際に会えば、もう軟禁生活には戻れない。まだ二十歳の若者であれば、自制心に富んでいるわけもない。

アンジュー公ルイは、そのまま逃げた。いうまでもなく外交問題に発展したが、フランス王として応じたジャン二世の行動が傑作である。かわりの人質が逃亡したなら、本人が捕虜の境涯に戻るしかないと唱えたのだ。ただ唱えただけではない。翌年一月二日にはパリを出発、海を渡って四日にはドーヴァーに到着、もう十四日にはロンドンに再投降を果たした。

筋は通っている。痛快な話でもある。さすがに「おひとよし」の良王なのである。が、本当にやるとは、ちょっと信じられない。フランス王の行動としては軽率きわまりない。なんとなれば、あれだけ苦労して取り戻された身柄なのだ。またぞろフランスの政治に激震が走らないともかぎらないのだ。が、そんな損得を計算できるジャン二世であれば、そもそもポワティエの戦いで捕虜に取られていなかっただろう。騎士道の掟に忠実で、せこせこ算盤を弾かない大らかさは、あるいは「最後の中世人」と称《たた》えられるべきかもしれない。

してみると、その中世が去り行こうとしているという徴《しるし》なのか。一三六四年四月八日、ジャン二世はそのままロンドンで客死した。享年四十六歳――貫かれた騎士の美学に拍手喝采した同時代人は、まだまだ沢山いたには違いないのだが……。

第三章　賢王シャルル五世（一三六四年〜一三八〇年）

大時計塔

　パリに来て、シテ島を訪れない人は、まずいないのではないか。右岸から両替橋を渡り、そのセーヌ河の中洲に入ると、大時計塔（Tour de l'Horloge）と呼ばれる建物が聳《そび》えている。かつての王宮コンシェルジュリの北東の角にあたり、塔そのものは一三五三年にジャン二世が建てたものだ。高さ四十七メートルの監視塔で、つまりは軍事目的の防衛施設だったが、それに大時計を仕込んだのは、息子のシャルル五世のほうだった。ロレーヌの時計職人アンリ・ドゥ・ヴィックに設置させたのが、一三七〇年から七一年にかけての話で、これがパリで最初の公共の時計ということになる。

　中世で時間といえば、専ら教会の鐘が知らせるものだった。が、いくら聖職者が律儀でも、そこは人間がやることであり、多少はずれる。まあ、だいたいの時間で動いたのだろうとも想像するが、シャルル五世という王は、それを許せなかったらしい。時間に正確たれと臣下に求め、そのために設置した機械じかけの時計が、シテ島の王宮跡で今も時を刻んでいる、あの大時計の元祖なのである。

ジャン二世にみられるような中世人の大らかな感覚とは正反対の、きちきちした性格が窺《うかが》い知れる。ジャン二世の息子とも思われない、あるいはジャン二世を反面教師にしたのかもしれないが、こちらは中世に誕生した最初の近代人とでも形容すべきか。

シャルル五世は一三三八年一月二十一日、パリ郊外のヴァンセンヌ城で生まれた。早速の洗礼でシャルルの名前を与えられたが、その命名からして、特別な期待を寄せられたことが知れる。それは曾祖父になるヴァロワ伯家の家祖、傑物で知られたシャルル・ドゥ・ヴァロワの名前である。カペー朝の最後の王ということになった、フランス王シャルル四世の名前でもある。母方の伯父にあたるシャルル・ドゥ・リュクサンブール、つまりはルクセンブルク公家から出た神聖ローマ皇帝、カール四世の名前ということにもなる。皇帝というならば、最初のフランク皇

シャルル5世

ルーヴル美術館

帝カール一世からして、フランス語ではシャルルマーニュ、つまりは大シャルルなのである。

王者のなかの王者たれと願かけされたも同然だが、そのはずでシャルル五世は生まれながらの王として生まれた、ヴァロワ朝で初めての人間だった。生まれもヴァンセンヌ城という、王家の持ち城である。祖父や父は違う。フィリップ六世も、ジャン二世も、生まれたときはヴァロワ伯の息子でしかなかったのだ。異議を挟まれた王位継承だっただけに、なおのことシャルルにはヴァロワ朝の永続が期待されたのだろう。「王太子《ドーファン》」の称号を用いた最初の王子でもあるが、フィリップ六世が一三四九年に南フランスの領邦を手に入れたとき、「ドーフィネ侯」の位を息子のジャンにでなく、孫のシャルルに与えたという経緯も、同じ願いの表れと解釈できるかもしれない。

ところが、シャルルは前にも触れてあるように病弱な質だった。なべて身体を動かすことが苦手で、なかんずく戦場は向きでない。ならば祖父王フィリップ六世と同じように、凡庸の人として生きるしかないかと思いきや、他面では頭脳明晰な生まれつきだった。その秀でた知性が、生まれながらの王と期待をかける周囲によって磨かれる。ヴァンセンヌ城には宮殿付き司祭シルヴァストル・ドゥ・ラ・セルヴェルを筆頭に、数多《あまた》の家庭教師が招聘《しょうへい》された。どんどん知識を吸収するシャルルは、フランス語は無論のこと、ラテン語の読み書きまでこなし、神学、化学、法学、占星学と通暁《つうぎょう》し、なかんずくアリストテレスを信奉する合理性の人として、フランス王家始まって以来の秀才に成長したのである。

それだからと世に通用するわけではない。下手に頭がよいくらいなら、体力に恵まれていたり、あるいは凡庸でも経験を積み重ねていたりするほうが、遥かに身を助けてくれる。そのことをシャルルは、十八歳で思い知らされた。ポワティエの戦いに敗残し、パリに革命を起こされと、過酷な試練を与えられたのだ。が、それを乗り越えたとき、シャルルは何かをつかんだ。イングランド王エドワード三世を向こうに回し、ブレティニィ・カレー条約の締結まで持っていく手際など、別人に生まれ変わったかと思わせるほどだ。

やはり頭脳明晰な男である。が、かねてからの知的素養も、以後は新しい国家機能を整えていく構想の力として、あるいは敵を翻弄する権謀家の怜利《れいり》として、存分に活かされるようになる。歴史に「賢王（le Sage）」と名前を残す、シャルル五世の治世が幕を開ける。

税金の父

一三六三年の秋、アンジュー公ルイの逃亡事件まで戻ろう。弟が人質の役目を放棄し、父がロンドンに再び投降する間も、王太子シャルルこと後のシャルル五世は慌てず騒がず、ただアミアンに全国三部会を召集した。やはり身代金を支払わなければならない、そのための課税を承認させなければならないと、つまりはフランス王家の常套手段である。が、このとき意図されていたのは、目の前の金策というよりも、それを口実に断行されるべき、抜本的な財政改革だった。

前にも触れたように、フランス王家は慢性的な財政難に苦しんでいた。なかんずく戦費が嵩《かさ》んで、領地経営からの上がりだけでは、とてもじゃないが賄えない。なんとか不足を賄おうと、例えば貨幣を改鋳したりする。金や銀の含有量を少なくして、貨幣の数を増やすことで、てっとり早い増収を試みるわけだが、庶民のほうとて馬鹿ではない。ほどなく物価が上昇する。傭兵からして賃上げを求めてくる。やはり増収を図るしかないのだと、戦争の度ごと全国三部会を召集して、臨時課税を引き出すというのが、このときまでの王家の方程式だった。

それにしても、金がかかる。止《とど》めが莫大な額に上るジャン二世の身代金なのである。とはいえ、ピンチは最大のチャンスなりの諺《ことわざ》もある。というのも、十三世紀までに確立していた慣習で、王は自らが捕虜に取られたとき、長女が結婚するとき、長男が騎士叙任を受けるとき、自らが十字軍に参加するときという四要件にかぎり、必要な金子《きんす》の課税が許されたのだ。こたびの必要は明らかに該当する。王家は大きな顔で税金を集めることができたのである。

さらに前述の解雇された傭兵隊の問題があった。盗賊、山賊と化したその猛威を退けるためと称されると、人々は戦争のためと頼まれたときよりも、かえって積極的に金を出した。日々の生活に直結する切実な問題だったからで、王太子シャルルは一三六三年アミアン三部会で、早くも「諸地方の防衛のため」と名目を切り替えたほどである。

ジャン二世の身代金支払い、解雇された傭兵隊の撃退、等々と説得力ある要件が重なったことで、シャルル五世は世人をして、公益（bien public）のための税金という考え方に、徐々に馴れさせていくことができた。一三六三年アミアン三部会で認められた竈税《かまどぜい》（fouage）は、平時においてラングドイル全体に課された最初の直接税になったが、これは一三六九年の一時的な中断を挟みながら、十七年間も集められ続けることになった。

いや、息子のシャルル六世の御世にタイユと名前を変えて、その後も集められ続ける。タイユ（taille 人頭税、直接税）、さらにエード（aide 消費税、間接税）、ガベル（gabelle 塩税、間接税）という、シャルル五世が一代で軌道に乗せた諸税は、フランス革命にいたるまで国王財政を支える三本柱となるのである。

シャルル五世が歴史に「税金の父」とも呼ばれる所以である。課税徴税が一度で終わらず、何年も繰り返されるならば、そのための役人も設けなければならない。実のところ、一三五五年の全国三部会の決議で、援助金の徴収のために各司教区ごとに各身分からひとりずつ「選ばれた者（élus）」が置かれることになっていた。これを起源に、王の任命となりながらも名前だけ残す形で、エリュという財務官僚が設けられた。やはり司教区を担当したが、いくらか話を先取りすれば、一四〇〇年頃にはエレクシオン（élection）という独自の財務管区が設置されるようになり、それを二人ないし三人のエリュで受け持つようになった。仕事も細分化され、エリュは課税、つまりは直接税の振り分けを行い、それを集める作業は各エレクシオンにひとりの徴税官（receveur）が担うようになった。比べると、中央の財務官僚に手薄な感が否めないが、これを事実上束ねたのが、筆頭侍従官ビューロー・ドゥ・ラ・リヴィエールら、暖炉の薪台を飾る怪人像から取られて、後に「マルムゼ（marmouset）」と綽名《あだな》される、王家直属の敏腕家たちだった。

もはやシャルル五世は、三身分に諮って税金の協賛など求めない。すでにして三身分に選択権のある「援助金」ではない。なお帳簿上では「臨時収入（extraordinaire）」と呼ばれながら、実質的には恒常的に徴収される税金は、ほどなく「通常収入（ordinaire）」と呼ばれる年貢収入を、大きく上回るようになる。収入の主体は年貢から税金に転じていくのである。フランス王国の財政構造に大転換が生じていた。財政規模も飛躍的に増大していく。フランス王家の予算は、年貢収入しかなければ二十五万リーヴル規模でしかなかったが、恒常的に課税するようになって、シャルル六世時代にかけては、一気に二百万リーヴル規模にまで増えたのだ。

こうまでの急増は、それが財政の空間的な拡大でもあったからである。年貢であれば、王は自分の領地からしか収入を上げられない。他の領主の領地に手を出せないのは、それが封建制というものだからである。が、税金は全く別な原理に基づく。少なくとも建前では、フランス王国の全土から等しく吸い上げることができる。もちろん現実の力関係があり、ブルターニュ公領やアキテーヌ公領といった、いわば外様の諸侯領からは自由に取れなかった。実態としては王領や親王領、譜代の諸侯領にかぎるとしても、なお拡大は劇的なものだった。誰の領地も彼の領地も区別せず、課税徴税の網は一律にかけられるものだからだ。取られる民人からすれば、領主の年貢と、王の税金が二重取りされる形だが、その二重取りをできるのはフランス王だけなのだ。

もはや一介の城主領主と横並びではありえない。フランス王だけが許されるのは、フランス王だけが公益を、つまりはフランス王国全体のことを考えるからである。シャルル五世が推し進めたのは、城主領主の感覚から完全に抜け出した、いうなれば国家財政の設立だった。ならば、集められた税金は自分勝手なジャン二世のためでなく、また別な目的のために用いられるべきだろう。実際にシャルル五世は、父王の身代金など払わなかった。

それでは破格の財力で、全体何をしようというのか。

デュ・ゲクラン

一三六四年春、シャルル五世が即位一番に向き合わされたのは、ナバラ王シャルルの挑戦だった。自分は報われていないとゴネ続ける貴公子が、こたび唱えたのはブールゴーニュ公領の相続だった。ジャン二世が末息子フィリップに与えた公領だが、自分は前公の従兄弟だから、自分に相続権があると、またぞろ訴えてきたのだ。

ナバラ王が厄介なのは、イングランド王家と同盟を結んでいるからだった。このときもエドワード三世は嬉々として援軍を送りつけた。総指揮官がブーシュ小伯ジャン・ドゥ・グライー、ポワティエの戦いで騎馬突撃を決めたガスコーニュ人である。長弓隊を引き連れるジョン・ジュエルが脇を固めるならば、ナバラ王軍とは名ばかりで、実質はイングランド王軍である。かかる軍勢が画策したのが、ランスで予定される戴冠式の阻止だった。シャルル五世に無視を許さないためだが、王位継承に異議を申し立てられているヴァロワ王家としては、こちらも断固として迎撃しなければならなかった。

しかし、シャルル五世は戦場が苦手である。その無力が、ときには武器になる。大胆な割り切りを迷わないからである。できる人間に、そこは任せればよいと思うのだ。人材の用意を怠る王でもなかった。送り出したのがベルトラン・デュ・ゲクランという、ブルターニュ出身の小貴族だった。元がブルターニュ継承戦争で名前を売った傭兵隊長で、ノルマンディの小都市ポントルソンで守備隊長をやっていた。この一三六四年で四十二歳、なんとも冴えない中年男を連れてきて、シャルル五世はフランス王軍の総指揮官を任せたのだ。

まさに前代未聞だった。やはり不得手のフィリップ六世も、門出の戦争だけは自ら出陣した。もちろん名代を立てることはあり、ジャン二世なども子飼いのシャルル・デスパーニュを大元帥の位につけているが、大貴族の反感を買うだけだった。それは二重の意味で暴挙だったのであり、これで負ければ目も当てられないことになる。

それでも、迷わない。シャルル五世はデュ・ゲクランの才能を過《あやま》たずに見抜いていた。それまで冴えない中年男が世に響かせていたのは、華々しい武功というより、その醜い容貌のほうだった。本人も劣等感を抱えていた。格好つけても、格好つかない。颯爽たる騎士の柄でなければ、花の騎士道にも興味がない。となれば、この醜男のほうでも大胆な割り切りが可能なのだ。求める価値は勝つこと、勝負に徹して、どんな手を用いようとも、最後には必ず勝つことだけ。この実利的かつ現実的な感覚が、王の理想に合致していた。

一三六四年五月十六日、デュ・ゲクランのフランス王軍とグライーのナバラ王軍は、コシュレルに対峙した。実質的なイングランド王軍であれば、クレシー、ポワティエ再びと鼻息も荒かったが、その無敵と思われた長弓戦術――モード・アングレ（イングランド方式）とも呼ばれて、恐れられるようになっていた戦術を、デュ・ゲクランはあっさり攻略してしまった。答えは簡単で、動かなければよかった。モード・アングレは基本的に待ちの布陣なのだ。勇ましい騎士たちが我先にと突撃してくれればこそ、長弓の弾幕は決定的だったのだ。が、それならば動かない、臆病と笑われても動かないというのが、騎士道の感覚が欠落したデュ・ゲクランだった。逆にナバラ王軍を先に動かして、コシュレルの戦いはフランス王軍の一方的な大勝になった。

五月十九日、シャルル五世はランスで晴れの戴冠式を挙行した。いくらか話を先取りすれば、このベルトラン・デュ・ゲクランはフランス史上最高の名将とされている。シャルル五世とデュ・ゲクラン――それはフランス史上最強のデュオでもある。

逆転の布石

財政改革で資金は潤沢、そのうえデュ・ゲクランのような決定打まで手に入れた。それだからと闇雲に急がないのも、計算ずくのシャルル五世らしいところだった。イングランド王に報復し、奪われた領土を取り戻す。そうした目標のために、王は詰め将棋のような手つきで、ひたひたと逆転の布石を打っていく。

最も顕著に表れるのが、外交努力だった。まずはフランドル伯家である。従前フランス王家の助力で領内の反乱を鎮めてきたが、ここに来てフランドル伯ルイは親イングランドに寝返る風を示していた。一三六三年に浮上した縁談がそれで、伯の唯一の子供で、女相続人であるマルグリット・ドゥ・フランドルと、イングランドの第三王子ヨーク公エドモンドを結婚させるというのだ。この試みが進めば、フランドル伯領はエドワード三世の手に落ちたも同然になる。許すものかと、シャルル五世はアヴィニョンの教皇庁に働きかけた。キリスト教の世界では結婚は神の秘蹟のひとつであり、したがって教会の管轄なのである。教皇ウルバヌス五世に、マルグリットとエドモンドは結婚が許されない四親等の従兄弟にあたるからと破談を宣言させてしまえば、婚約は不成立に終わらざるをえない。

ひとまずは危機が回避されたが、権謀術数のフランス王は手を弛《ゆる》めなかった。一三六九年六月十三日のことなので、いくらか先の話だが、シャルル五世はブールゴーニュ公フィリップを担ぎ出し、この末弟とマルグリット・ドゥ・フランドルを結婚させた。まんまとフランス王家の陣営に引きこみ、これでフランス王国の北東の角、フランドル伯領に憂いはなくなった。

次がフランス王国の北西の角だった。継承戦争が行われていたブルターニュ公領は、それぞれが対立候補を推すことで、フランス王とイングランド王の代理戦争の体《てい》をなしてきた。一三六四年九月二十九日には、オーレの戦いという山場を迎えたが、これはエドワード三世と同盟するモンフォール伯ジャンに軍配が上がった。シャルル五世が推すブロワ伯シャルルは戦没したが、伯には息子もあり、これきり継承戦争が終わる流れではなかった。

その幕が強引に引かれた。一三六五年四月十二日、両陣営に結ばせたのがゲランド条約だった。モンフォール伯ジャンをブルターニュ公ジャン四世と認めたそれは、同盟するエドワード三世にみすみす力を与える決定のようでありながら、やはり賢王の仕事だった。かわりにフランス王の宗主権を認めさせ、新しいブルターニュ公には自分に臣下の礼を捧げさせた。いいかえれば、イングランド王と結び、フランス王に矛を向ければ、ブルターニュ公は逆臣となり、領地没収を宣告される。徒《いたずら》に継承戦争を続けるより、巧みな外交で手足を縛り、ブルターニュ公領を中立化するというのが、シャルル五世が描いた絵図だった。

ちなみにオーレの戦いには、デュ・ゲクランも参加した。高慢な大貴族たちに足を引張られる形で敗退し、イングランドの部将チャンドスの捕虜にされたが、シャルル五世は四万フロラン、金塊にして百五十五キロという多額の身代金を払い、その身柄をすぐに請け出している。役に立つ人間なら見捨てない、出費を惜しまないというのも、賢王のやり方だった。

デュ・ゲクランを当てにして、もう一仕事企てられていた。シャルル五世が目をつけたのは、カスティーリャ王国だった。このイベリア半島の大国では、王位を占めるペドロ一世が「残酷王」と呼ばれて人望なく、庶出の兄王子エンリケ・デ・トラスタマラを推す動きがあった。乗せられて決起したものの、あえなく弟王に敗れ、そのエンリケがフランスに亡命してきていたのだ。

シャルル五世はカスティーリャ遠征を企画した。総指揮官を任せたのが、再びのデュ・ゲクランなのだ。もちろんエンリケ・デ・トラスタマラを王位につけて、カスティーリャ王を強力な同盟者とするためだが、これだけ大がかりな企画を進めたからには、狙いはそれだけではない。前述のように、フランスは解雇された傭兵隊の問題に苦しんでいた。ポワティエの戦いから十年、もはや慢性的な社会問題であり、これを解決しないではフランス王国の再建も、イングランド王との戦争再開も考えられない。そうすると、カスティーリャ遠征は一挙両得の好機だった。解雇されて盗賊になるならば、傭兵隊に仕事を与えればよい。それも外国に働きの場所を与えて、フランスの外に掃き出せばよい。

かかる理屈で一三六六年一月、カスティーリャ遠征が始まった。デュ・ゲクランは破竹の快進撃を示し、たった三ヵ月で首都ブルゴスを奪取、エンリケ・デ・トラスタマラを

「カスティーリャ王エンリケ二世」として戴冠させた。今度はペドロ一世が亡命する番だったが、逃れた先が南西フランスのアキテーヌだった。ブレティニィ・カレー条約で、イングランド王に割譲された諸侯領だが、それをエドワード三世は長子に与えた。あの黒太子エドワードは今や「アキテーヌ大公」として、ボルドーに絢爛《けんらん》豪華な宮廷を開いていたのだ。そこに前カスティーリャ王が飛びこんだ。黒太子が後ろにつけば、カスティーリャの内乱はフランス王とイングランド王の代理戦争になる。一三六七年四月三日に迎えたのがナヘラの戦いで、このときはペドロ軍がエンリケ軍を撃破した。フランス王家は一敗地《ち》に塗《まみ》れ、イングランド王家に凱歌が上がったともいいかえられるが、その勝利こそ凋落《ちょうらく》の始まりになるのだから、なんとも皮肉なものである。

黒太子エドワードはスペインで赤痢にやられた。なんとかアキテーヌに帰り着くと、待ち受けたのが戦費のための多額の負債だった。一三六八年一月、アキテーヌ大公領に課税を決めて、竈あたり十スーを五年にわたり徴収すると宣言したが、これがひどく不評だった。なかんずく抵抗したのが、アルマニャック伯やアルブレ卿という、アキテーヌ南部、ガスコーニュの諸侯たちだった。形としてはアキテーヌ大公に臣従するものの、実質的には半独立の外様諸侯であり、不輸《ふゆ》不入《ふにゅう》の権を侵されては我慢ならないというわけだ。

上位の封主に不服を申し立てるというのが反抗の手順だが、イングランド王エドワード三世が応じてくれるわけがない。ガスコーニュ諸侯たちはフランス王に訴えた。六月にアルマニャック伯が、九月にアルブレ卿がパリに上ると、その訴えを受けてシャルル五世は一三六九年一月、アキテーヌ大公に出頭と弁明を命じた。黒太子エドワードが無視したため、ここに領地没収を宣言する条件が揃う。シャルル五世がパリ高等法院の審理に回して、告発の大義を整える間にも、アキテーヌ大公の宗主はイングランド王ではないかと、今度はエドワード三世が異議を叫ぶ。そちらが前言を翻すなら、こちらにも考えがあると、六月三日にはフランス王の称号も取る。全面戦争が今こそ再開しようとしていた。

再征服

一三六九年十一月三十日、フランス王シャルル五世はアキテーヌ大公領の没収を宣言した。ほぼ同時に戦闘も始まった。フランス王軍は王弟アンジュー公ルイの指揮で、年末までにルエルグ、ケルシーと順調に制圧した。一三七〇年にもアジュネ、さらにペリゴールと進出したが、見方によれば転向してきたガスコーニュ諸侯の領国から、ほんの一歩を踏み出した程度にすぎない。イングランド王軍が自ら砦を構えるのは、その先なのだ。

やはりデュ・ゲクランが頼みだった。ナヘラの戦いで黒太子エドワードの捕虜に取られていたが、シャルル五世は今回も迷わず身代金を出した。解放されるや、将軍が再び送り出されたのがスペインで、一三六九年三月十四日のモンティエルの戦いでペドロ一世を下すと、エンリケ二世を再びカスティーリャの王座に押し上げた。パリ凱旋が一三七〇年十月二日、その日付でデュ・ゲクランはフランス大元帥に任じられた。

フランス王軍の最高司令官として十二月四日、ポンヴァヤンの戦いにイングランド王軍を降したのが始まりだった。一三七一年こそ戦果の地固めに用いたものの、一三七二年は北アキテーヌの三地方、ポワトゥー、オニス、サントンジュを一気に占領した。八月七日にポワティエ入城、文字通りの失地回復を果たし、九月八日にはカスティーリャ艦隊の協力でイングランド艦隊を海の藻屑としながら、港湾都市ラ・ロシェルを陥落させてしまう。快進撃も安心してみていられるというのは、華やかなりし騎士道と無縁の男は、奇襲、急襲、包囲攻撃と危なげない戦闘を積み重ねて、着実に戦線を押し上げたからである。そういう言い方をすれば、智将のタイプだ。それがシャルル五世の好みに合う。デュ・ゲクランは焦らず急がず、まるで年次計画でも果たすかのようにして、きちんきちんと前線を押し上げていったのである。

ときに勝利の軍団は「再征服軍（armée de reconquête）」と呼ばれた。イングランド王に奪われた領土を取り戻すという意味で、フランス王家は一連の戦いを「再征服戦争（La guerre de reconquête）」と呼んだのだ。イスラム教徒に奪われた国土を取り戻すという、スペインの「再征服戦争（La guerra de reconquista）」からの輸入語だが、そのカスティーリャ遠征に投入したのは傭兵隊だった。その最良の部分をデュ・ゲクランと一緒に帰国させると、シャルル五世は神聖な言葉ごと、そのままイングランド王との戦争に用いたのだ。

もはや封建軍ではない。貴族の召集や諸都市からの民兵も適時利用したが、それは兵力の水増しとして用いられたにすぎない。傭兵隊というわけでもない。かねて有給制の軍隊には、休戦期に盗賊化する難があった。それなら解雇しなければよいと、シャルル五世は常雇いにした。全軍の核となるべき精鋭として、二千四百人の重装騎兵、六百人の弩騎兵、四百人の弩歩兵、総勢三千四百人だけは解雇しなかったのだ。いいかえれば、常備軍の創設に踏みこんだ。それまでは親衛隊や前線要塞の守備隊など、ほんの一部しか常雇いにされてこなかった。いうまでもなく維持費が莫大になるからだが、そこは「税金の父」なのだ。

先の財政改革が常備軍の創設を可能としていた。なお維持できる兵数は少なく、ポワティエの戦いにおけるフランス王軍に比べれば、ほんの十分の一にすぎない。とはいえ、その数千は充実の兵力であり、これをデュ・ゲクランの卓越した手腕に委ねれば、数万の敵さえ相手にできたのだった。

王政の新スタイル

シャルル五世は建築に力を入れた王でもある。開戦を前にした一三六七年には、その都市で集められた税金の四分の一を使うことまで認めながら、フランス全土で要塞の補修工事を推奨した。要塞都市は、イングランド王軍に攻められても、はたまた解雇された傭兵隊に襲われても平気なように難攻不落に高まるか、そうでなければ、敵軍や盗賊に奪われて、根城に使われてしまうだけだと、問答無用に破壊されたのである。

自らも城を多く築いた。ヴァンセンヌ城を今日みられるような巨大要塞に変貌させたのも、シャルル五世である。それを皮切りに、サン・ジェルマン・アン・レイ、クレイユ、ムーラン、モントロー、ボテと、築いた城は全てパリ郊外で、パリを取り囲むように点在し、つまりはパリを守る防衛拠点の役目を負わされていた。

要のパリもシャルル五世の御世に一変した。かねて巨大な要塞都市だったが、ぐるりと市域を囲んでいた城壁は、十三世紀の王フィリップ二世が建設したものだった。シテ島を中心に円を描くようにして、つまりはセーヌ河の右岸、左岸、いずれも同じ長さだったが、それをシャルル五世は右岸の半円だけ、ひとまわり大きいものに改めた。余談ながら、サン・トノレ門というパリ西門で、城壁の出丸として築かれたルーヴル城が、この工事で市内に取りこまれてしまった。以後は戦闘的な城塞でなく、雅やかな宮殿の道を歩む。

城壁の拡張工事で、右岸は市域の面積も広くなった。新しく宅地も生まれ、その東側、今日のマレ地区のあたりに建てられた新しい王宮が、サン・ポル館である。古くからの王宮はシテ島だったが、三部会革命のときにエティエンヌ・マルセルに襲われた苦い思い出があるために、シャルル五世はあまり好まなかったようだ。とはいえ、サン・ポル館は大小のシャトレ塔が守るシテ島のようには防備が施されていない。それどころかサン・タントワーヌ門というパリ東門は、長らく守備が手薄とされてきた場所である。この機会に鉄壁の守りを固めようと、ここにシャルル五世が建立したのがバスティーユ要塞だった。一七八九年のフランス革命のとき、民衆に襲撃されたことで知られる、あのバスティーユである。

その名前には圧政の象徴という響きがある。後に政治犯専用の牢獄とされたからだが、それが純然たる軍事施設としてであれ、シャルル五世の手になるという事実は、あるいは意味深長といえるかもしれない。

カペー朝のフランス王国は限界に来ていた。元が王冠をかぶった一豪族にすぎないものが、敵を退け、支配を拡げとやるうちに、一豪族の分を越えた戦争をする羽目になり、またその戦費も賄わなければならなくなったからだ。不都合はヴァロワ朝に替わるほど、いっそう顕著に表れてくる。フランス王は試行錯誤を繰り返し、そこからフィリップ六世、ジャン二世、なかんずくシャルル五世は、王政の新たなスタイルを取り出した。それを端的に示すのが、賢王が整備した国王課税と常備軍なのだ。

税金を集められるのは、フランスという国家を営む王だけだ。兵団を常雇いにできるのは、フランスという国家を守る王だけだ。結果として、王だけが飛び抜けた力を有する。一介の領主、城主、豪族、諸侯では並びえない、破格の財力と軍事力を享受する。それを背景に王だけが盤石の城を築けるし、王だけが他にも築かせ、あるいは破壊することができる。その王は絶対の存在ともみえる。

後世その名で呼ばれる「フランス絶対王政」、あるいはパリの重視、パリの突出から語られる「中央集権国家」が、その歩みを始めようとしていた。フランス王がフランス全土を、王都パリから一元的に支配する。かかる新システムこそ、封主と封臣の結びつきを頼りに、国を国として緩やかにまとめるしかない封建制という旧システムに、徐々に取ってかわっていくものである。その雛形を打ち出した功績に、賢王シャルル五世の名君たる所以もある。

そんなシャルル五世にも心配事はあった。自分が死んだ後のフランスのこと、その国を治めるべき息子のことである。王妃ジャンヌ・ドゥ・ブルボンと結婚したのは、互いに十四歳のときだった。子供に恵まれなかったわけでもないが、ジャンヌ、ボンヌ、ジャンヌと王女が続いた。ようやく男子に恵まれたのが一三六八年で、シャルル五世は三十歳になっていた。シャルルと名づけた長男に続き、ルイと名づけた次男まで生まれ、断絶というような恐れはなくなった。が、この子供たちが大人になるまで、自分が生きていられる保証はない。未成年で残すことになれば、無事に王位を継承できるか覚束《おぼつか》ない。というのも、ヴァロワ家はその王位継承に異議を差し挟まれているのだ。その異議からイングランド王家と抗争になり、今なお血で血を洗う戦いの最中なのだ。

実際、シャルル五世は一三七三年に一度ひどく体調を崩して、あわや危篤という状態に陥った。なんとか回復したものの、もう手を拱《こまね》いてはいられないと、急ぎ手をつけたのが遺言の作成だった。あるいは王位継承に関する法制化というべきか。他にも王家の紋章は青地に金百合、王家の軍旗はサン・ドニ旗と、どんどん定めていったからには、むしろ王室典範の制定に取り組んだというべきか。

一三七四年八月、シャルル五世はヴァンセンヌ勅令で、「神の恩寵によりフランス王たるシャルルは、永《とこしえ》に記憶されるべき以下の条項を定める」との書き出しで、フランス王の成年は十四歳（満十三歳と一日から）と定めた。続いて、王として家臣の忠誠が捧げられるべきなのは、「朕の年長の男子、あるいは朕の後継者たる者の子供のうち、生きている年長の男子」であり、「その者たちが男子なくして死んだとき、王位は生まれた順番に即して、その者と父を同じくし、同じ血を持ち、しかも嫡出の弟」に帰すると明文化されたのだ。

かたわらフランスの王位継承からは、女子も女系も綺麗に排除され続けた。エドワード三世の輩がつけいる隙がないように、法源も示されるようになっていた。一三五八年にリシャール・ル・スコトという修道士が探してきたのが、ゲルマンの部族法典のひとつであるサリカ法典だった。五十九条の「遺産について」に「ただ土地に関しては、いかなる相続財産も女に帰属するべきでなく、全ての土地は兄弟たる男なる性に帰属するべし」と定められていたのだ。一三七六年にはエヴラール・ドゥ・トレマンゴンも、ローマ法においても婦女は公職から排されていると、『ル・ヴェルジェの夢』のなかで述べる。

かくて女子女系を排除する理屈が周到に整えられ、以後のフランス王国では王位継承に関する揉め事はなくなった。男系の男子という原則が貫かれ、よほどの異常事態を別として、王位継承者に疑義が差し挟まれる事態はなくなったのだ。ヴァロワ朝の直系が絶えて、ヴァロワ・オルレアン朝になろうと、さらにヴァロワ・アングーレーム朝になろうと、大きな騒ぎにならなかったのは、このシャルル五世の法制化のおかげなのである。

意外かもしれないが、当たり前ではなかった。カペー朝末期のドタバタ騒ぎにみるように、王位継承は慣習だの、前例だの、あるいは政治力だので決まるもので、これという法律に基づくわけではなかった。どの国も似たようなもので、十四世紀末でみても、きちんと法制化されていたのはフランスと、あとはドイツくらいのものだった。ドイツの場合は神聖ローマ皇帝の帝位継承で、こちらでは世襲でなく七選帝侯による選挙制を明文化した金印勅書が、それにあたる。

一三五六年に発布した皇帝がカール四世、つまりはシャルル五世の母方の伯父で、実をいえば王も発布の現場にいた。まだ王太子の頃で、パリの三部会革命から伯父のところに一時的に逃れていたのだ。たまたま居合わせたとはいえ、このときシャルルは法制化の必要を強く意識したのだといわれている。何が幸いするのか、わからないものである。

晩年のごたごた

ヴァロワ朝の諸王が死後も心安らかに眠れるよう、シャルル五世はフランス王家の墓所であるサン・ドニ大修道院付属礼拝堂を改築して、棺桶を並べるスペースを拡張することまで行っている。完璧主義者の面目躍如で、もはやなんの憂いもなしか。

いや、イングランド王との戦争は続いていた。一三七五年七月一日、ブリュッヘで二年の休戦に合意しただけだ。これを好機と和平も試みられたが、休戦切れも間近で、いよいよ大詰めという一三七七年六月二十一日にエドワード三世が崩御したため、正式な条約を結ぶにはいたらなかった。しばらくは現状維持に甘んじるしかない。

シャルル五世にすれば、それで悔いが残るという話ではなかった。すでに一三七六年六月八日、黒太子エドワードは病没していた。その十歳の息子がリチャード二世として祖父の王座を引き継いだとき、十七年前のブレティニィ・カレー条約でフランス王国の三分の一に及んだイングランド王家の領土は、カレー、ボルドー、バイヨンヌという港湾都市とその周辺域にまで減じていた。維持される現状とは、フランス王の事実上の勝利を意味するものだった。

勝者の余裕か、否むしろ驕《おご》りとされるべきなのかもしれないが、シャルル五世は過去の瑕《きず》を消しにかかった。ブルターニュ継承戦争の瑕である。一三六五年のゲランド条約でフランス王を宗主としながら、ブルターニュ公ジャン四世は一三七二年七月には、エドワード三世と軍事同盟を結んだ。一三七三年にはイングランド王軍がブルターニュ上陸となったが、すぐさまデュ・ゲクラン大元帥が出撃、フランス王軍はブレスト、オーレ、ベシュレルを除く公領全てを占領した。一三七八年十二月十八日、シャルル五世はその仕置を発表した。ジャン四世を忠誠義務違反に問い、ブルターニュ公領を没収し、それをそのまま王領に併合するというのが、今や無敵のフランス王の決定だった。

すでに占領済みであれば、単なる手続きで終わるはずだった。が、事態は思いがけない波乱に転じた。フランス王家の「外様」らしく、ブルターニュは独立独歩の気風が強い土地だった。王領併合の決定を聞き、ブルターニュ独立の大義を掲げる運動が生まれた。これに亡命先のイングランドから帰国し、ジャン四世が参加したのは無論のこと、かつて継承争いを演じたブロワ・パンティエーヴル家までが合流した。ちょこざいなとシャルル五世は一蹴するつもりだったかもしれないが、頼みのデュ・ゲクラン大元帥というのが、これまたブルターニュ出身なのである。

デュ・ゲクランまで不穏な動きをみせるにいたって、シャルル五世は予想外の苦戦を強いられた。このブルターニュの反抗が端的に物語るように、王だけが図抜けた実力を持つ、王都パリからフランス全土を一元的に支配するという方法は、必ずしも歓迎されたわけではなかった。「中央集権国家」など王家の都合でしかないと、むしろ大いに嫌われた。仮に非常時を乗り切る方策としては受け入れられても、いったん平和が取り戻されれば、もう無用の長物としてしか見做されなくなる。

重税反対の一揆が頻発するのも、この頃からだった。モンペリエ、ピュイ、ニームなど南フランスの諸都市では、大規模な反乱まで起きた。これを問答無用に鎮圧しようにも、すでにデュ・ゲクランはいなかった。ブルターニュ問題で揉めながら、無事の和解を果たしたが、直後の乱暴狼藉《ろうぜき》の傭兵隊長を討つというような詰まらない遠征で、大元帥は病没に果てたのだ。一三八〇年七月十三日だったが、それから二ヵ月後の九月十六日、フランス王シャルル五世も忠僕の後を追うように崩御した。

享年四十二歳——賢王シャルル五世が死の床で発布した最後の勅令が、次の通りだ。

「朕はかの竈税《かまどぜい》を廃止し、今後課すことをしない。朕はかの税が朕の王国において二度と課されないことを良きことと考え、この文面によって望み、勅命する」

維持費が嵩《かさ》みすぎるとして、ほどなく常備軍も解散された。一三八一年四月四日には、ブルターニュ公ジャン四世の地位を認める、第二次ゲランド条約が結ばれた。

第四章　狂王シャルル六世（一三八〇年〜一四二二年）

少年王と叔父たち

父王の崩御を受けて即位したとき、シャルル六世はまだ十一歳の少年だった。フランス王の成年まで二年——それを十四歳、つまりは十三歳と一日からと定めた一三七四年八月の勅令で、シャルル五世は先を見越した措置もきちんと講じていた。摂政に弟のアンジュー公ルイを指定し、後の実務をマルムゼと呼ばれる敏腕家たちに任せることにしていたのだ。シャルル六世が相続したフランスは、もとより勝利の王国だった。万事に抜かりない賢王の施政のおかげで、ヴァロワ朝の覇権は盤石——とはならない部分も少なくないから、世の中はままならない。

一三八〇年十一月四日、シャルル六世の戴冠式がランスで行われた。それからほどない十一月三十日、四人の叔父たちが共同統治の盟約を結んだ。四人の叔父たちというのは、アンジュー公ルイ、さらにベリー公ジャン、ブールゴーニュ公フィリップというシャルル五世の三人の弟たちと、ブルボン公ルイというジャンヌ王妃の弟の四人である。故王の遺言では、ブールゴーニュ公が下の王子ルイの後見役とされたのみで、ベリー公、ブルボン公には役目さえ与えられていなかった。不満が出るのは当然だったが、その声にアンジュー公ルイも応えた。ひとり摂政になれるものを、譲歩してやむをえない理由があった。

シャルル五世晩年のごたごたとして、もうひとつシスマ（教会大分裂）を挙げなければならない。一三七七年、教皇グレゴリウス十一世が教皇庁を、一三〇九年から移されていた南フランスのアヴィニョンから、古来より置かれていたローマに戻した。フランスの戦乱、わけても盗賊化した傭兵隊の出没に嫌気が差したからとも、イタリア半島の教皇領が危うくなったからだとも、後に列聖される奇蹟の人、シエナのカテリーナに請われたからともいわれるが、いずにせよ大英断をなした教皇は、もう翌年には死去してしまった。ナポリ出身のウルバヌス六世が次の教皇に選ばれたが、この結果を不服としたのがフランス出身の枢機卿たちだった。面々は選挙の無効を訴え、自分たちでジュネーヴ出身のクレメンス七世を選び直した。新教皇と一緒にアヴィニョンに帰ることもしたが、他方のウルバヌス六世も退位したわけでなく、そのままローマで教皇を名乗り続けた。

ここにローマとアヴィニョン、それぞれに教皇がいる状態が生じた。前者をイングランド王、神聖ローマ皇帝、デンマーク王、ハンガリー王が支持すれば、後者をフランス王、スコットランド王、カスティーリャ王、アラゴン王、ナポリ王が支持するという具合で、直ちにヨーロッパを二分する騒ぎともなる。その余波を受けたのが、アンジュー公ルイだった。アヴィニョン教皇に従う国のひとつがナポリ王国だが、その女王ジョヴァンナ一世には子がなかった。このままではローマ教皇を支持する側に王位を持っていかれかねないからと、アンジュー公は女王の養子になるよう求められたのだ。

ルイにすれば、願ってもないチャンスだった。なにせナポリ王になれるのだ。手堅いところを論じても、女王が飛び地として持つプロヴァンス伯領、つまりは南フランスに隣接する一角を支配できる。たった二年しか約束されないフランス王国の摂政の位など、もう眼中になくなって不思議でない。一三八二年一月、アンジュー公ルイはプロヴァンス、そしてナポリ遠征に出立した。兄王に託されたフランス王国で、熱心に進めた施政はといえば、その戦費を捻出するために、廃止されたばかりの国王課税を、あっさり復活させたことだけだった。

シャルル6世
フォンテーヌブロー城美術館

他の三人の親王たちも反対しなかった。反対するわけがない。国政に携わる地位にいれば、王家の莫大な財力を自由にすることができるからだ。三人のうち、ベリー公ジャンはラングドック国王総代として南フランスに赴任した。任地で勝手に懐に入れた資金で、精を出したのが趣味の美術品蒐集《しゅうしゅう》だった。中央で政治の実権を握ったのが、ブールゴーニュ公フィリップとブルボン公ルイだったが、手がけた施政はといえば、この二人の場合は専らマルムゼの追放だった。ビューロー・ドゥ・ラ・リヴィエール、ピエール・ドルジュモン、フィリップ・ドゥ・メズィエールらは宮廷を追われ、パリ代官ユーグ・オーブリオにいたっては、横領の濡れ衣で終身禁固に処されてしまった。

シャルル五世に仕えた敏腕家たちが消えれば、いよいよ怖いものなしである。一三八二年十一月二十七日、フランス王軍はフランドル伯領に出兵した。諸都市の反乱を鎮圧するためだが、このときフランドル伯ルイに応援を求められたのは、娘婿になっていたブールゴーニュ公フィリップだった。自分の戦争を、フランス王家の出費で行う。パリ、ルーアン、ベジエと、国王課税の復活に反対する蜂起が相次いでいたにもかかわらず、である。出鱈目《でたらめ》も、いいところだ。シャルル五世が死の床で税金を廃止したのは、かかる濫用を見越したからではないかとも思わせるが、いずれにせよ少年王には術もなかった。いや、むしろ大喜びだった。戦争はフランス王の名において行われ、シャルル六世自身も遠征に参加したからである。あげくローズベックの戦いに大勝し、曾祖父フィリップ六世よろしく、意気揚々とパリ凱旋を遂げたのである。

ブールゴーニュ公フィリップは、やはり上手だった。何が上手といって、人に気に入られることが上手なのだ。それも末息子の資質か、一三五六年のポワティエの戦いを思い出しても、父王ジャン二世に最後までつきそい、そのことで「豪胆公（le Hardi）」の異名を手に入れている。もちろん大いに気に入られて、同じ父王にはフランス諸侯の筆頭格とされるブールゴーニュ公にしてもらった。兄王シャルル五世にしても、豊かなフランドル伯領の女相続人と結婚させてくれた。人に気に入られ、その心をほだして、自分の利益に誘導する。政治力といえば政治力であり、シャルル六世の四人の叔父たちのうち、なかんずく台頭したのも、このブールゴーニュ公フィリップだった。

親政開始

叔父たちの勝手放題は続く。アンジュー公ルイは一三八四年九月にナポリで戦死したが、ベリー公ジャンは南フランスで甘い汁を吸い続け、ブルボン公ルイは十字軍だとチュニジアに出かけていく。ブールゴーニュ公フィリップはといえば、一三八四年一月三十日に義父が死んだため、フランドル伯を兼ねることになった。ドイツと境を接する領国ばかりが増えて、その保全のために欲したのが、バイエルン公家との同盟だった。画策したのが縁談で、甥王シャルル六世とバイエルン・インゴルシュタット公シュテファン三世の娘のエリーザベトをめあわせようと、やはり上手に話を持ちかけてきた。

若きフランス王は今度も断らなかった。というより、待ち切れないほど乗り気だった。ドイツ女は多産だからと勧められた以上に、エリーザベト嬢は豊満な身体つきの美女だったのだ。急ぎに急がせ、アミアンで挙げられた結婚式は、一三八五年七月十七日の話だった。もう十六歳だというのに、シャルル六世は他愛ない少年王のまま、またもやフィリップ叔父に掌の上で転がされた。一三八八年七月にはゲルダー公との戦争を始めたが、今日にいうオランダのアルンヘム一帯を治めていた諸侯を向こうに回して、わざわざ矛を構えたのも、もちろんフランドル伯を兼ねるブールゴーニュ公の利害だった。

ブールゴーニュ公フィリップの天下は続くかと思いきや、ここで思わぬ伏兵が現れた。ひとりがドイツから嫁いできた花嫁、フランス風に「イザボー・ドゥ・バヴィエール」と呼ばれるようになったシャルル六世の王妃、その人だった。こちらはいつまでも他愛ない少女ではいなかった。勝利の王国を相続して、全てを意のままにできるはずの夫は、逆に叔父の意のままに操られている。であるかぎり、王妃である自分も操り人形でしかない。それは嫌でブールゴーニュ公の世話で嫁いでいるからには、いっそう飾り物でしかない。それは嫌です、親政の開始を宣言なされませと、イザボー王妃はシャルル六世に訴えたのである。

伏兵は、もうひとりいた。シャルル六世の弟、トゥーレーヌ公ルイだった。シャルル五世の遺言でブールゴーニュ公の後見を受けていた王子だが、こちらも成人してしまうと、そんなものは関係ない、否むしろ疎《うと》ましいと、幅を利かせる叔父を嫌がるようになっていた。だから兄上と、弟からまでせっつかれて、シャルル六世も本気で考えたようだ。

クー・デタの決行は、一三八八年十一月三日だった。ゲルダー公との戦争を切り上げた帰路のランスで、いきなり顧問会議を開催すると、シャルル六世は親政の開始を宣言、叔父たちの忠勤を免除したのだ。未だ年若い王が、それで困ることもなかった。経験豊富な父王の旧臣たち、叔父たちの手で宮廷追放に処された敏腕家集団、あのマルムゼたちを呼び戻すだけでよかった。王さえいれば、フランス王国は治まる。王が未成年でなくなり、あるいは未成年扱いに甘んじようとしなくなれば、つけいる隙などないのである。

フランス王国は、ようやくシャルル六世のものになった。一三八九年二月十六日、トゥーレーヌ公ルイは国王顧問会議に席を認められた。八月二十三日にはイザボー王妃が、パリのノートルダム大聖堂で戴冠式を挙げた。王弟ルイ、王妃イザボー、その存在感の大きさは気になるものの、とにかく親政は幕を開けた。九月二日にはパリを出発、シャルル六世はムラン、ヌムール、モンタルジ、ラ・シャリテ・シュール・ロワール、ヌヴェール、ムーラン、クリュ一ニー、リヨンと歴訪し、さらにボーケール、アヴィニョン、ニーム、モンペリエ、ベジエ、ナルボンヌ、トゥールーズと南フランスまで足を伸ばした。一三九〇年二月までの半年をかけながら、取り組んだのは全国行脚の旅だった。新しい王の顔見世というわけだが、それにしても精力的だった。

一三八九年十月三十一日のアヴィニョンでは、従弟にあたるアンジュー公ルイ二世の、ナポリ・シチリア王としての戴冠式に参列した。執式を依頼したのがクレメンス七世だが、この教皇とシスマの解消に向けた話し合いを持つのが、あるいは本題だったかもしれない。一三九〇年一月十日のトゥールーズでは、フォワ伯ガストン・フェブスと会談した。南西フランスの雄というべき豪族だが、その伯には臣下の礼を取らせると同時に、ラングドック国王総代の職を委ねた。従前ベリー公ジャンが占めたポストであるからには、親政の開始に合わせて、この叔父にも更迭を申し渡していたのだ。

画期が訪れていた。ここでシャルル六世自身について、少し触れておきたい。年代記を書いたサン・ドニの修道士は、次のように描写している。

「背は高くなかったが、がっしりとしていて、よく食べ、健康で美しい顔つきであられた。色白で、顎には感じのいい鬚《ひげ》を蓄え、利発そうな目と整った鼻を持ち、髪の毛は金色だった。寛大な心を持ち、人の言葉をよく聞き、身分の低いものとも気軽に交わった。礼儀正しく、相手の名前をきちんと呼び、生涯変わらぬ態度で人々と交わったので、その後たびたび不幸に襲われたにもかかわらず、民衆の愛情を失うことはなかった」

丈夫で、人柄も悪くないということだが、残念ながら、それはポイントでない。病弱でも、性格が尊大でも、父王は名君だった。かかるシャルル五世の弟たちだけのことはあるというか、叔父たちも強い個性揃いだ。それに十九歳まで圧倒され続け、叔父たちを遠ざけたところで、やはり強い個性である王弟ルイや王妃イザボーに支配される。できた父親に守られ続けた御曹司の常か、シャルル六世は主体性が薄く、流されやすい性格だった。が、そうした弱い個性にも、弱い個性なりの処世術がある。絶妙なバランス感覚である。

シャルル六世は叔父たち、なかんずく最大の政治家ブールゴーニュ公フィリップを、いつまでも宮廷から遠ざけはしなかった。一三九〇年二月十三日、南フランスからの帰路、ブールゴーニュ公領の首邑ディジョンに立ち寄り、叔父の大歓迎に迎えられたのだ。シスマを解消するためには、アヴィニョン教皇クレメンス七世をローマでも教皇の座に就かせることだと、一三九一年にはイタリア遠征が計画された。実現はしなかったが、このとき王はトゥーレーヌ公ルイとブールゴーニュ公フィリップの二人を総指揮官に任命した。

一三九二年三月三十一日には、アミアンで行われるイングランド王家との折衝に、つまりは先王時代から望まれていた和平条約締結のための交渉に、フランス側全権代表としてブールゴーニュ公フィリップを送りこんでいる。ブルターニュ公家との交渉も委ねるなど、政治力に秀でた叔父のことは王家の外交窓口に用いながら、こちらばかりが重くなるようには運ばせない。ほどない六月四日には王弟ルイを新たにオルレアン公に封じ、さらにブロワ伯領、デュノワ伯領と与えて、一大諸侯の地位を誇らせた。一三九三年には王家の故地ヴァロワ伯領まで与えて、こちらも劣らず重くなるようにしたのである。

双方が重ければ、双方とも軽くならないよう、自らの失策、相手からの叱責、あげくの失脚を恐れるようになる。常に牽制されて、横暴などできない。点数を稼ぐのだと、かえって忠勤に励む。得をするのは、中央にいて左右のバランスを取る王ばかりという、実に巧みな図式が生まれる。あるいは策を授けたのは、マルムゼたちだったかもしれないが、いずれにせよシャルル六世の天下は、ますます揺るぎないものになる。神のみぞ知るという、不測の事態さえ起こらなければ……。

発作

一三九二年に話を戻さなければならない。ブルターニュ公ジャン四世の家臣に、ピエール・ドゥ・クランという男がいた。これが六月十三日、フランス大元帥オリヴィエ・ドゥ・クリソンを襲撃した。不届きなとクランの引き渡しを命じたが、ブルターニュ公が応じなかったので、シャルル六世は懲罰の軍を動かすことになった。事件は八月五日朝、メーヌ伯領の首邑ル・マンを軍勢を率いて出発した、その直後に起こる。アンジュー公領の首邑アンジェに通じる街道の中間ほど、パリニェ・ル・ポーランと呼ばれる小村から森の道に進んだとき、王はみすぼらしい格好をしたひとりの修道士に会うのである。

「高貴なる王よ、これより先に行かれますな。裏切りに遭いますぞ」

警告の言葉であれば、証拠がなくとも不安になる。折悪く森のなかで、その暗さに怖気《おじけ》づかないまでも、足場の悪さに転びかけたのかもしれない。お付きの小姓の槍先が別な小姓の兜にあたり、カンと金属の音が響いた。それだけといえば、それだけなのだが、とたんシャルル六世はパニック状態になった。血相を変え、剣を引き抜き、周りにいた四人の護衛を切り捨てると、それきり卒倒してしまったのだ。

ブルターニュ遠征は中止された。シャルル六世はといえば、三日も意識をなくしたものの、その後は元通りに回復した。まずは重畳《ちょうじょう》として、全体何が起きたのだろうか。そういえばと思い出されたことには、ちょっとした事件は一三七九年にも起きていた。まだ王太子シャルルの頃の話だが、訪ねてきた教皇特使を異様に怖がり、王宮中を逃げ回ったことがあったのだ。

「お坊さまには悪魔がついてる。これまでのことも、これからのことも、いいあてる」

呟《つぶや》いたとされる言葉だが、なんというか、シャルル六世は子供の頃から霊感でも強かったのか。あるいは神経質な嫌いがあったか。それとも極度の怖がりなのか。いや、簡単には考えられないというのは、ほどなく二度目の発作がきたからだ。

一三九三年一月二十八日、パリのサン・ポル館で開かれた舞踏会の夜、王と数人の若い貴族は、余興で野蛮人に変装していた。全身もじゃもじゃの毛が生えた衣装で、客人たちが集う広間に躍りこんできたわけだが、松脂《まつやに》で固めたそれが唐突に燃え始めた。寒い季節であれば暖炉に薪がくべられていたが、その火の粉が飛んだのだ。若い貴族のなかからは、大火傷を負った者も出た。シャルル六世はといえば、ひとまずは無事だった。近くにいたベリー公妃が機転を利かせて、炎が上がりかけた身体にスカートの裾をかぶせてくれたのだ。火は消えたが、心は闇に奪われた。また王は発作を起こし、また正気をなくしてしまった。

これは只事ではないと慌てる間もなく、六月には三度目の発作が起きた。このときは一三九四年のはじめまで正気に戻らなかった。発作を起こして自分を失うと、シャルル六世はジョルジュとか、フィリップとか名乗り始める。自分は王ではなく、鍛冶屋だということもある。あるいは高貴の自覚はあっても、王家の百合の紋章でなく、「斜めに剣を背負う獅子」の紋章を用いようとする。はたまた最愛のイザボー王妃を蛇のように嫌う。

「この女は何だ。こやつの顔をみると、苛々《いらいら》してくる。ああ、何が望みだ。ああ、なんたる嫌がらせだ。なんたる苦痛だ。誰か私を救い出してはくれまいか」

かかる症状を現代の医学に基づいて、統合失調症と診断する説がある。躁鬱病を疑う向きもある。父シャルル五世と母ジャンヌ・ドゥ・ブルボンは従兄妹同士であり、これは近親婚の弊害なのだとか、いや、専らブルボン家の遺伝で、シャルル六世の高祖父ロベール・ドゥ・クレルモンも、一二七九年に心の病を発症させているとか、遺伝的な疾患が云々されるときもある。

いずれにせよ一大事であり、当時も医者という医者が集められた。パリ大学医学部長ジャン・クレマン・ドゥ・マルル、同教授ギョーム・ブーシェールはじめ、フレロー、ルペルティエ、オクソンヌ、サン・ピエール、ラン司教に仕える名医ギョーム・ドゥ・アルシニィまで招聘したが、誰に診せても王の病は治らなかった。悪魔払いまで呼んだが、芳しからぬ結果は変わらない。正気を取り戻したときは王自身が心を痛めて、モン・サン・ミシェルだの、ピュイだのと巡礼の旅に出たが、その功徳も報われない。

シャルル六世は歴史に「狂王（le Fou）」の名前で残る。賢王シャルルの息子が狂王シャルルとは、悲劇というよりは喜劇だが、笑ってばかりもいられない。一三九二年八月に最初の発作を起こしてから、遂に崩御してしまう一四二二年まで、王は前後の見分けもつかない錯乱状態になり、かと思えば急に正気を取り戻しと、それを四十二回も繰り返したのだ。発作の間隔も短くなり、症状も悪化の一途を辿り、一四〇〇年の前後までには、国王の責務を果たせなくなった。

それは正気を取り戻したときの決断だろうか。一四〇三年四月二十六日、シャルル六世は自分が「いないとき（absent）、ないしは統治の仕事に従事できないほど病気に囚われているとき（occupé）」には、「王妃、王族、大元帥、尚書長、そして国王顧問で構成される会議」が国政を代行すると定めた。もう問題解決のようだが、ブールゴーニュ公フィリップが宮廷に復帰していた。もともと他人の歓心を買うのに長けた人物であり、シャルル六世は精神を病むほど、この叔父といると気持ちが落ち着いたらしい。再び遠ざける頭もないままでいると、ベリー公ジャンまで戻ってきた。二人で何をしたかといえば、またもマルムゼの追放だった。

とはいえ、ブールゴーニュ公の宮廷復帰は、王の絶妙なバランス感覚ゆえの話だ。他方に王弟オルレアン公がいれば、叔父たちも勝手ができないはずだったが、中央に王がいて、左右のバランスを取るという図式は、すでに崩れさっていた。シャルル六世が発作を起こせば、イザボー王妃が中央にいなければならないが、これが一方だけに肩入れしたからである。

そもドイツ女は美貌に加える豊満な肉体で知られていた。他方でフランス一の艶福家と持《も》て囃《はや》されていたのが、オルレアン公ルイだった。かねて悪目立ちしていた二人が、王の狂気をよいことに、いよいよ愛人関係を結んだのだ。これを政治の図式にあてはめれば、もはや左右のバランスを取るべき中央はなく、フランス王国にはブールゴーニュ公とオルレアン公、いや、それぞれ徒党をなすからにはブールゴーニュ派とオルレアン派という、対立する二陣営があるばかりになった。

ブールゴーニュ派とオルレアン派

これが、シスマ問題、北イタリア問題、神聖ローマ帝国問題、イングランド問題と、いがみ合うネタに困らない二陣営だった。まずシスマ問題だが、ブールゴーニュ公フィリップはパリ大学の提唱とも同調して、アヴィニョンの教皇ベネディクトゥス十三世を廃位させ、ローマの教皇ボニファキウス九世を残すべきという立場だった。オルレアン公ルイは反対に、ベネディクトゥス十三世を断固守る構えだった。このアヴィニョンの教皇とは、ともに軍勢を率いてローマに向かい、そこでボニファキウス九世を廃して教皇の位を統一、また自分も北イタリア王に任ぜられる、という密約ができていたからだ。

北イタリアといえば、最大の勢力がミラノ公ガレアス・ヴィスコンティだが、その娘ヴアランティーヌ・ヴィスコンティが、オルレアン公妃になっていた。ミラノ公と敵対していたのがバイエルン・シュトラウビング公ルプレヒト二世で、こちらはブールゴーニュ公フィリップの盟友である。バイエルン・シュトラウビング公は神聖ローマ皇帝でもあったが、その登位を否認して、前皇帝ヴェンツェルを支援するのが、オルレアン公ルイだったりもしていた。見返りに許されたのがルクセンブルク公領の支配だったが、これが北にフランドル伯領、南にブールゴーニュ公領と、ブールゴーニュ公フィリップの二大領国の狭間にあって、それらを牽制できる地勢を占めていた。さらにドイツ帝国の話題を続けるなら、かねてブールゴーニュ公と戦争してきたゲルダー公なども、今やオルレアン公の盟友である。ブラバントを巡る争いの延長戦という格好で、一四〇一年十二月にはパリ城外でもブールゴーニュ公の軍勢とオルレアン公の軍勢が睨《にら》み合いを行い、まさに一触即発というところまで進んでいる。

これでイングランド問題でばかり協調するなら、そのほうが奇妙である。このフランス積年の課題についていえば、一三七五年のブリュッヘ交渉で失敗したきりになっていた。フランス王とイングランド王は公式には未だ交戦状態なわけだが、もはや現実に矛を交えるわけではない。ならば永の平和にしてしまおうと、シャルル六世が即位して間もない一三八一年五月には、フランス北岸の都市ルーランジャンで交渉が始められた。いったん八月で散会したが、十二月から翌年三月にかけて再び取り組まれ、一三八四年一月十六日までには、さしあたり十五ヵ月の休戦が合意された。それが一三八八年、さらに一三九〇年と延長され、次の節目の一三九二年には今度こそ和平条約と期しながら、アミアンで両王の直接会談となった。

常ないほどに意欲的で、シャルル六世の平和志向が窺える。主体性に欠ける、流されやすいとはいいながら、半面では争いを好まない性格だったのかもしれない。再びルーランジャンで一三九三年、一三九四年と交渉が重ねられ、一三九六年三月十一日、とうとう発表されたのがパリ全体休戦協定だった。一三九八年の聖ミカエルの日から一四二六年の聖ミカエルの日まで、実に二十八年間の不戦を誓い合うという事実上の和平である。一三九六年十一月四日には、フランス王シャルル六世の王女イザベルが、イングランド王リチャード二世に輿入《こしい》れし、雪解けの流れは決定的にみえた。ところが、そのリチャード二世がイングランド王ではなくなってしまったのだ。

リチャード二世のほうは、それほど平和的でなかったのか、少なくとも国内では大貴族や議会と揉めてきた。それも遺恨を抱くほどだったらしい。王は二十八年間の休戦でフランス王との関係が落ち着くと、いよいよ国内の粛清を始めた。追放されたひとりが、従弟にあたるランカスター公ヘンリーだったが、これが亡命先のフランスから戻ると、イングランドに渦巻いていた不平不満を一気に糾合する形になった。一三九九年九月二十九日、リチャード二世は退位を強いられ、翌三十日には議会の承認でランカスター公ヘンリーが、イングランド王ヘンリー四世になった。哀れなリチャードはといえば、年が明けた一四〇〇年の二月頃、幽閉されていたロンドン塔で死んだらしい。

史書にいう「ランカスター朝の成立」だが、イングランドに政変が起きたからと、フランスが戦争を始めなければならないわけではなかった。ヘンリー四世もフランス王家に使者を送り、一四〇〇年五月十八日には休戦条約を確認した。歓迎したのがブールゴーニュ公フィリップで、織物工業がさかんなフランドル伯領を領するからには、その材料となる羊毛を生産するイングランドとは、なるだけ事を構えたくない。が、そんなの知ったことじゃない、フランス王家の外交を私物化させるものかと、オルレアン公ルイが黙っていない。ヘンリー四世は簒奪者だ、廃位されたリチャード二世はイザベル王女の夫だ、フランス王家として容認できるはずがないと、もっともらしい理屈で即時の開戦を叫ぶ。

シスマ問題、北イタリア問題、神聖ローマ帝国問題、イングランド問題と、よくも、まあ、これだけ張り合えるものだと感心する。とはいえ、ブールゴーニュ派とオルレアン派の争いも、決定的なところまでは進まなかった。平和主義者のシャルル六世が、せめて正気を取り戻したときだけでも、両派の融和に努めたのかもしれないが、もうひとつ評価されるべきは、ブールゴーニュ公フィリップだろう。もはや老練とされるべき政治家が、とことんまで戦えば共倒れになりかねないと、その愚を承知していなかったわけがない。ジャン二世時代、シャルル五世時代を知る男は、今のフランス王家の栄華を当たり前とも思わない。このままではヴァロワ朝の存続さえ覚束《おぼつか》ないと、危機感を抱いたに違いない。

そのブールゴーニュ公フィリップが、一四〇四年四月二十七日に死没した。公位を継いだのが、それまでヌヴェール伯を名乗っていた長男のジャンだった。シャルル六世やオルレアン公ルイには従兄弟にあたり、ほぼ同世代である。いいかえれば、勝利のフランスしか知らず、それを当たり前と思う世代ばかりが、ズラリと並ぶことになった。

オルレアン公暗殺

新しいブールゴーニュ公ジャンは、その個性としても好戦的だった。十字軍の名の下に一三九六年九月からギリシャのニコポリスで奮戦したあげく、しばらくオスマン・トルコに捕虜に取られていたほどである。少し後の一四〇八年には、リエージュ司教領に叛徒《はんと》の鎮圧に向かい、オテーの戦いで怖いもの知らず（sans peur）な戦いぶりを示した。ためにヴァロワ系の第二代ブールゴーニュ公は、「ジャン無畏公（sans Peur）」の名前で歴史に残る。綽名《あだな》は綽名で、先代の「豪胆公」など必ずしも人物を物語るものではなかったが、これが「無畏公」の場合は、当たらずとも遠からずだったようなのだ。

不器用な武断派は、出鼻に収入を減らされた。父公フィリップは王家から毎年十万リーヴルとも、二十万リーヴルともいわれる金を引き出していたが、それをジャンは一気に四分の一まで削られたのだ。ひとえに王宮でうまく立ち回れなかったからだが、かたわらで好きに金を使うのがオルレアン公ルイだった。こちらは、うまい。一四〇五年三月には戦争のための援助金と称して全国に課税を行い、七月には自ら「ピカルディとノルマンディの国王総代」の職に就いた。イングランド侵攻の足場にするつもりなのかと、これにもジャンは真正面から腹を立てた。イングランド王との戦争など認められない。母親がフランドル伯女で、自らもフランドル生まれフランドル育ちであれば、もともとフランスの王子だった父にも増して、フランドルの基幹産業を脅かす戦争など許せないのだ。

八月、ブールゴーニュ公ジャンはパリに向かった。フランドル伯としてフランス王に臣下の礼を捧げる、という口上ながら、数千もの軍勢を引き連れて、実質的なパリ進軍である。勝手に税をかけて、その金で私兵を養い、フランス王家の外交方針まで自分の都合で捻《ね》じ曲げる奸物、オルレアン公ルイを除くべしと、パリの四辻で試しに声を挙げてみると、意外や賛同する者は少なくなかった。武断派のジャンながら、そのわかりやすさが受けるのか、大衆の人気は高かったのだ。

反対に王侯や貴婦人を宮廷の物陰に引きこんで、ひそひそ囁《ささや》くように口説かせれば一番でも、世人には嫌われたのがオルレアン公ルイである。高慢な言動は普段から鼻についたし、稀代の艶福家といって、それも義姉であり、フランス王妃でもあるイザボー・ドゥ・バヴィエールとまで関係を持つとなると、眉を顰《ひそ》めないではいられなかった。王妃だけでなく、王冠まで手に入れるつもりなのではないかとも勘繰られた。シャルル六世の心の病も、オルレアン公が毒を使ったせいだとか、呪いをかけたからだとか、不穏な噂が絶えなかった。あげくが国政を私物化する振る舞いなのだ。

ブールゴーニュ公ジャンはパリを制した。オルレアン公ルイはイザボー王妃を連れて、ムランに逃れるしかなかった。ブールゴーニュ派とオルレアン派の争いは、またも五分の形勢になる。ジャンとルイは、十月十七日には和解した。サン・ドニの修道士は「王妃とベリー公の面前で」と伝えているが、つまり形としてはシャルル六世の王権を代行するイザボー王妃の斡旋で、中身としては政界の長老にして最後の叔父であるベリー公ジャンの仲裁で、なんとか成立した和解だ。いうまでもなく、心からの和解ではない。

一四〇六年も暗闘は続いた。イングランド問題は開戦の方向で行くことになった。四月、ブールゴーニュ公ジャンはピカルディと西フランドル戦線における国王総代として出陣し、カレー包囲に取りかかる。他方のオルレアン公ルイはギュイエンヌ戦線における国王総代として、ボルドレ地方に遠征となる。ところが、ジャンは戦う真似だけすると、もう十月には引き揚げた。ルイのほうも振るわず、一四〇七年二月には撤退してきた。

　再びパリに呉越同舟となれば、争いが再燃するのは必定である。四月、オルレアン公ルイは得意の宮廷工作に訴えた。経費削減のために国王顧問会議を縮小すると称して、ブールゴーニュ公の配下から顧問の椅子を取り上げた。財務官僚の数を減らすと唱えて、こちらもオルレアン派だけを残した。当然ブールゴーニュ公ジャンは収まらない。また軍隊が動き出し、すわ、一戦かと事態が緊迫するが、このときも十月十六日、ぎりぎりの場面で和解となった。いや、なったようにみえた。少なくともオルレアン公ルイは、ホッとして一息ついた。

　その一四〇七年十一月二十三日、オルレアン公ルイが歩いていたのは、パリ右岸の旧タンプル通りだった。イザボー王妃の見舞いに、バルベット館を訪ねた帰り道だった。王妃は十二番目の子供であるフィリップ王子を、出産直後に亡くしたばかりだったのだ。まず間違いなくルイの種とされる赤子だが、それにしてもフランスの王妃であり、義理の姉でもある愛人を白昼に公然と訪ねるなど、まさに我が世の春を謳う傲慢不遜の極みというべきか。だからというわけではないながら、オルレアン公ルイは襲撃され、命を落とした。刀を振り下ろしたラウル・ドクトンヴィルは、かつて公に妻を寝取られた男なのだとされている。が、それよりも確かな事実は、ブールゴーニュ公ジャンの命を受けていたことである。

アザンクールの戦い

やってしまった。直情的な武断派は、やはり踏み止まれなかった。ブールゴーニュ公ジャンは十一月二十五日にパリを出奔、十二月二日にはフランドルの都市リールに逃れた。オルレアン公妃ヴァランティーヌ・ヴィスコンティが、シャルル六世に公正な裁きを訴えたのが十二月二十一日、もちろん首領を殺されたオルレアン派の面々は怒り狂う。それでもブールゴーニュ公はパリに戻ってくることができた。年が明けた一四〇八年二月二十八日の話で、三月八日にはサン・ポル館で弁明し、王に赦免状まで出させている。もちろんシャルル六世は正気を失った状態だが、それにしてもなぜこんな出鱈目が通用してしまうのか。

ひとつには、パリではブールゴーニュ公ジャンを支持する声が少なくなかった。殺されたオルレアン公ルイは、人気がなかったというより、人徳がなかったのかもしれない。もうひとつには、宮廷の人脈にものをいわせることができた。王太子ルイはブールゴーニュ公ジャンの娘、マルグリットと婚約していた。ルイのすぐ下の王子がジャンだが、こちらの婚約者はブールゴーニュ公ジャンの姪にあたる、ジャクリーヌ・ドゥ・バヴィエールだった。王弟より王子のほうが王に近い。それでも、まだ十歳を超えたばかりである。好きに権力を振るえるのは、その王子たちをがっちり握る人間なのである。

一四〇九年三月九日、シャルトル大聖堂で両派の和解が宣言された。その同じ大聖堂で、王太子ルイはマルグリット・ドゥ・ブールゴーニュと、シャロレー伯フィリップというブールゴーニュ公家の長男は、こちらはシャルル六世の娘であるミシェル王女と、それぞれ結婚式を挙げた。十二月二十七日には、王太子ルイが摂政となる新政権が樹立した。ブールゴーニュ公は、その後見役に収まるという首尾だった。

いや、さすがに看過ならないという向きはいた。動いたのは政界の長老ベリー公ジャンだった。王弟暗殺、悪びれない政権掌握、まさに傍若無人の振る舞いだと、一四一〇年四月十五日、ブルボン公、アランソン公、クレルモン伯、それにブルターニュ公までジアンに集めて、反ブールゴーニュ派の大同盟を立ち上げたのだ。そこに亡父を継いだ新オルレアン公シャルルも呼ばれた。頼るのが義父のアルマニャック伯ベルナールだが、このガスコーニュ地方の豪族はベリー公の娘婿でもあった。オルレアン公シャルルの妃ボンヌ・ダルマニャックは、ベリー公の孫娘なのである。そんなこんなで、党派はジアン同盟として復活するも、一四一一年頃からはアルマニャック派と呼ばれるようになる。

いずれにせよ、オルレアン派も強力に再建された。争いも終息しない。それどころか、この頃から国王顧問会議の席次を競い、フランス王家の利権を取り合うレベルの権力闘争が、武力衝突を伴う内乱のレベルに発展していく。十月にアルマニャック派がパリ北方のサン・ドニを取れば、十一月にはブールゴーニュ派がそれを奪還し、さらにサン・クルーまで制圧にかかるという具合である。となれば、どちらも援軍が欲しくなる。どちらも声をかけたのが、イングランド王家なのである。

イングランド王家のほうは、はじめは消極的だった。一四一一年七月にブールゴーニュ派に請われたときも、一四一二年五月にアルマニャック派に請われたときも、ヘンリー四世は小規模の派兵に留めた。この慎重なイングランド王が一四一三年三月二十日に崩御、二十五歳の王太子がヘンリー五世として即位したとき、事態は一変する。新王は一四一四年十二月の宣言で、過去イングランド王家がフランスに持っていた全ての領地の返還、さらにフランスの王冠を要求した。そのうえで一四一五年八月十二日、ノルマンディ北岸シエフ・ドゥ・コーに軍を上陸させたのだ。

フランスは未だ内乱の渦中である。加えるに、ブールゴーニュ公ジャンも失策を犯していた。一四一三年一月にパリにラングドイル三部会を召集、兵士を雇うための援助金課税を協議させたまではよかったが、引き換えに改革を求められたのだ。台頭したのがパリの肉屋シモン・カボッシュが率いる一党で、それが「カボッシュの乱」と呼ばれるほどに勢いづいた。サン・ポル館に乗りこんで、イザボー王妃の侍女たちを襲ったり、パリ商人頭ピエール・デゼサールを捕らえて、勝手に斬首してみたり、あげくは裕福な家を襲い、アルマニャック派だろうと難癖をつけながら、略奪と虐殺のかぎりを尽くしたりと、夏までには制御不能になってしまった。王太子ルイもパリの一般の人々も距離を置くようになった、その「カボッシュの乱」のパトロンと目されて、ブールゴーニュ公ジャンは八月二十八日には、パリを退去せざるをえなくなったのだ。

月末には、かわりにアルマニャック派が入城した。以後、一四一四年、一五年と政権を握るのだが、そこに乗りこんできたのが、イングランド王ヘンリー五世なのである。九月二十二日にノルマンディの港湾都市アルフルールを陥落させ、さらに北フランスを蹂躙《じゅうりん》していく。十月二十五日に迎えた合戦が、アザンクールの戦いである。アルマニャック派だけとはいえ、フランス王軍はおよそ五万を数えた。イングランド王軍は一万二千ほどにすぎなかったが、そのうち六千までが長弓兵だった。となれば、早くも嫌な予感がする。

アザンクール、トラムクールと左右を森に挟まれた平原に、我先にと突撃を敢行して、混乱のうちに泥に足を取られたフランス騎士を、イングランドの長弓兵が左右の翼から狙い撃ち、あげくにイングランド騎士が止めを刺すという展開は、クレシーの戦い、ポワティエの戦いの再現にしても芸がなかった。またしてもイングランド王軍の大勝、フランス王軍の大敗であれば、なおさらだ。常勝デュ・ゲクランの記憶も虚しく、このときのフランス大元帥シャルル・ダルブレは無残な戦死に果てた。全体でも死者は一万人を越えた。王も王太子も出陣していなかったが、オルレアン公シャルルを含む三人の公、七人の伯、二百二十の大領主、千五百六十の騎士を捕虜に取られてしまうという、それは、もう散々な結果だった。

アングロ・ブールギィニョン同盟

再び内乱の物差を当てるなら、アルマニャック派の窮地である。一四一六年六月十五日には、シャルル五世時代の生き残りとして、ひとり重きをなしていた老ベリー公が隠れた。去るのは老人だけではない。一四一五年十二月十八日、王太子のギュイエンヌ公ルイが亡くなった。トゥーレーヌ公ジャンが王太子に昇格したが、この弟王子も一四一七年四月五日には夭折《ようせつ》する。生きているのはシャルル六世の末息子、まだ十四歳のポンテュー伯シャルルだけだった。この新しい王太子を旗頭に、アルマニャック派は再建を図ることになる。アルマニャック伯ベルナールが自ら新しいフランス大元帥になったので、党派の通称は変わらない。

一四一七年七月十四日、王太子シャルルは国王総代を称した。政争の種にしかならないと、母親の追放にも踏み切ったが、これ幸いと王妃イザボー・ドゥ・バヴィエールが接近したのが、ブールゴーニュ公ジャンだった。十二月二十三日、二人はトロワに対立政府を樹立、すぐさま反撃に乗り出して、一四一八年七月にはパリに捲土重来を果たした。王と王妃と国政の主要機関を掌握して、ブールゴーニュ派が再びフランス王家を代表することになった。アルマニャック派のほうはといえば、このときアルマニャック伯ベルナールはじめ、五千人が惨殺された。王太子シャルルだけは、かろうじてベリーに逃れた。

その間もイングランド王軍は破竹の勢いを示していた。一四一七年六月にアルマニャック派のフランス艦隊を蹴散らすと、八月には再上陸を果たし、早々に着手したのがノルマンディ公領の征服だった。カン、リジュー、バイユー、アランソン、シェルブール、エヴリューと諸都市を立て続けに陥落させ、一四一九年一月には首邑ルーアンまで落としてしまうが、それを阻もうとするでなく、ブールゴーニュ派のフランス王家は、ただ傍観しているだけだった。

ブールゴーニュ公ジャンは親イングランド政策を進めていた。若いヘンリー五世など簡単に操れると、甘く考えてのことだったかもしれない。とすると、誤算に気づかされたのは、ムラン交渉が決裂した五月三十日か、それともイングランド王軍がブールゴーニュ派の都市ポントワーズを攻めた六月三十一日か。ポントワーズを落とした勢いで、パリ進軍の気配まで示される段になって、ジャンはようやく慌てた。内紛に現《うつつ》を抜かしている場合ではないと、急遽アルマニャック派に接近、王太子シャルルに会談を申し込んだ。七月八日から十一日にかけたプイイ・ル・フォール交渉で基本的な合意ができると、九月十日にはモントローで直接会談を持とうというところまで進んだが、ここで衝撃的な事件が起きる。王太子シャルルは側近タンギィ・デュ・シャテルに剣を抜かせ、ブールゴーニュ公ジャンを斬殺してしまうのだ。

オルレアン公ルイ暗殺の報復というわけだが、ここにフランス政界の迷走も極まる。少なくとも、もう取り返しがつかない。父を継いだ三代目のブールゴーニュ公フィリップは、もう十月にはイングランド王家と同盟交渉に着手した。自身の妹アンヌと、ヘンリー五世の弟ベッドフォード公ジョンの婚約を決めながら、いわゆる「アングロ・ブールギィニョン同盟（イングランド・ブールゴーニュ同盟）」を成立させたのは同年暮れ、十二月二日のことだった。

アルマニャック派は親の仇、フランス王家を守るため、ともに手を携えるどころか、再度の報復あるのみ――だからと仇敵イングランド王家と結ぶのは、いくらなんでもひどすぎると考えてしまいがちだが、ここでブールゴーニュ公家の事情を確かめておかなければならない。

ブールゴーニュ公といいながら、その領地は大きくブールゴーニュ公領とフランドル伯領のふたつからなっていた。ブールゴーニュ公としてはヴァロワ朝の親王家であり、それこそ宮廷にブールゴーニュ派をなすくらいに、大きな影響力を振るうことができた。フランドル伯としてはどうかといえば、確かにフランス王家の封臣ながら、元来が「外様」である。必ずしも敵対してきたわけでなく、ときに応じては王家の庇護も頼むのだが、ヨーロッパ随一の経済力を誇ることもあって、基本的には自立の豪族なのである。

ブールゴーニュ公家は名乗りに反して、このフランドル伯の性格に取りこまれていく。初代フィリップはフランスの王子で、フランドルでは女伯である妻マルグリットの共同統治者にすぎない。つまりは入り婿の格好だ。二代ジャンは母親がフランドル人で、自分もフランドル生まれフランドル育ち、かなりフランドル色が強くなる。ただシャルル六世は従兄であり、まだフランス王家が近い。ブールゴーニュ派が勝利すればパリにいるし、アルマニャック派に巻き返されればフランドルに退くと、そういった調子である。これが三代フィリップになると、親王としての感覚が一気に薄れる。なにしろフランス王家の宮廷になど、いたことがないのである。

ゲルダー遠征、リエージュ遠征と試みて、ブールゴーニュ公家はフランドル方面での拡張政策を手がけていた。この路線こそフィリップの目には王道と映る。アングロ・ブールギィニョン同盟を結んだときも、一四一七年に始まるエノー、ホラント、ゼーラント三伯領の帰属を巡る戦い、いわゆる「ネーデルラント継承戦争」のほうが、フランス王家の命運などより遥かに重要に感じられていたのだ。

かかる征服事業もしくは統一事業を通じて、今日のベルギー、オランダの基礎を築いたのは、このブールゴーニュ公家であるとされる。ベルギー、オランダの君主と捉えるならば、ブールゴーニュ公フィリップがイングランド王家と手を結ぶという展開も、割合すんなり理解できてしまう。

トロワ条約

してみると、なんたる皮肉か。フランス王家の命運を握るのは、フランス王国の行方になどあまり関心がないという、ブールゴーニュ派の政府なのだ。シャルル六世の名前を自由に使える状況であれば、どんな条約も結び放題になる。そういう相手と同盟して、イングランド王ヘンリー五世にかなえられない望みはない。一四二〇年五月二十一日、アングロ・ブールギィニョン同盟はトロワ条約を発表した。

シャルル六世の王位は崩御のときまで認められる。シャルル六世は王女カトリーヌとイングランド王ヘンリー五世の結婚に同意する。この婚姻に基づいて、ヘンリー五世はシャルル六世の「息子（fils、娘婿gendreではない）」となり、「フランスの相続人」となる。シャルル六世の死後においては、イングランド、フランス両王国は統合され、ヘンリー五世とその後継者に支配される。それぞれの王国は以後も独自の権利、独自の自由、独自の慣習、独自の法を尊重される。そのときまで、ヘンリー五世はシャルル六世の摂政として、フランス王国を統治する。同じく、そのときまでノルマンディ公領は公の資格で保有する。「自称ヴィエノワの王太子（フランス王太子の別称、アルマニャック派に担がれたシャルルのこと）」は「諸々の恐るべき大罪と不正（主にモントローの暗殺事件を指す）」ゆえに廃嫡される――と、これらがトロワ条約の主な内容である。

先代シャルル五世が定めた王位継承の法など、完全に無視された。王太子シャルルの廃嫡は仕方ない、とも考えられた。男子も、女子も関係ない。男系も、女系も問題にならない。そもシャルル六世の血を受け継いでいないのではないか、と疑われていたからだ。他でもない、母親の王妃イザボー・ドゥ・バヴィエールは、もう淫婦と呼ばれて久しかった。夫王を狂気に奪われたとはいえ、自分が愛人を拵《こしら》えたことも事実だ。オルレアン公ルイとは隠れもない関係だったし、この王弟が暗殺された後は、ルイ・ドゥ・ボワルドンという貴族とよろしくやっていた。これが王太子シャルルに嫌がられ、一四一七年にパリを追放される一因となったが、されてブールゴーニュ公ジャンと手を結ぶに際しては、一緒に寝台も共にしたとかしないとか……。

シャルル六世は、どうしていたか。政治的には、フランス王として公文書に記されるべき、単なる名前でしかなかった。あるいは、その身柄を押さえた者に権威と正統性を与えるという意味で、政権の飾り物だったといおうか。実生活をいうならば、一四一〇年頃からパリ市内サン・ポル館に籠《こも》りきりだった。もちろん、王妃イザボー・ドゥ・バヴィエールはいない。仮に同じ建物にいても、もう生活は共にしてはいない。暴力を振るわれるというのが別居の口実で、前にも触れたように正気をなくした王は王妃を毛嫌いしていたので、それも事実だったかもしれない。

しばしばサン・ポル館を訪ねたと伝えられる女性が二人、オルレアン公妃ヴァランティーヌ・ヴィスコンティとベリー公妃ジャンヌ・ドゥ・ブーローニュは、どちらも身内として、シャルル六世に敬愛の情を示したようである。しかしながら、オルレアン公妃は一四一〇年に亡くなり、ベリー公妃のほうは一四一六年に再婚してパリを離れた。結局のところ、王と一緒にいたのは身の回りの世話をする数人の下僕と、内々に「小王妃（la petite reine）」と呼ばれていた愛人、オデット・ドゥ・シャンディヴェールだけだった。二人の間にはマルグリットという娘も生まれている。シャルル六世にすれば、病に狂わされた人生の数少ない慰めというべきか。

　さておき、シャルル六世はフランスの惨状を、どのような気持ちで眺めていたのか。伝えられるように頻々と発作に襲われていた、とはいえ、裏を返せば束の間には正気を取り戻すことがあった。ならば、そのつど何を思ったのか。

　あるときは妻が自分の元を去り、弟の愛人になっている。と思えば、そのオルレアン公が殺されている。支配者はブールゴーニュ公だと聞かされるが、それも叔父のフィリップから従弟のジャンに変わっている。そのジャンも末息子のシャルルに殺されたと教えられる。仰天するも、次に気づけばイングランド王が娘婿になっていて、しかも自分の王位を継承するというのだから、驚きも一通りのものではなかったのではないか。目覚めるごと、フランスは悪くなる。父王シャルル五世から受け継いだ勝利の王国が、もはや崩壊の淵にあって喘《あえ》いでいる。が、それは仕方ないともあきらめたのか。いや、そんなことは許せないと、奮起したのか。

　シャルル六世の心はわからない。明らかな事実を追いかけるしかない。アングロ・ブールギィニョン同盟が締結したトロワ条約は、その後にパリ大学の審査を受け、ラングドイル三部会の承認まで獲得した。権威付けは図られたが、それでもトロワ条約の有効性は疑われた。シャルル六世の精神病は広く知られた話であり、たとえ王の名前で結ばれた条約でも、そこには第三者の意思が働いていることは間違いなかったからだ。現に王太子シャルルとアルマニャック派は、トロワ条約を認めなかった。当然といえば当然だが、その否認を無視できないというのは、一党はパリを追われてなお、フランス中央部から南部にかけて広大な勢力圏を維持していたからだ。ヘンリー五世の覇業は未だ完成には遠い。フランス摂政を称しながら、アルマニャック派を掃討していかなければならない。

イングランド王は一四二一年三月二十二日のボージェの戦いこそ負けた。が、それから一四二二年の春にかけては、ドルー、エペルノン、モー、コンピエーニュと順調に勝ち続けていく。これに気を良くしたか、ヘンリー五世は五月の聖霊降誕祭に、パリ西端の離宮ネール館で、宗教劇『聖ジョージの受難』を上演させた。まさに征服者の態度だというのは、聖ジョージがイングランドの守護聖人だったからだ。それをパリの舞台に上せて、あるいは触れてしまったのは、フランスの守護聖人、聖ドニの逆鱗《げきりん》だったか。

イングランド王は直後に病に倒れ、そのままパリ郊外ヴァンセンヌ城で死没する。八月三十一日の話で、享年三十五歳の若すぎる死だった。シャルル六世のほうは、まだ生きていた。五十三歳という、この時代では異例の天寿を全うしたのが、同年十月二十一日だった。この二ヵ月にも満たない日数のため、ヘンリー五世はフランス王になれなかった。念願の英仏二重王国も成立しない。

それどころか、アルマニャック派と王太子シャルルは、もう十月三十日には即位を宣言、フランス王シャルル七世を称した。イングランド王家の対応が遅れたのは、ヘンリー五世を継ぐべき王子が、前年十二月六日に生まれたばかりだったからだ。上の叔父ベッドフォード公ジョンをフランス摂政、下の叔父グロスター公ハンフリーをイングランド摂政として、こちらも十一月十一日には「フランス王アンリ二世兼イングランド王ヘンリー六世」を称したが、やはり赤子にすぎないのだ。

ヘンリー五世の早すぎた死、シャルル六世の遅すぎた死——ただの偶然か、それとも無力なフランス王が無力なりに奮闘した、つまりは意地でも長く生きて、トロワ条約の穴を突こうとした結果なのか。いずれにせよ、事態は再び流動化に転じていく。

第五章　勝利王シャルル七世（一四二二年〜一四六一年）

無視された王子

後にシャルル七世となる王子は、フランス王シャルル六世の十番目の子供である。もちろん、現代の感覚はあてはめられない。乳児死亡率が高い時代であれば、多く産まれても、多く死ぬ。十人の子供のなかには、当然ながら王女もいる。十歳まで成長した男子でみれば、ルイ、ジャンに続いた三番目の王子になる。それでも、三番目なのだ。

はっきりいってシャルルは、誰にも期待されない王子だった。身体能力に恵まれていたわけでもない。短足で、しかも内股の運動音痴で、身長も中背より低かったと伝えられるからには、ゆくゆくは勇猛果敢な将軍にとも思われなかった。絵画技法が飛躍的に発展する、いわゆるルネサンスの時代にかかって、かなり写実的な肖像画が残っているが、それをみても団子鼻で、瞼《まぶた》は腫れぼったく、その奥の小さな目は眠たそうと、あまり結構な印象は受けない。中身は別という理屈はあり、シャルル七世の実際からは理知的な一面も窺えるのだが、それも打てば響くというような、利発な類《たぐい》のものではなかったようだ。

だから、誰にも期待されない。二人の兄に問題があれば話は違ってきたのかもしれないが、ルイも、ジャンも、文武両道に秀でた模範的な王子であったとされる。シャルルは期待されないどころか、いよ

シャルル7世

ルーヴル美術館

いよもって無視される。天下の権力者ブールゴーニュ公ジャンからして無視を決めた。王家の長男ルイには自分の娘、次男ジャンには自分の姪と縁づけたが、シャルルには相手を探してやる素ぶりもなかった。とはいえ、捨てる神あれば拾う神ありが、世の常なのである。このシャルルに近づいたのが、アンジュー公家だった。

アンジュー公家といえば、ジャン二世の次男ルイに始まる、いわば王国第二の血筋である。アンジュー公ルイは兄王シャルル五世に重く用いられ、自分の死後には息子の摂政にとまで頼まれた。ところが、そのシャルル六世の御世においては影が薄い。薄いはずで、ナポリ王国を手に入れるための戦争で、一三八四年に死んでいる。後を継いだルイ二世も

イタリアに行き放しで、フランスを留守にすることが多かった。

それが今度も陣没に終わると、アンジュー公家はいったん帰国することに決めた。親王家はルイ三世が継いだが、実質的に一門を率いるのは、その母親でルイ二世の未亡人、賢夫人と定評あるヨランド・ダラゴンだった。このヨランドが一四一三年十月二十一日、パリのバルベット館にイザボー王妃を訪ねたのだ。三番目の王子シャルルと自分の長女マリーの縁談を持ちかけたのだ。

シャルルは十歳、マリーは九歳で、確かに丁度よかった。もとより無視された王子であれば、婚約は誰に警戒されることもなく、すんなり決まった。一四一四年二月にはシャルルを引き取り、アンジュー公領の首邑アンジェにも連れていった。ほどなく夫婦になるマリーと一緒に育てたい、というのがヨランド・ダラゴンの口上だったが、これまた反対されなかった。シャルルとしては、救われた思いがしたに違いない。アルマニャック（オルレアン）派とブールゴーニュ派の争いで、パリの王宮は殺伐としていた。カボッシュの乱では、その王宮が暴徒の襲撃に見舞われた。比べれば、アンジェのなんと平和なことか。アンジュー公家の家族的な雰囲気ときたら、なんと心安らぐことか。

日蔭者でもなくなっていた。むしろシャルルは本家筋として、チヤホヤされたくらいだったろう。無視された王子にとって、このアンジュー公家の日々は決定的だった。どう決定的だったかは、おいおい明らかにしていくとして、夢のような歳月は夢のようであればこそ、わずか二年ほどしか続かなかった。前でも触れてあるように、兄のトゥーレーヌ公ジャンが一四一七年に死んだからだ。王太子に昇格するとともに、シャルルはアルマニャック派に担がれることになったのだ。

またヨランド・ダラゴンもアンジェを発った。アンジュー公家の再度のナポリ遠征の陣容を整えるため、飛び地のプロヴァンス伯領に向かうことになったからだ。その留守の間に起きたのが、ブールゴーニュ公ジャンの暗殺、アングロ・ブールギィニョン同盟の成立、トロワ条約の締結というような、まさに悪夢の展開だった。

ブールジュの王

一四二二年、シャルル六世の崩御を受けて、フランス王シャルル七世としての即位を宣言したとき、それをアングロ・ブールギィニョン同盟は「ブールジュの王」と呼んだ。ひとつにはフランス王は別にいる、生後九ヵ月で即位したばかりのイングランド王ヘンリー六世こそ、フランス王アンリ二世なのだという理屈である。もうひとつにはアルマニャック派がパリを放逐されて以来、シャルルがブールジュという都市に逃げていた事実がある。一種の蔑称、馬鹿にした呼び方なわけだが、その実のシャルルの境涯はどうだったか。

ブールジュはベリー公領の首邑である。一四一七年に王太子ジャンが死んだとき、シャルルが与えられたのが、兄の旧領トゥーレーヌ公領、王太子に与えられるドーフィネ侯領、そして前年に男子なく没したベリー公ジャンの旧領であるベリー公領だった。このベリー公ジャンだが、政界では脇役に甘んじた感が否めないながら、他面では学問、芸術、工芸、建築と、ひたすら美しいものに囲まれているのが大好きという趣味の人、いわば王家の道楽息子だった。その豪奢な暮らしぶりは、有名な『ベリー公のいとも華麗なる時禱《じとう》書《しょ》（Les tres riches heures du Duc de Berry）』で、今に伝えられる通りである。勢い、北フランスの戦禍を逃れた文人、芸術家、職人、石工の類が、多くブールジュにやってきた。解雇された傭兵隊が暴れるならばと、城砦《じようさい》も堅固に造りなおされた。手を入れ、手をかけ、ベリー公ジャンが半世紀も守り続けた、フランスでも屈指の豊かさを誇る領国が、このベリー公領だったのだ。

その地勢を論じても、ベリー公領はフランス王国のほぼ中心にあった。ブールジュを都としながら、シャルル七世はベリーはじめ、オニス、サントンジュ、さらにオーヴェルニュ、アジュネ、ケルシー、ルエルグ、ラングドック、ドーフィネ、リヨネと広がる南フランス、それにオルレアネ、トゥーレーヌ、アンジュー、メーヌ、ポワトゥーと北フランスの一部を加えた、王国の半ば以上を支配していた。パリを含む北フランスの大半は、アングロ・ブールギィニョン同盟の支配下にあるとはいえ、そのなかにも飛び地として、モン・サン・ミシェル、トゥールネ、ヴォークリュールというような城塞は保持していた。オルレアン公、アンジュー公、ブルボン公、アランソン公というような親王家、さらにアルマニャック伯、フォワ伯、コマンジュ伯、アルブレ卿というような有力諸侯の支持もある。シャルル七世が置かれた状況は、あながち悲観するべきものではなかったのだ。

伝統的な友好国からの支援も途切れていない。一四二一年、シャルル七世はスコットランド王と新たに同盟を結び、五千の兵を送られた。率いてきたスコットランド貴族、ジョン・ステュアートをフランス大元帥に抜擢《ばってき》しながら、このスコットランド兵団を軍の中核と頼んで、アングロ・ブールギィニョン同盟に対する反撃も試みた。一四二三年七月三十一日のクラヴァンの戦いでは敗れたものの、九月二十六日のラ・グラヴェルの戦いでは勝ち、これなら五分の展開で行けるかと思いきや、一四二四年八月十七日のヴェルヌイユの戦いでは大敗を喫した。スコットランド兵団は壊滅し、大元帥ステュアートも戦死に終わる。

かわりといおうか、一四二三年八月にはヨランド・ダラゴンが、プロヴァンスから戻ってきた。育ての母ともいうべき義母と再会できて、シャルル七世は単に喜んだだけではなかった。やはり施政に迷う数年だったということか、以後はヨランド・ダラゴンを国王顧問会議に出席させるようになる。言上されたのが、敵はイングランド王家だけに絞るべしという意見だった。そのために、ヨランダ自ら行動する。まずブールゴーニュ公フィリップに働きかけて、一四二四年九月二十四日には四年の休戦を引き出した。並行してブルターニュ公ジャン五世にも近づくと、その娘イザベルと自分の息子アンジュー公ルイ三世との縁談も決めた。このとき一緒に引き抜いたのが、リッシュモン伯アルチュールだった。

リッシュモン伯アルチュールはブルターニュ公ジャン四世の次男で、ジャン五世には弟にあたる。母親ジャンヌ・ドゥ・ナヴァールが父親の死後にヘンリー四世と再婚したので、イングランド王の義息という微妙な立場にもあった。フランス語で「リッシュモン伯」というが、それはイングランドで「リッチモンド伯」に封じられたという意味なのだ。もちろん、称号だけである。

ヘンリー五世とも義理の兄弟だが、一四一五年のアザンクールの戦いではフランス王の側で戦っている。捕虜に取られて、ロンドンに連行されたが、イングランド王の一族と見做されて、一四二〇年に解放された。フランス帰国後はブールゴーニュ派に加わり、フィリップの姉マルグリットと結婚した。いろいろな意味で要人というわけだが、見込んでリッシュモン伯を引き抜くと、ヨランド・ダラゴンは義息を説き、一四二五年三月七日、フランス大元帥に抜擢させて、戦死したステュアートの後釜としたのである。

しかし、だ。「ブールジュの王」の宮廷には、すでに権力者がいた。ピエール・ドゥ・ジアックはヨランド・ダラゴンの留守中に台頭し、シャルル七世の筆頭侍従官を務めていた。これが怪しい男だった。元がブールゴーニュ公ジャンに仕えていて、一四一九年九月十日のモントロー事件にも、ブールゴーニュ派として立ち会っている。が、その直後にアルマニャック派に転向した。王太子シャルルの下で、みるみる出世したからには、ブールゴーニュ公ジャンの暗殺が成功したのも、実はジアックが手引きしたからではないかと疑われている。

このジアックが新しい大元帥と対立した。ヨランド・ダラゴンとリッシュモン伯は追い落としにかかる。一四二七年二月八日には殺害に成功したが、このとき味方したのがジョルジュ・ドゥ・ラ・トレムイユだった。やはりブールゴーニュ派からの転向者で、やはり怪しい男である。一四一六年に未亡人になったベリー公妃、ジャンヌ・ドゥ・ブーローニュの再婚相手として頭角を現したが、この妻に死なれて、一四二八年に再婚したのが、カトリーヌ・ドゥ・リール・ブーシャールだった。前年まで「ジアック夫人」と呼ばれていた女で、つまりは最初に奥方を寝取り、通じて亭主を罠に嵌《は》めてから、ラ・トレムイユは正式に結婚したのである。

出世するため、権力を握るためなら、まさに手段を選ばない。ジアックの後釜として筆頭侍従官の地位を占めれば、ラ・トレムイユとてリッシュモン伯の軍門に易々《やすやす》と降るものではなかった。いっそう激しい政争になり、一四二八年七月十七日、今度は大元帥がブールジュを追放された。

内紛に次ぐ内紛――シャルル六世の宮廷と変わらない。となれば、イングランド王家が見逃すわけがないかと思いきや、戦争は停滞していた。フランス担当摂政ベッドフォード公ジョンは堅実な行政家であり、特に力を注いでいたのが占領地、わけてもノルマンディ公領における支配の確立だった。ノルマンディ三部会を定期開催にして、なかんずく軍資金の入手に努めた。シャルル七世の勢力圏を切り崩すためには、やはり武力を用いるしかない。その戦争を組織的な財政運営で支えていくとなれば、一気呵成に攻めこむというわけにはいかない。が、そうした理屈を悠長として、苛々する輩もいた。ワーウィック伯、ソールズベリ伯ら主戦派は、今こそ敵の内紛につけこむべしと鼻息が荒かった。

半ば強引に始めたのがオルレアン戦争だった。オルレアンはフランスを南北に分ける流れ、ロワール河の北岸に沿う都市である。そこまで一気に前線を押し下げて、ブールジュに通じる道をこじあけ、南フランスになだれ込むというのが、主戦派の考えなのである。一四二八年十月十二日、イングランド王軍はオルレアン包囲に着手した。シャルル七世としても、楽観ならない事態だった。打つ手も限られていた。リッシュモン大元帥がいないからには、またスコットランド王に頼るしかないと、十二月三十日には自らの長子ルイと、スコットランド王女マーガレット、フランス語で「マルグリット・デコス」と呼ばれる姫君との縁談を決めたが、約束の派兵となると、いつになるかわからない。

その間にもオルレアン包囲は進められた。冬を迎えて、もう陥落は時間の問題とも囁《ささや》かれた。それは、そうした折りの出来事だった。一四二九年三月六日、神の遣いを称する十七歳の少女が、自分はオルレアンを解放し、王太子殿下（シャルル七世のこと）をランスで聖別させるよう、神に命じられているのだと唱えながら、シノンに滞在していた王を訪ねてきた。かの有名なフランスの救世主、ジャンヌ・ダルクの登場だった。

ジャンヌ・ダルク

その少女はドムレミの農家に生まれた。シャンパーニュとロレーヌの境界に位置する辺境の村落だが、近くにヴォークリュールという城砦があった。シャルル七世が北フランスに保持する飛び地のひとつで、城代ロベール・ドゥ・ボードリクールに任されていた。このヴォークリュールをジャンヌが訪ねたのが、一四二八年五月の話である。神のお告げを受けたと訴えられたが、最初ボードリクールは取り合わなかった。当たり前である。変な女だ、危ない女だと、むしろ警戒するのが本当だ。ところが、一四二九年二月には態度を一変させる。主君の宮廷に手紙を書き、供をつけて送り出す。おかげでジャンヌはシャルル七世と面会できたが、それとして、ボードリクールの豹変はなにゆえの話か。

真実は知れない。やはり神の奇蹟なのか。ただ事実を追いかければ、ジャンヌは城代が協力的になる少し前に、やはりドムレミ村から遠くない、ロレーヌ公領の首邑ナンシーを訪ねている。呼んだのがロレーヌ公シャルルで、神がかりな少女がいると聞き、その神通力で持病を治してもらえまいかという、なんとも下らない話だった。が、その同じナンシー宮廷にルネ・ダンジューという若者が滞在していた。アンジュー公家の次男である。

賢夫人ヨランド・ダラゴンは、ロレーヌ公シャルルに男子のないことを知るや、その娘イザベルとの縁談をまとめて、この由緒ある家門に次男を婿入りさせていた。このルネ・ダンジューが、舅が呼んだ風変わりな娘のことを、母親に知らせた可能性はある。もしや使えるかもしれないと、ヨランド・ダラゴンが裏から手を回し、そこでボードリクールは態度を一変させたと、それくらいの想像も不自然なものではない。かねてヨランド・ダラゴン黒幕説が囁かれてきた所以である。

さておき、救世主の伝説は始まったばかりだ。三月六日にシノンで会見を果たすと、ジャンヌ・ダルクは軍勢を与えられ、四月二十九日にはオルレアンに入城した。これまた解《げ》せない話だ。どうしてシャルル七世は見知らぬ少女を、あっさり信用してしまったのか。やはり神の奇蹟なのか。シャルル七世の性格をいえば、人を信じやすいどころか、かえって疑りぶかい質《たち》だった。迎えた面会の場でも、玉座にはラウル・ドゥ・ゴークールという家臣を座らせ、自分は廷臣の列に隠れていたという。ところが、ジャンヌは騙《だま》されなかった。過《あやま》たずにシャルル七世をみつけ出した。胸打たれた王は、二人きりで少し話した。終わると、少女は信用されていた。ジャンヌは何事か囁き、それでシャルルは迷わなくなったというが、全体何を伝えたのか。

いよいよもって謎であるが、やはり臆測は許される。ジャンヌが伝えたのは、王の出生の秘密ではないかといわれている。「ブールジュの王」は無気力という問題も抱えていた。土台の性格が慎重だったが、それが無気力にまで高じるのは、決定的に自信を欠いていたからだった。つまり自分にはフランス王たる資格があるかと、もしやシャルル六世の本当の子ではないのでないかと、いつも自問に苛《さいな》まれていた。繰り返しになるが、イザボー・ドゥ・バヴィエールという、多情で知られた王妃の息子なのだ。その出生の不安が一掃されたとしたら、どうだろう。シャルル六世の息子なのだと信じることができる、何か秘密のようなものを教えられたら、どうだろう。それを囁いたのが、神の遣いを称する少女だったとしたら、どうだろう。

史実に戻る。ジャンヌ・ダルクが入城したとき、オルレアンは陥落寸前の窮地だった。イングランド王軍の砦にぐるりと囲まれて、この封鎖戦術に市内の食糧が底を突きかけていたのだ。もっとも完全封鎖とまではいかず、ブールゴーニュ門と呼ばれた東門だけは、かろうじて自由だった。ジャンヌが食糧と一緒に入城したのも、また兵を率いて出撃したのも、このブールゴーニュ門からである。

作戦は単純明快で、イングランド王軍の砦を順に攻め落とすというものだった。五月四日、まずは東郊外のサン・ルー砦を落とす。昇天祭の休日を挟んで、六日にはロワール河を渡り、南岸のサン・ジャン・ル・ブラン砦を目指したが、すでにイングランド兵は撤退していた。さらに軍を進めたジャンヌ・ダルクは、この日のうちにオーギュスタン砦まで落としてしまう。七日に迎えた山場がトゥーレル砦の戦い、つまりはロワール河にかかるオルレアン橋の南岸、入市を監視するべく築かれた楼閣を巡る攻防だが、これにもフランス王軍は丸一日を費やす激戦の末に勝利したのだ。

劣勢のフランス軍が、一気の逆転だった。それにしても、なぜ勝てたか。やはり神の奇蹟なのか。「ブールジュの王」の陣容は悲観したものではないと、まずは先の認識を繰り返さなければならない。オルレアンの戦争ながら、オルレアン公シャルルが捕虜に取られていたため、籠城の総大将は「オルレアンの私生児」と呼ばれたジャンが務めた。前公ルイの婚外子である。この後のデュノワ伯ジャンはじめ、アンジュー貴族で後のフランス提督ジャン・ドゥ・ブイユ、ブルボン公の腹心だったジャンとアントワーヌのシャバンヌ兄弟、ガスコーニュからは後の元帥サントライユと赤マントで知られた猛将ラ・イールが参加して、これから四半世紀のフランス王軍を支えていく面々が、実はオルレアンに勢揃いしていた。

もちろん、これら有能な指揮官を擁して、なお苦戦を強いられていた面はある。ジャンヌ・ダルク自身の功績もみすごせない。といって、女救世主は世間一般のイメージにあるように、自ら剣を振り回して、男まさりの蛮勇を示したわけではない。確かに全身を鎧兜で固めていたが、専ら振っていたのは天空に座する救世主と百合の花を掲げる天使が描かれた三角の旗であり、果たしていたのは軍勢の士気を鼓舞する役割なのだ。

がっかりするところもあるが、この闇雲な戦意が実は勝利の鍵だった。ブイユは後年の著書『ジューヴァンセル』で、イングランド王軍の敗因を、そもそもの封鎖戦術に求めている。「兵力を分散しすぎる」からだ。七日のトゥーレル砦の戦いをみても、三千人規模のフランス王軍が総力を挙げたのに対して、四千人規模のイングランド王軍は他の砦を空にするわけにもいかず、決戦そのものには四百人から五百人しか投入できなかった。また士気も高まりにくい。兵士は「名誉の点でも、利害の点でも、砦を守るより、都市を守るほうに、いっそう執着する」ものだからだ。砦ひとつくらいと思ううちに、戦術全体が崩壊したというわけだ。

より大局的にみれば、それは戦略の劇的転換でもあった。封鎖戦術の念頭にあるのは、いうまでもなく持久戦である。オルレアンの攻防も長く持久戦の様相を呈していたが、フランス王軍に女救世主が登場すると、これが短期決戦に一変したのだ。イングランド王軍がいかに優秀でも、半年かけて構築した布陣を、ほんの数日で切り替えることはできない。ジャンヌ・ダルクの怒濤の戦意が、微妙なタイミングを制しながら、期せずして戦術の盲点を突いたというのが、どうやら勝利の実相のようである。

フランスを救え

なお疑問は残る。ジャンヌ・ダルクの戦意はわかる。シャルル七世の事情も思い当たらないわけではない。が、他の将兵の士気まで一気に高まったのは、全体なにゆえのことか。どうせ負けだ、とあきらめていても不思議でない。俺になんの得がある、と白けていてもよかった。それなのにフランス王軍の全員が奮闘したのだ。

手がかりはジャンヌ・ダルクの叫び──。

「フランスを救え」

にある。まずジャンヌ・ダルク自身、どうして「フランスを救え」と叫んだのか。出身のドムレミ村は、もうドイツ語圏も近いという辺境である。それでも「フランスを救え」と叫ぶ。前にも触れたが、ドムレミ村を含むヴォークリュール周辺一帯は、シャルル七世の飛び地だった。つまり周りは敵だらけだ。ジャンヌの村も何度となくイングランド兵に襲撃された。その恐怖と嫌悪感から、アンチ・イングランドの感情が育まれ、その裏返しで「フランスを救え」の叫びが出てきたと、そう想像することは困難でない。が、話はそう単純ではない。ドムレミ村にはブールゴーニュ公の手勢も、等しく脅威だったのだ。

それでもジャンヌは、ブールゴーニュ公に対しては、さほどの敵意も示さない。一四二九年七月十七日、シャルル七世の戴冠式の日付がある手紙でも、欠席したブールゴーニュ公フィリップに「高貴なるフランス王は名誉が傷つけられることがないかぎり、貴殿との和平に応じる用意があります。全ては貴殿のお気持ち、ひとつなのです」と書き送り、むしろ同胞としての結束を訴えている。実態はフランドルの君主でも、それとしてイングランド王家と同盟していても、ブールゴーニュ公は庶民の目からすると、まぎれもないフランス人だったのだ。

イングランド王とは戦う。しかし、ブールゴーニュ公とは和睦したい。ブルターニュ公とは同盟する。フランス人とフランス人は争うべきではない。それはヨランド・ダラゴンの考え方でもあった。つまりはジャンヌ・ダルクだけではない。フランスに暮らす人々一般に、ナショナリズムという新しい感覚が芽生えていた。

それまでもフランスという国はあった。歴代のフランス王など、フランス王国という国をどう治めるか、どう切り盛りするかと、そればかりだった。ところが、それは支配者の発想、上からの働きかけにすぎない。公や伯を含め、ブールゴーニュ人は第一にブールゴーニュという郷土が大事、ブルターニュ人は第一にブルターニュという郷土が大事で、フランスという国など文字通り二の次だった。

この感覚が、イングランド王家と戦争が始まり、まさに百年になんなんとするにいたって、徐々に変わり始めたのだ。ブールゴーニュだけではない。ブルターニュだけではない。それは全てを残さず巻きこんだ「国難」だった。これを克服するためには、フランス人としてフランス人と団結しなければならないと、この王国に暮らす人々は皆が感じ始めていたのである。

「フランスを救え」

ジャンヌ・ダルクの叫びは、そうした意識の転換を示唆している。未だ過大評価はできないながら、また無視もできない。フランスのために戦う。それが動機になりえたからこそ、オルレアンの将兵も俄かに奮い立ったのである。

アラスの和

オルレアン戦争に話を戻そう。トゥーレル砦の陥落で戦意を失い、五月八日、イングランド王軍は包囲を解いた。その撤退を追いかけて野戦を挑み、フランス王軍は六月十八日、パテーの戦いでも大勝する。そのままランスまで北上し、あれよという間に実現されたのが、シャルル七世の晴れの戴冠式だった。

戴冠式を挙げなくても、フランス王はフランス王である。父王シャルル六世が崩御した瞬間から、もうシャルル七世なのである。とはいえ、ジャンヌ・ダルクは「王太子シャルル」と呼んだ。一般の感覚、というより民間信仰のレベルでは、別に「聖別式」とも「塗油式」とも呼ばれる戴冠式こそ重要だった。古のフランク王クロヴィスが洗礼を受けたとき、天使が届けたとされる聖なる油がランスに保管されていて、それを全身各所に塗られた者は、手で触れるだけで病人を治せる等々、まさしく王たるに相応《ふさわ》しい神通力を得るとされていたのだ。

古式通りの戴冠式を済ませ、馬鹿にされた「ブールジュの王」は今や神の後光さえ帯びた。そのかたわらにいて、ジャンヌ・ダルクも伝説になる。が、すぐではない。それどころか、以後の女救世主は振るわなかった。パリに進み、王都の奪還を狙うが、一四二九年九月には引き揚げを余儀なくされ、ならばとロワール地方に転戦を続けても、戦果は容易に挙がらない。一四三〇年の五月にピカルディに北上すると、迎えたコンピエーニュの戦いで、とうとう捕虜に取られてしまう。

捕らえたのはブールゴーニュ公に仕える貴族、ジャン・ドゥ・リュクサンブールだったが、同盟関係ゆえにジャンヌの身柄は、イングランド王軍に引き渡された。ノルマンディ公領の首邑ルーアンで、「神の遣い」を称した女の宗教裁判が開始され、ジャンヌ・ダルクは異端犯罪人と認定された。その火刑が執行されたのは、一四三一年五月三十日のことである。オルレアンを救い、また自らを戴冠させてくれた恩人のために、シャルル七世が動いた形跡は認められない。ジャンヌ・ダルクが伝説になるのは後世の話であり、同時代的には気の利いたハプニングぐらいの意味しかなかったのかもしれない。

戦局は再び停滞した。というより、シャルル七世が腐心したのは内紛の解消だった。一四三二年三月五日、ラ・トレムイユとリッシュモン伯を和解させたが、それで終わりではなかった。今度もアンジュー公家が動いた。末息子のシャルル・ダンジューが大元帥と二人で王の注意を引きつけ、その隙に配下のブイユをして、筆頭侍従官を誘拐させたのだ。

ラ・トレムイユをモントレゾール城に監禁し、もう二度と宮廷に上がらない旨を宣誓させたのは、一四三三年六月三日のことだった。

シャルル七世は一四三四年の春から、南フランスに出かける。シャルル六世もこなした顔見世だが、トゥールーズ、モンペリエと回り、タラスコンで再会したのが、プロヴァンス伯領に所用で出ていたヨランド・ダラゴンだった。敵はイングランド王家だけに限るべし——かねて温められていた政策が、今度こそ動き出す。まずアングロ・ブールギィニョン同盟からブールゴーニュ公を引き離すべしと、実をいえば折衝は一四三二年から開始されていた。その年の十一月十四日には、イングランド王家のフランス摂政ベッドフォード公ジョンに輿入れしていた、アンヌ・ドゥ・ブールゴーニュが亡くなっていた。ブールゴーニュ公フィリップの二人の姉妹のうち、いるのはリッシュモン大元帥に嫁いだマルグリットだけだ。イングランド王家のしがらみがなくなり、フランス王家との絆が残る。

一四三五年八月、アラスで和平会議が開催された。出席したのはフランス王家、イングランド王家、ブールゴーニュ公家の三者だが、このうちイングランド王家の主張は話にならなかった。「フランスの敵である」シャルル七世が、王国の南半分を「フランス王」ヘンリー六世の封臣として受けるのなら、譲歩しないでもないというのだ。もちろん誰にも相手にされない。九月十四日にはベッドフォード公ジョン本人も亡くなった。九月二十一日、ブールゴーニュ公フィリップが単独でフランス王シャルル七世と結んだ条約が、世にいうアラスの和なのである。

シャルル七世は賠償金の支払い、ソンム河流域の諸都市、マコン伯領、オーセール伯領など領地の割譲、臣従礼の終身免除、ブールゴーニュ公ジャン暗殺犯の処罰等々と、多大な譲歩を余儀なくされた。が、ブールゴーニュ公フィリップから得たものは、それ以上に大きかった。これまで敵対してきた北フランスの諸勢力も、シャルル七世を王と認めざるをえなくなったからだ。一四三五年十月にディエップ、一四三六年二月にムーランとポントワーズが、それぞれ王の軍門に降った。パリ——ジャンヌ・ダルクの猛攻を撃退した王都までが、フランス王の旗を掲げるリッシュモン大元帥に入城を許したのは、一四三六年四月十三日のことだった。

寵姫と政商

残すはノルマンディとアキテーヌもしくはギュイエンヌ、つまりはイングランド王が占領を続けている二地方である。一気呵成に攻勢をかけるかと思いきや、シャルル七世は先を急ぐではなかった。女に現《うつつ》を抜かしていたからだと、悪口もある。それもフランス王として自信を深めた証《あかし》か、シャルル七世は一四四〇年頃から、アニェス・ソレルという愛人を抱え始める。トゥーレーヌの豪農の出であるとか、ピカルディの貧乏貴族クードン卿の娘だったとか諸説あるが、いずれにせよ一四二〇年頃の生まれと伝えられるからには、王と出会った頃は二十歳くらいの美しいさかり、それはもう絶世の美女だった。

もともとアニェス・ソレルはイザベル・ドゥ・ロレーヌの侍女だった。婿入りしてロレーヌ公になり、兄ルイ三世が亡くなってからはアンジュー公、プロヴァンス伯、ナポリ王を兼ねていたアンジュー公家の次男、例のルネ・ダンジューの奥方のことだが、夫婦で参内したところ、たまたま同道していた侍女のアニェスが、王に見初められたということのようだ。

シャルル七世にとって、初めての愛人というわけではない。愛人を抱えた王が、それまでいなかったということでもない。とはいえ、キリスト教の道徳が人々の生活を縛り上げていた時代であれば、なべて日蔭者だった。アニェス・ソレルが特筆されるべきだというのは、王妃マリー・ダンジューの侍女という肩書を得るや、そのまま王宮を公然と練り歩いたことである。ボテ、ヴェルノン、イスーダン、ロクスジィエール、ロッシュと数々の城を与えられ、のみか政治や軍事、宮廷の人事に口出しするほどの権勢を誇った。その後の歴史においても、しばしばフランス王の宮廷に現れる寵姫（maîtresse）、半ば公式な身分としての寵姫の第一号とされているのが、このアニェス・ソレルなのである。

それまで男性のものとされていたダイヤモンドを、世界で初めて身につけた女性とも伝えられる。アニェス・ソレルは豪奢な生活も楽しんだ。望まれれば、なんなりと用立てる御用商人も控えていた。その筆頭がジャック・クールという男だった。元がブールジュの大商人で、つまりはシャルル七世が「ブールジュの王」だった頃から、宮廷に出入りしていた。関係を深めるまま、一四四〇年には王家の造幣官（argentier du roi）に就任し、貨幣改鋳まで請け負う。政商ジャック・クールは王家と癒着することで、儲けに儲けたのである。

儲け続けるために、王家に金を出すこともあった。ジャック・クールのみならず、多方面から多額の金子《きんす》を集めたからには、シャルル七世も動かないわけではなかった。一四三七年にモントロー、一四三八年にドルーとモンタルジ、一四三九年にモー、一四四一年にクレイユ、さらに一四三六年に奪いながら三七年にはイングランド王軍に奪い返されていたポントワーズと落とし続け、ひとつにはノルマンディを睨む諸地方を制圧している。一四四二年からはギュイエンヌに目を転じ、北辺のアングーモワ地方を押さえると同時に、南辺でもサン・セヴェール、ダックスと要衝を奪取して、両面からボルドーに圧力をかけ始める。

ところが、一四四四年五月二十八日にはイングランド王家とトゥール休戦条約を結んだ。このときヘンリー六世に嫁がせたのが、王妃の姪マルグリット・ダンジューだった。よい機会だからと、本来アンジュー公家の領地であるメーヌ地方を返還させ、一四四八年三月には首邑ル・マンの占領まで完了している。輪を狭めるようにして、やはりノルマンディの間近まで前線を押し上げたのである。

全ては来るべき決戦の下準備だった。単に女に現を抜かしていたわけではない。政商に金を出させて、ひたすら贅沢を楽しんでいたでもない。ただ、せっかちに結果を求めることはしない。万全の態勢を整えなければ、勝負に出ない。無気力ならざる慎重な性格こそシャルル七世なのであり、それが証拠にまだ決戦には踏み出さない。その前に一仕事と、力を傾注したのは国制改革だった。

国制改革

恵まれていたのは、祖父王シャルル五世の優れた手本があったことだ。シャルル七世の改革も、財政改革と軍制改革を車の両輪として行われた。まず財政改革だが、それまでのシャルル七世は、なにはなくとも三部会を召集する王だった。一四二三年にラングドイル三部会とラングドック三部会、二四年には両全国三部会に加えて中央地方三部会、二五年にラングドイル三部会、二六年にラングドイル三部会と中央地方三部会、二八年にアンジュー、トゥーレーヌ、ベリー、ポワトゥー諸地方三部会、二九年にラングドイル三部会とラングドック三部会、三一年にも両全国三部会、三三年にラングドイル三部会、三四年にラングドック三部会、三五年、三六年ともにラングドイル三部会と、ほぼ毎年のように三身分代表に課税を承認させてきた。アングロ・ブールギィニョン同盟に王国の半ばを奪われ、「ブールジュの王」と呼ばれた弱い王であれば、祖父王や父王のように高飛車に取る、問答無用に取り続けるなどできなかったのだ。

しかしながら、人々の意識は変わり始めていた。フランス人としてフランスという国を考え始めるようになれば、道理とて踏まえないわけにはいかないのだ。国を営み、国を守るためには兵がいる。兵を雇うためには金がいる。そのことは三部会の開催が毎年のように繰り返されたこともあり、すでにして自明の前提になっていた。

ならば、毎年のように開催するのは、無駄という理屈も生まれる。一四三九年十月から十一月にかけて、オルレアンに全国三部会が召集された。このときシャルル七世は、王国三身分の同意を得ながら、外敵を追放するための軍隊の編成と、その雇用財源のための国王課税を、高らかに宣言したのである。

となれば、軍制改革が続く。シャルル五世が手本になるといえば、酷似していたのが解雇された傭兵隊の問題だった。かつてはポワティエの戦い後に大量解雇が行われ、ブレティニィ・カレー条約の締結で再就職の見込みもなくなった傭兵隊が、盗賊と化して各地を荒らし回っていた。今回はアラスの和、トゥール休戦の流れにおいて、やはり解雇された傭兵隊が「追い剝ぎ（écorcheur）」と呼ばれながら、深刻な社会危機を起こしていたのだ。

この種の問題を解決するべく、シャルル五世はカスティーリャ遠征を企画した。傭兵隊を外国に送り出し、そのうち最良の部隊だけを残して、デュ・ゲクラン大元帥に与えた。これがシャルル七世の場合は、反抗的な都市勢力を討伐したいアンジュー公ルネの要請で、一四四四年九月に始められたロレーヌ遠征だった。その模様を同時代の年代記作者トマ・バザンは、次のように伝える。

「そのとき食いつぶされ、惨めな貧窮にさらされていた王国から外へと向けて、かの豊かなアルザス・ロレーヌの地に、兵士集団をこのように導き出したので、シャルル王は優れた王軍の指揮官と主要な国王顧問官たちとともに、ある一定の数まで雇い、編成しなおすことで、王軍を創設した。その軍隊は、戦闘の熟達者にして勇気あるとされる指揮官の下に分配され、王の意志と命令を遂行するべく常に武器と馬を備えて待機しているように、定期的な俸給が届けられ、与えられた。かくのごとく前述の兵士集団から、年齢、身長、肉体の強さと頭の賢さ、馬術と剣術の冴えを基準に、勇敢にして強きものが評価されて、千五百の槍兵が選抜されることが定められたのであった。槍兵の各組は、二人の弓兵と騎馬にて武装したひとりの従者と、また軍馬を世話し管理する二人の馬係を従える。つまり各組は六頭の馬を備え、それ以上を持ってはいけない。千五百の組は、十五人の隊長もしくは軍頭目の下に委ねられた。各隊長は指揮下に百組ずつ持った。その兵数は、王国の防衛にも、また今なお敵に占領されている地の再征服のためにも、十分であると思われた」

一四四五年二月の勅令に定められた、いわゆる「勅令隊（compagnies d'ordonnance）」の創設である。勅令隊は形を変え、規模を変えながら、十七世紀まで存続する。後のフランス絶対王政を支える常備軍の祖が、いよいよ本格的な誕生をみたのである。

かたわらで、今日にいう予備役の制度も整備された。貴族各自が名簿に登録する「直臣陪臣召集（ban et arrière ban）」という仕組で、古めかしい封建軍が再編されたのだ。平民に関しても、一四四八年四月の勅令で各教区ごとひとりの民兵を出す制度が定められ、「国民弓兵隊（francs archers）」と号された。かくて万全の体制を整えてから、シャルル七世は最後の決戦に臨んだのである。

百年戦争の終結

発端はブルターニュ公領だった。一四四二年にブルターニュ公に即位したフランソワ一世は、シャルル七世に臣下の礼を取り、親フランスの立場を明確にしていた。これを癪に覚えたか、イングランド王家は一四四九年三月二十四日、ブルターニュの都市フージェールを占領するという、短絡的な挙に出てしまう。シャルル七世にすれば、まさに渡りに船だった。七月十七日、封臣を害されたと口実しながら、公然とトゥール休戦条約の破棄に踏み出すことができた。

八月、ノルマンディ再征服が始まった。ウー伯とサン・ポル伯の東部方面軍、デュノワ伯の中部方面軍、ブルターニュ公とリッシュモン大元帥の西部方面軍と、フランス王軍は三方から攻め上がった。三軍を集めたルーアン包囲で、この首邑を陥落させたのが十一月四日のことである。一四五〇年三月十五日、イングランド王軍は逆襲を期してシェルブールに上陸、そのままバイユー方面に進軍した。これをフランス王軍が撃破したのが、四月十五日のフォルミニーの戦いである。七月一日にカン、八月十二日にシェルブールと落とし続け、全ノルマンディの解放は、まさに怒濤の勢いで果たされたのである。

勢いは止まらない。ノルマンディから軍勢を南下させ、次がギュイエンヌだった。十月に北部の要衝ベルジュラックを開城させると、一四五一年早々に着手されたのが、ギュイエンヌの首邑ボルドー包囲だった。五月、ラ・ロシェル港と同盟国カスティーリャから出航した艦隊がジロンド湾に集結すると、デュノワ伯ジャンの指揮で総攻撃を開始、六月十九日にはボルドー占領が果たされた。八月にはバイヨンヌも軍門に降り、全ギュイエンヌがフランス王のものとなるが、それも一四五二年にはイングランド王軍の反攻に見舞われてしまう。十月には名将タルボットにボルドーまで奪い返されるが、これで失速するフランス王軍ではなかった。

一四五三年七月十七日、カスティヨンの戦いでイングランド王軍を打ち破り、ボルドーに再度の囲みを敷いて、再度の陥落劇となったのが、十月十九日だった。一四五三年十月十九日——これが百年戦争が終結した日付である。終わらせたシャルル七世は、「勝利王(le Victorieux)」の名前で歴史に残る。

後は悠々自適の余生あるばかりである。アニェス・ソレルはマリー、シャルロット、ジャンヌと三人の子供を産んで、一四五〇年に死んでしまう。が、アントワネット・マニェリという新しい愛人を拵えて、シャルル七世もなかなかの艶福家ぶりである。いや、女に現を抜かしてばかりではない。勝利王は勝利の王国を、さらに盤石となるよう磨き上げている。

王国の最高裁判所が高等法院であり、パリのそれは開城から間もない一四三六年十二月一日に再興されていた。が、フランスは広大である。パリの法廷だけでは、上訴するのも楽でない場合がある。すでに一四二〇年、王はラングドックにトゥールーズ高等法院を設立していた。それを一四四三年に改組したのを皮切りに、一四五二年にはギュイエンヌにボルドー高等法院、一四五三年にはドーフィネにグルノーブル高等法院（王太子ルイの主導）と、全国的な整備を進めたのだ。

財務行政についても、手が入れられた。課税徴税が恒常化し、収入総額が百八十万リーヴル規模まで戻るにつれて、事務作業も増加の一途を辿っていたからである。従来からの財務官僚エリュを監督する役職として、十五世紀に入る頃から財務総督（général des finances）が置かれるようになっていた。これに加えて、シャルル七世はエレクシオンを束ねる上部管区を整備した。ラングドイル、ラングドック、ウトル・セーヌ・エ・ヨンヌ、さらに一四五〇年からはノルマンディと、四つの財務総督区（généralité）を設け、これにひとりの財務総督と、ひとりの徴税官長（receveur général）を置くように定めたのだ。

戦乱で混乱を余儀なくされていた行政管区にも、再整備の手が入れられた。一四六〇年までには二十七のバイイ管区、十五のセネシャル管区を数え、それにパリ代官区、ラ・ロシェル総督区を加えた組織で、フランス王国は運営されていくことになった。

ますますもって、揺るぎない。シャルル七世は一四六一年七月二十二日、ムラン・シュール・イエーヴルで崩御の日を迎えたが、アルマニャック派に担ぎ上げられ、「ブールジュの王」と呼ばれた頃の苦しみなど、もう嘘にしか思われないくらいに満たされていた。

なんの悔いもないといえば、それは当たりに違いないが、なんの憂いもなかったかといえば、それは間違いになるだろう。晩年のシャルル七世には、ひとつだけ悩みがあった。他でもない、この勝利の王国を受け継がせるべき王太子ルイ、即位してルイ十一世を名乗る息子のことだった。

第六章　ルイ十一世（一四六一年〜一四八三年）

反逆の王子

ルイ十一世は一四二三年七月三日、ブールジュ大司教宮殿に生を受けた。シャルル七世と王妃マリー・ダンジューの間の第一子で、もちろん王太子である。が、それは父王が「ブールジュの王」と呼ばれていた頃の話だ。イングランド王家と激しく争う最中であれば、ルイは身の安全を図られて、生後間もなくロッシュ城に移された。育てたのは洗礼のときの代母、当時はジアック夫人のカトリーヌ・ドゥ・リール・ブーシャールで、六歳からはラテン語、歴史、数学と高度な教育も授けられた。家庭教師がジャン・マジョリという法学と神学の博士で、その指導内容には元パリ大学の総長で、神学の分野ではその名を知らぬ者もないという大学者、かのジャン・ジェルソンも関わっていたという。

まずは恵まれた幼少期である。一四三六年六月二十四日、ルイは十三歳でマルグリット・デコスと結婚した。スコットランド王ジェイムズ一世の娘で、つまりは政略結婚だったが、王家に生まれた者には当たり前の話でしかない。アラスの和が結ばれ、フランス王家が勝利への階段を上り始める一四三七年には、初陣も経験した。二月から五月にかけたラングドック遠征で、ルイはヴェレイ地方の諸要塞を落として回ったのだ。一四三九年にはラングドック国王総代、ポワトゥー、オニス、サントンジュの国王総代と歴任し、王軍の陣頭指揮から行財政の統括にも奔走している。

ルイ11世

ブルックリン美術館

　父王シャルル七世の悩みの種になるどころか、そこにいたのは、むしろ王子の鑑《かがみ》だった。が、この直後から急に態度が反抗的になる。例のアニェス・ソレルが王の愛人、いや、公然たる寵姫になるからである。ルイが腹を立てるのも、当然といえば当然だった。自分の母親である王妃マリー・ダンジューを、あからさまに侮辱したも同然だからだ。自ら噂の麗人にいいよるも、あえなく袖にされた恨みからだと異説もあるが、いずれにせよアニェス・ソレル憎し、ひいては父王シャルル憎しで、ルイは反逆の王子となったのだ。

十代の多感な若者が父親に反抗するパターンといえば、まさにありがちでしかない。が、王太子ルイの場合は、そうそう可愛らしい話には収まらなかった。折しもシャルル七世が、国制改革に着手する時期である。シャルル五世時代さながらに、いや、それ以上に王が強いフランス王国が、いよいよ出現しようとしていた。これを歓迎しないのが政治力を維持したい国内の諸侯や貴族たちで、その反感が反乱の形をとった。一四四〇年二月から七月にいたる蜂起で、プラハで起きた宗教騒擾《そうじょう》に準《なぞら》えて呼ばれる「プラグリーの乱」(la Praguerie)である。首謀者がブルターニュ公ジャン五世、ブルボン公シャルル、アランソン公ジャン、デュノワ伯ジャン、アルマニャック伯ジャンといった面々だが、これに王太子ルイまでが加担したのだ。洗礼のときの代父が首謀者のひとりアランソン公、代母が参謀格として反乱に加わっていた前の筆頭侍従官ラ・トレムイユ夫人のカトリーヌであり、その線から誘われた話だったが、自身父王に一泡ふかせてやりたい思いもあったに違いない。

ポワトゥー地方で挙兵したが、シャルル七世は歴戦のラ・イールとサントライユを出撃させ、難なく火の手を鎮めてしまった。七月にクュセの和が結ばれて、叛徒は概《おおむ》ね寛大な処分で済まされた。王太子ルイも再び模範的な王子として、父王のために働く。一四四一年六月から九月にかけては、ポントワーズ近郊で戦闘を指揮、一四四三年にはガスコーニュに飛び、コマンジュ伯領の領有問題で王家と係争していたアルマニャック伯ジャンを、見事に屈服させている。盗賊化した傭兵隊を外に連れ出す遠征にも一役買い、一四四四年八月にはスイスでドイツ皇帝フリードリヒ三世のために戦っている。が、そうして実力を蓄えるうちに、またぞろ反逆心が騒ぎ出したらしいのだ。

アニェス・ソレルの娘と結婚することで、ノルマンディ大セネシャルという要職を占め、シャルル七世の宮廷に重きをなしていたのが、ピエール・ドゥ・ブレゼという貴族である。まずはこの寵臣、そして寵姫と除いてやると、面々の襲撃を計画していたところ、ルイが協力を頼んだ将軍アントワーヌ・ドゥ・シャバンヌが、逆に王に通報してしまった。一四四六年九月二十七日、さすが慎重で知られるシャルル七世も、宮廷退去を命じるしかなくなった。ルイは一四四七年一月、王太子に与えられる領国ドーフィネに逃れ、首邑グルノーブルに居を定めると、そこで今度は君主然と振る舞い始めた。

単に威張るというのではない。外国から職人を招聘し、追放されたユダヤ人の銀行家に帰郷を促し、領内の産業振興を図るかたわら、一四五二年にはヴァランスに大学を、一四五三年にはグルノーブルに高等法院を設立し、あげく自らの名において課税徴税まで行いながら、あれよという間にドーフィネを半独立国の体《てい》にしたのだ。

王太子妃マルグリット・デコスが早世したので、一四五一年三月にはシャルロット・ドゥ・サヴォワと再婚もした。アルプス山麓のドーフィネと隣り合うのがフランス語のサヴォワこと、イタリア語にいうサヴォイア公国であり、その主のルイジの娘と結婚したわけだが、これもシャルル七世の同意を得ない縁談だった。ルイにはポルトガルかハンガリーから妃を迎えたいと、それが王の腹づもりだったのだ。

すでに二十代後半であれば、ルイが独立心を抱いても不思議はない。いや、一四三九年にラングドック国王総代を命じられたときから、軍の指揮官や会議の顧問官は自ら人選を行い、父王にも口を挟ませなかったという。あるいは反逆の逸話にせよ、そうしたルイの自立志向から解釈されるべきなのかもしれない。

アニェス・ソレルはアニェス・ソレルで、もちろん憎い。このシャルル七世の寵姫は一四五〇年二月九日に病没したが、死因は定説とされてきた産褥熱《さんじょくねつ》でなく、水銀中毒だったと異説もある。つまりは毒殺だ。とすれば、容疑者の一番手として浮かんでくるのは、王太子ルイである。シャルル七世は一四五六年八月、とうとう強硬手段に訴えた。アントワーヌ・ドゥ・シャバンヌに委ねて王軍を送りこみ、ドーフィネを一気に占領させたのだ。さすがの反逆の王子も領国を奪われては、いよいよ父王の軍門に降るしかないかと思いきや、フランシュ・コンテ、ブラバントと経由して、向かった先がフランドルだった。

そこはブールゴーニュ公フィリップの領国である。諸侯の反乱など簡単に平らげるフランス王だが、ようやくアラスの和で中立化したブールゴーニュ公家とだけは、事を構えるわけにはいかなかった。そのフィリップの宮廷に、ルイはまんまと逃げこんだのだ。年金を与えられ、ブラバントのジュナップ城に住居まで与えられ、そこに妻子と一緒に暮らしながら、あとのルイは辛抱強く待つのみだった。何を待つといって、もちろん父王の死でしかありえない。

暴君降臨

一四六一年七月二十二日、シャルル七世は五十八歳で崩御した。この時代では相当な老齢であり、まさに大往生である。それが王太子ルイには歯がゆかったに違いない。ようやくフランス王ルイ十一世と名乗れたのが三十八歳のときで、それは王家の始祖ユーグ・カペー以来という高齢での即位になった。

父王の崩御を伝えられたとき、フランドルのアヴェーヌにいたルイが、急ぎ出発したというのは、さんざ待たされたからだけでなく、シャルルという弟がいたからでもあった。従順な弟王子はシャルル七世の気に入りで、いうまでもなくフランス王宮に暮らし続けた。故王の廷臣たちとも懇意だ。だからといって、シャルル五世が定めた法があり、ルイの王位継承権が覆されるわけではなかったが、それでも弟や、それを担ぎ上げる故王の忠臣たちに、政治の実権を握られる心配はあった。そうなる前にと、ルイは急ぎに急いだのだ。

八月十五日には、もうランスで戴冠式を挙げた。三十一日にはパリ入城も果たした。長らく留守にしていたという割に、全てが思惑通りに進んだ。故王の忠臣たちも唯々諾々と従わざるをえなかったのは、ルイ十一世の保護者然と、そのつど要する莫大な費用を持ちながら、ブールゴーニュ公フィリップが常に同道していたからだった。この男にだけは逆らえない。事を構えるわけにはいかない。

とうとう自分が王となるや、ルイ十一世は暴挙に手を染めることさえ辞さなかった。すなわち、故王の忠臣の一斉解雇である。アントワーヌ・ドゥ・シャバンヌ、オデ・デイディ、ギョーム・クーシノ、エティエンヌ・シヴァリエ、ギョーム・ドゥ・ジューヴネル等々、シャルル七世の勝利を支えてきた文武の重臣を問答無用に追放して、今こそ復讐のときという理屈である。

かわりにアルマニャックの私生児ジャンとジャシム・ルーアルを元帥に、ジャン・ドゥ・モントーバンを提督に、ピエール・ドゥ・モルヴィリエールを尚書官に、ジャン・ブーレを会計院主査にしてノルマンディ財務総督区監査官にと、続々王家の要職につけたのを皮切りに、ジョルジュ・ドゥ・ラ・トレムイユ（かつての筆頭侍従官の次男）、ジャン・デストゥエ、トリスタン・レルメット、ジャン・バリュー、オリヴィエ・ル・ダンと、ジュナップ城で自分に仕えた者たちの重用、というか、極端な贔屓《ひいき》も開始した。

わかりやすいといえば、わかりやすい。が、これだけ徹底した報復人事となると、あまり歴史に類をみない。普通は難しいからだ。私怨を貫くという話であれば、かえって並の神経には堪えられないのだ。それをフランス王ルイ十一世はやる。ひとつの迷いもなく、やってしまう。高圧的で、強権的で、恣意的で、まさに暴君降臨だった。

新王の振る舞いを見届けて、九月三十日、ブールゴーニュ公フィリップはパリを離れた。このとき歴史に「良公（le Bon）」と呼ばれる男は、どんな気分でいたものか。フランス王は子飼い、仇敵である故王の忠臣は追放、これで全て思い通りとほくそえんだか。少なくとも反逆の王子をフランドルで面倒みてきた元は取れると、ご満悦の表情だったに違いない。が、「おひとよし（le bon）」と呼ばれたくないならば、シャルル七世の生前の呟きをこそ聞くべきだった。

それは一四五六年、王太子だったルイがフランドルに逃げ、ブールゴーニュ公家に手厚くもてなされたと聞いての言葉と伝えられる。

「我が再従兄《またいとこ》のブールゴーニュ殿ときたら、そのうち鶏を平らげてしまうに違いない狐を、わざわざ小屋に入れたとは……」

ルイ十一世はといえば、新しい治世の拠点をトゥールに据えた。一四六二年五月六日には、アラゴン王フアン二世とバイヨンヌ条約を結んだ。カタロニア地方の反乱鎮圧に援軍を出すかわりに、ルシヨン伯領とスルダーニュ伯領を譲渡することを約束させたのだ。七月には実際に軍を送り、ピレネ山麓の地中海側にある二伯領を征服した。

一四六三年八月二十日には、ブールゴーニュ公フィリップとペロンヌ条約を結んだ。フランドルを睨む要衝、かつてシャルル七世が割譲したソンム両岸諸都市を取り戻すための約定で、父王がアラス条約に盛りこんだ買い戻し特約を、ここぞと利用したのだ。代金は五パーセントの割引を呑ませてなお四十万エキュ、つまりは五十八万五千リーヴル、金塊にして実に一トン半に相当する大金である。その全額を九月と十月の二度で支払わなければならない。それをルイ十一世は、なんとかした。財務官僚を総動員して、税金の前借りに奔走させたり、もう四半世紀も開かれていない三部会を、この短期間に六回も召集したり、あるいは富裕な都市に借金を申し込んだりで、なんとか金策をつけた。やはり強引な暴君だが、ルイ十一世は領土の保全と拡大に腐心して、仕事ぶりはまさしく王道を行くというか、意外なほど堅実だった。

公益同盟戦争

その不穏な動きは、一四六五年の春四月に始まった。王弟ベリー公シャルル、ブルターニュ公フランソワ二世、シャロレー伯シャルルらが首謀者となりながら、反王の同盟を立ち上げたのだ。称したのが「公益同盟（la Ligue du Bien public）」で、ルイ十一世は公の利益にならない王だ、世の中の敵だ、要するに暴君なのだという含意がある。そう罵《ののし》られて仕方ない事情はあった。諸侯を担ぎ上げたのがシャルル七世の忠臣たち、つまりは追放され、断罪までされて、ルイ十一世に対する怒りに燃えるタンギィ・デュ・シャテル、アントワーヌ・ドゥ・シャバンヌ、オデ・デイディといった面々だったからである。

まさに自業自得の感もありながら、他面この種の蜂起反乱は暴君も善君も関係なく、すでにして一種の宿命だった。繰り返しになるが、シャルル五世が先鞭をつけ、シャルル七世が決定的な改革を成功させたことで、フランスには強い王家が姿を現していた。これを歓迎しないのが、政治力を維持したい諸侯や貴族たちなのだ。

それは、シャルル七世時代の一四四〇年にも「プラグリーの乱」が起きたことからもわかる。旗頭として担がれる王族という、こたびベリー公シャルルが演じた役どころは、一四四〇年には王太子ルイこと、ルイ十一世自身が演じたものなのである。デュ・シャテル、シャバンヌ、デイディといった担ぎ上げるほうは、一四四〇年には失脚させられた筆頭侍従官ラ・トレムイユだった。まさに過去の再現にすぎないが、それにしても厄介なのは、もともと半独立の豪族なのだといい、いや、すでに自立しているのだともいう二大諸侯、ブルターニュ公とブールゴーニュ公の存在だった。ルイ十一世の保護者を任じるブールゴーニュ公フィリップの名前は、確かに挙がっていないのだが、シャロレー伯シャルルというのは、その嫡男のことなのだ。

このシャルルとも、ルイ十一世は顔馴染みである。ブールゴーニュ公家に身を寄せていたのだから、当然である。即位した一四六一年の末にはトゥールに迎え、ノルマンディ国王総代に任じ、また三万六千リーヴルの年金を与えと厚遇したりもしている。ノルマンディ国王総代のほうは名目の話としても、年金三万六千リーヴルは大きい。なにしろ普通の王族が受け取る年金の、二倍から三倍。比べられるのは、王母マリー・ダンジューだけという破格の待遇なのだ。

両者の親密さが窺えるが、その関係も急速に冷えていく。ルイ十一世はソンム両岸の再譲渡について、君からもブールゴーニュ公フィリップに口添えしてほしいと頼んだが、それをシャルルはあっさり拒否した。一四六三年の春の話で、その後の王は別な線からの交渉で当初の目的を遂げるのだが、こういう着実なところもある半面で、また別な素顔も覗かせてしまう。直情的な暴君はシャロレー伯シャルルの年金を、直ちに停止してしまったのだ。

ここから確執が始まった。いや、顔馴染みといい、親しいといいながら、そもそもが微妙な関係だったのかもしれない。嬉々としてルイを歓待し、その保護者然と振る舞う父のブールゴーニュ公フィリップを横目にしながら、シャルルのほうは父親を取られたような気がしていたのかもしれない。そのフィリップはといえば、一四六五年頃には病気がちになっていた。気力体力ともに減退していながら、息子に公益同盟への参加を打ち明けられると、それに反対したとも伝えられている。が、シャルルは翻意しない。戦意に燃えて、突き進むことしか知らない。後に「突進公（le Téméraire）」の異名を取る所以《ゆえん》だが、これまた因果な話というか、なんとも面白いものである。

ブールゴーニュ公家というのは、初代の豪胆公フィリップと三代の良公フィリップが柔軟な政治家タイプ、二代の無畏公ジャンと四代の突進公シャルルが強硬な荒武者タイプと、それぞれが交替で現れる。単なる偶然か。それとも政治家タイプは先代の強硬策を拙速とみて、それを反面教師に柔軟かつ慎重になり、他方の荒武者タイプは、優柔不断で生ぬるいと先代にじれったい思いを抱き続けるために、自分は猪突猛進してしまうのか。

一四六五年に話を戻せば、それは蜂起、反乱、内乱というよりも、くしくも「公益同盟戦争」と呼ばれたように戦争、それも事実上はフランス王とブールゴーニュ公の戦争だった。公益同盟といい、諸侯や貴族の大同団結といいながら、フランス王の常備軍に立ち向かえる兵力など、誰も持ちあわせてはいないのだ。持てるとすれば、唯一ブールゴーニュ公家だけだ。七月十六日、両軍はモンレリーの戦いに激突した。本当の激戦になったため、『回想録』を残した王の臣下コミーヌによれば、「歩兵ならば、王の側よりブールゴーニュ公の側のほうが多く死んだ。しかし騎兵となると、王の側の死者が多かった」という状態で、決定的な勝敗はつかなかった。

暴君と呼ばれる男に頭の悪い向きはいないといわれるが、そこはルイ十一世も相当な切れ者だった。持ち前の政治力を発揮して、すでに六月十七日にはリエージュ市と同盟を結んでいた。フランドル方面で東に拡張しようとするブールゴーニュ公家と、かねて衝突していたドイツの勢力である。これが八月には宣戦布告をなした。そこで和睦を打診すれば、背後を脅かされるシャロレー伯シャルルは、さすがに聞かざるを得ない。十月五日、王はコンフラン・サント・オノリーヌの約定を交わし、ソンム両岸をブールゴーニュ公家に返還する、さらにギュイーヌ伯領、ブーローニュ伯領をシャロレー伯シャルル個人に譲渡するという条件で話をつけた。

ブールゴーニュ公家が抜ければ、もう公益同盟は空中分解していかざるをえない。和睦を打診されれば、シャロレー伯に増した勢いで飛びついてくる。十月二十七日、王弟ベリー公シャルルは新たにノルマンディ公になることで矛を収めた。十二月二十二日にはエタンプ伯領を与えるという条件で、ブルターニュ公フランソワ二世とも和解がなった。これで公益同盟戦争は幕引きだったが、ルイ十一世には終わりというより、これこそが始まりだった。一四六七年七月十五日、ブールゴーニュ公フィリップが亡くなり、シャロレー伯シャルルが後を継いだ。このブールゴーニュ公シャルルを好敵手として、激闘の十年が新たに幕開きとなるのである。

ペロンヌ会談

再び火の手が上がるまで、さほど時間はかからなかった。一四六七年八月、ノルマンディ公となった王弟シャルルが、ブルターニュ公フランソワ二世と謀りながら、戦争の準備にかかったからだ。与えられた公の位は名ばかりで、王はノルマンディの実効支配を続けているというのが理由だが、この動きに十月、ブールゴーニュ公シャルルが加わった。七月十五日、ルイ十一世がリエージュ市との同盟を更新したからには、大人しくしている謂《いわ》れはないという理屈だ。

十月十五日、西では王弟シャルルとブルターニュ公が、ノルマンディ侵攻作戦を開始する。東でもブールゴーニュ公シャルルがリエージュ軍を撃破し、その領邦を支配下に置いてしまった。ルイ十一世には、いきなりの窮地である。が、それでも屈さず、慌てることさえしない。やり方は、すでに心得ていた。個別に働きかけて、同盟を切り崩せばよい。

全土に触れを出し、一四六八年四月六日に召集したのが、トゥール全国三部会だった。採択させたのがノルマンディは王国から不可分の領土であり、ゆえに王領に併合されなければならないという決議である。これを背景に王弟シャルルに和睦を迫り、四月二十九日、かわりにギュイエンヌ公に封じる条件で矛を収めさせる。ノルマンディの確保と称して、ほぼ同時に軍も動かし、そこを足場にルイ十一世が侵攻したのが、西隣のブルターニュだった。これはたまらないと、ブルターニュ公フランソワも和平に飛びついた。九月十日にアンスニ条約を結ばせれば、残るはブールゴーニュ公シャルルだけである。

九月二十日からアムで予備交渉が行われ、ルイ十一世はペロンヌでの直接会談を持ちかけた。ブールゴーニュ公家が支配するソンム流域の都市であれば、これをシャルルも受け入れた。一四六八年十月九日に入城し、いよいよ和平の条件が探られたが、そこに衝撃の報が飛びこんだ。リエージュ市が、またぞろ反旗を翻したというのだ。伝えられたのが十一日の話で、あまりといえばあまりのタイミングである。ブールゴーニュ公の注意をペロンヌに引きつけた隙に、その背後を襲わせたのではないかと、ルイ十一世の関与が疑われて不思議でない。が、あくまでも疑惑である。

それでも祖父公ジャン譲りの激情的な性格で、シャルルは自分の行動を抑えることができない。ルイ十一世の身柄を拘束してしまうと、あとは問答無用の恐喝で、ペロンヌ条約を結ばせた。我がブールゴーニュ公家にはピカルディ全土をよこせ、王弟シャルルにはギュイエンヌではなくシャンパーニュを与えろ、等々の要求を呑ませたあげくが、反乱を返り討ちにするリエージュ遠征に、フランス王を同道させたのである。屈辱以外の何ものでもないが、このときのルイ十一世は周囲が首を傾《かし》げるほど、やけに落ち着いていたとされる。リエージュ同行は王のほうから申し出たものだと、別説があるほどである。

なるほど、ルイ十一世は間もなく釈放された。その身柄はブールゴーニュ公シャルルといえども、解放しないわけにはいかなかった。四万のフランス王軍が、ピカルディで臨戦態勢になっていた。迂闊《うかつ》な真似をしようものなら、リエージュに向かったブールゴーニュ公軍は背後を襲われ、今度こそ身の破滅ということになる。不利な条件で結ばされたペロンヌ条約についていえば、王は一四七〇年十一月、再びトゥールに三部会を召集して、あっさり無効にしてしまった。これまた常套手段といおうか、不当な監禁状態で強いられた条約など無効だと申し開いて、最初から破棄するつもりだからこそ、ルイ十一世は大盤ぶるまいの約束も平気なのである。

ブールゴーニュ公シャルルは腹に憤懣を残す。もう一四七一年には戦争が再開する。一月、ルイ十一世は北のピカルディ、南のブールゴーニュと、同時侵攻に着手した。ブールゴーニュ公も反撃に転じて、三月十日にはフランス王軍が進駐した都市アミアンの包囲にかかる。ギュイエンヌ公となった王弟シャルル、ブルターニュ公フランソワ二世、さらにイングランド王エドワード四世までが動き出し、三度目の同盟が立ち上げられたが、ルイ十一世はといえば、少しもたじろがなかった。

シャルル七世が整えた盤石のフランス王国は、「暴君」と呼ばれるルイ十一世の下で、いっそう強力になっていた。ソンム両岸の買い戻しのために奔走した調子で、あの手この手の金策を尽くしたことで、王家の財政は一気に五百万リーヴル規模にまで膨張した。これが軍事力の増強に直結する。シャルル七世が千五百の槍組、九千人で始めた常備軍勅令隊は、ルイ十一世の下で最大四千槍組、二万四千人の規模にまで大きくされたのだ。もはや詰まらない過去にこだわる場合でないと、シャバンヌ、デイディら先王の忠臣たちとも和解を果たした。自らの子飼いたちも、度重なる激戦に鍛えられていた。これら歴戦の将軍たちを組織の柱石《ちゅうせき》に用いながら、ルイ十一世の王軍は真実強力無比なのである。

戦場をふたつに分けても、十分に戦えた。ソンム両岸の攻防が熾烈《しれつ》を極め、その間に本領ブールゴーニュが危うくされ、さすがのブールゴーニュ公シャルルも折れるしかなかった。十一月にサンリスで休戦を結び、ここぞと着手したのが軍制改革だった。一四七一年十一月十二日にブールゴーニュ公版の勅令隊、つまりはフランス王のそれと同じような常備軍を創設して、来るべき再戦に備えようとしたのだが、ここは柄にもなく万全を期すよりも、決着を急ぐべきだったかもしれない。

一四七二年五月二十四日、王弟ギュイエンヌ公シャルルが急死した。ルイ十一世は数日でギュイエンヌ全土を制圧、わずかの隙もみせなかった。ならばとブールゴーニュ公も、ピカルディで戦争を再開させた。六月四日にリールを落とし、七月二十二日にはボーヴェも陥落させたが、十月十五日にはブルターニュ公が休戦を容《い》れて、また孤立を強いられてしまう。いや、ひとりで十分と虚勢を張ろうにも、それまた思うに任せなかった。

ブールゴーニュ公国の建設

ブールゴーニュ公シャルルにも事情があった。初代フィリップがフランドル伯女と結婚して以来、公家は北のフランドル、南のブールゴーニュとふたつの中心を有したことは、何度も触れている。三代フィリップの頃からは、フランスの諸侯として王の宮廷に覇を唱えることより、ドイツ方面進出に力を入れるようになったとも述べた。フランス王国からの独立傾向も強くなり、一四三五年のアラスの和からはフランス王に臣下の礼も取らなくなった。かかる志向が四代シャルルの代になって、いよいよ強くなっていたのだ。

ひとつには法的な独立だった。ブールゴーニュ公シャルルは一四七一年、公家がディジョンに置いた裁判所は最高裁判所であり、パリ高等法院はじめ、それまで最高裁判所となってきたフランス王国の司法機関からの召喚には一切応じない旨を宣言した。一四七四年にはブールゴーニュ公領のボース、ブールゴーニュ伯領のドール、フランドル伯領のマリーヌと、独自の高等法院を設立した。その収入も領地経営だけという話にはならず、ブールゴーニュ公家は支配する領内では王さながらに、税金を課すようにもなった。この資金力を背景に創設されたのが常備軍、ブールゴーニュ公版の勅令隊だったのである。

フランス王家のそれと比べても遜色ない国家機能が、みるみる整えられていく。整えたくなるというのは、もうひとつには地理的にも独立国の体裁ができつつあったからである。北のフランドル、南のブールゴーニュ、それぞれで領地拡大を進めた賜物で、二領国が今にもつながろうとしていた。見方によれば、あといくつか虫食いが残るだけだった。

フランスとドイツの間に割りこむような独立国家――ブールゴーニュ公領というよりブールゴーニュ公国というようなものを論じて、不自然というわけでもなかった。フランスとドイツは常に隣り合ってきたわけではない。八四三年のヴェルダン条約でフランク帝国を三分割したときには中央フランク王国、シャルルマーニュの孫ロタールが支配した、いうところのロタリンギア王国があった。さらに歴史を遡るなら、「ブルグント王国」が存

ブールゴーニュ公国(15世紀半ば)

立していた時代もある。ブールゴーニュ公が王号を手に入れて、新たな王国を打ち立てるという話も、あながち突飛とはいえない。

少なくともブールゴーニュ公シャルルは、それを夢みていた。いや、土台が性急な性格であれば、是が非でも現実にしなければならないと、虫食い穴の攻略に向けて、まさに前のめりの勢いになる。しかし、だ。シャルルには虫食い穴にみえたとしても、その土地で生きているのは人間であり、誇りもあれば意地もある。ブールゴーニュ公の軍門に降るわけにはいかないと、一所懸命の抗戦も展開する。我こそ「ロタール」の継承者と自負あるロレーヌ（ロートリンゲン）公ルネ二世、アルザス（エルザス）諸都市、そしてスイス諸州といった勢力のことである。ドイツ領内の話となれば、神聖ローマ皇帝も傍観しない。ブールゴーニュ公シャルルは、これら全てを相手にしなければならなかった。フランス王ルイ十一世との抗争にばかり専心するわけにはいかなかったのだ。

事実、一四七三年三月十四日にはバーゼル、コルマール、ムルハウス、ストラスブール、セレスタート、バーデン等々が「低地連合（Basse-Union）」を結成し、ともにブールゴーニュ公と戦うことを宣誓した。一四七四年三月三十一日、これに皇帝フリードリヒ三世が加わり、「コンスタンス連合（Union de Constance）」の結成に発展した。別な動きとして、八月にはスイス諸州がブールゴーニュ公との開戦に踏み切るが、これも連合と共闘することになり、十一月からは共同でブールゴーニュ伯領に侵攻した。ブールゴーニュ公シャルルは迎撃を試みたが、十一月三日のエリクールタの戦いでは劣勢が否めなかった。一四七五年になると、五月にロレーヌ公ルネ二世までが攻勢に転じた。駐留を強要されていた領内のブールゴーニュ公軍を、次から次と血祭りに上げていったのだ。

六月十九日、ブールゴーニュ公シャルルは急ぎ皇帝フリードリヒ三世と休戦した。七月四日にはイングランド王エドワード四世が、カレーに上陸してきた。こちらは味方で、つまり一緒にフランス王を叩こうという話だ。ルイ十一世のほうも、戦いは望むところである。こちらの目にはブールゴーニュ公国こそ、我がフランス王国の版図《はんと》を汚す「虫食い」にみえるからだ。となれば、衝動的な行動に出ることがある半面で、冷酷といえるほど計算高く、そのうえで待つことも厭《いと》わない王である。「慎重王（le Prudent）」と呼ぶ者がいるくらいだが、それも敵方の命名となると、「いたるところに巣を張る蜘蛛《くも》（Universel Araignée）」になってしまう。実際何も焦ることはないと、ルイ十一世はブールゴーニュ公シャルルに仕掛ける罠を、じっくりじっくり張り巡らせていく。

このときは、イングランド王から手をつけた。カレーに上陸したところで話を持ちかけ、七万五千エキュを支払うかわりに、フランス遠征を断念せよと説得した。いいかえれば、金で解決した。八月二十九日にはピキニィ条約を締結し、これは「百年戦争」を正式に終わらせた条約とも評価されるが、当面の成果としてはブルゴーニュ公の孤立が挙げられる。また、やられた。どういうわけだか、シャルルは必ずひっかかる。九月十三日、九年間という長い休戦条約が結ばれた。ブルゴーニュ公シャルルが望んで、それをフランス王ルイ十一世が容《い》れたのだ。ほとんど無傷の王軍をシャンパーニュ国境に移動させ、いつでもブルゴーニュ公の領地を襲えるよう、待機だけさせながら……。

決戦

休戦の間に急がなければならないと、ブルゴーニュ公シャルルはまさに東奔西走だった。ロレーヌ公と、アルザス諸都市と、スイス諸州を向こうに回した戦争は、なお続いていたからだ。十一月十七日、ブルゴーニュ公軍はロレーヌに侵攻し、首邑ナンシーはじめ全土を占領してしまう。年が明けた一四七六年の一月十一日には、そのナンシーからサヴォイア伯領のヴォード地方に進んだ。スイスからベルンの軍が侵攻してきたからで、ヌーシャテル湖に程近い都市グランドソンを奪取したのが、二月二十三日である。三月二日、その郊外で行われたのがグランドソンの戦いで、フライブルク、ゾロトゥルンら低地連合の軍勢を相手に大敗、ブルゴーニュ公シャルルはローザンヌ逃走を余儀なくされた。

が、いったん退いて、しばらく休むというのでなく、突進公は異名に偽りなしとばかり、すぐさまベルン成敗に出発する。手はじめに前哨基地モラを包囲したが、六月二十二日、スイス諸州の兵団とロレーヌ公軍を相手に、またもシャルルは敗れてしまう。グランドソン、モラと二連敗したが、まだロレーヌ公領は押さえている。そう思いきや、占領を請け負っていた傭兵隊長カンポバッソは、ここで配下の軍団ごとロレーヌ公の陣営に寝返った。十月七日、ストラスブールの兵団がナンシーを奪還、その同じ日にロレーヌ公はスイス諸州と正式に同盟した。

ブールゴーニュ公シャルルには、弱り目に祟《たた》り目である。普通なら意気消沈するところだが、そこは突進公である。真冬の戦争にも臆することなく、ナンシー再奪還を狙ったが、ロレーヌ公とスイス諸州の兵団に迎え討たれ、またしてもの敗戦に終わる。いや、ただの敗戦ではない。ブールゴーニュ公軍が全滅するほどの、決定的な敗戦である。なにより、ブールゴーニュ公シャルル自身が戦死を強いられた。後日に発見された遺体は狼に食い荒らされ、みるも無残な有様だったと伝えられる。ブールゴーニュ公家も柔軟派の初代と三代は寝台の上で死ねたが、強硬派のほうは二代の暗殺に続いて、四代も野に骸《むくろ》をさらす壮絶な死に方となってしまった。

ナンシーの戦いは、一四七七年一月五日の話である。ルイ十一世は何もしていない。ただ突進公シャルルの戦没を知らされた一月九日には、クラオン卿ジョルジュ・ドゥ・ラ・トレムイユに「今ぞ。朕がブールゴーニュ公伯領を手に入れるため、貴殿が持てる五感の全てを働かせるときは」と、やや興奮気味の言葉で手紙を出している。実のところ、そのラ・トレムイユ、さらにシャンパーニュ総督シャルル・ダンボワーズに勅令隊の八百槍組を預けながら、ブールゴーニュ国境に張りつかせていた。そうして圧力を加えながら、ブールゴーニュ公シャルルを焦りに焦らせて、あげくの拙速に追いたてる。ルイ十一世という「いたるところに巣を張る蜘蛛」からは、やはり誰も逃れられなかったのだ。

敵の自滅が本当になれば、行動も早い。ラ・トレムイユは「ブールゴーニュ総督」として、すぐさま侵攻作戦を開始した。ブールゴーニュ公領は術もなかった。一月二十八日、急遽召集されたブールゴーニュ三部会は、百年以上前にフランス王ジャン二世に与えられた特権が維持されることのみを条件として、公領の王領併合に協賛した。二月十九日には、ブールゴーニュ伯領も追随した。もちろん、ルイ十一世は北でも軍を動かした。こちらでも三月までに、ピカルディ、ヴェルマンドワ、アルトワ、そしてソンム両岸と占領したが、ひとつマリー・ドゥ・ブールゴーニュの身柄だけは逃してしまった。

ブールゴーニュ公シャルルの一人娘は、ブールゴーニュ公家の女相続人である。政治家と荒武者が交互に現れる公家の伝統からすると、女ながら柔軟派の順番にあたる。実際、見事な立ち回りだった。二月早々にフランドルに逃れると、もう四月には皇帝フリードリヒ三世の息子、ハプスブルク家のマクシミリアンと婚約を決め、八月十九日には結婚してしまうからである。このマクシミリアンがドイツから軍勢を率いてくるからには、フランドルには容易に手を出すことができない。実際のところ、一四七九年八月七日に迎えたギヌガットの戦いでは、フランス王軍も撃破されてしまうのである。

厄介な話になった。フランス王家による諸領の実効支配を急ぎながら、マリー・ドゥ・ブールゴーニュを息子の王太子シャルルと結婚させることで、どこからも文句が出ないようにする。それがルイ十一世の目論見だったが、外れてしまえば、なんとも厄介な話になるのだ。最終的な決着をみたのは、一四八二年十二月二十三日のアラスの和で、フランドル以北はマリー・ドゥ・ブールゴーニュが相続し、ブールゴーニュ公領とピカルディはルイ十一世の手に帰《き》し、ブールゴーニュ伯領とアルトワはマリー・ドゥ・ブールゴーニュが産んだ娘マルグリットの持参分として、フランス王家のものとなるとされた。この赤子のほうと、ルイ十一世は息子の婚約を決めたのである。

王領の拡大

フランドルは取りこぼした。が、ブールゴーニュとピカルディは手に入れた。王領が飛躍的に拡大していた。直轄領、つまりは天領も増えるが、そのこと以上に税金をかけられる土地が広がった。してやったりのルイ十一世は、ブールゴーニュ公家だけでなく、アンジュー公家の相続にも恵まれた。自身の母の実家でもある親王家だが、一四八一年十二月十一日にメーヌ伯シャルル三世が男子なくして亡くなることで、これが断絶することになったのだ。やはり領地は全て王領に併合されるが、アンジュー、メーヌ、バール、ギーズというような国内の諸領に加えて、アンジュー公家はプロヴァンス伯領を手に入れていた。プロヴァンス伯領は元はドイツ帝国領であり、それを支配することでフランスは、この南東の隅で国の版図を拡げることになった。中世のフランス王国と現代のフランス共和国の国境線は、実は大きく違っている。北東でフランドルをなくしたが、南東でプロヴァンスを獲得し、その大枠はルイ十一世が決定づけたものなのである。

アンジュー公家からはナポリ王国の継承権も相続したが、今のところは主張しようと思えば主張できるというだけである。ルイ十一世の関心は、なお国内に向けられる。王族ながら反乱に加わったことで、アランソン公の領国もフランス王家に没収された。同じく不服従を咎《とが》められ、アルマニャック伯の諸領も王領に組み入れられた。残す虫食いは、ガスコーニュに地歩を占めるアルブレ家、中央部のブルボン公家、さらにオルレアン公家、そしてブルターニュ公家と、それだけである。

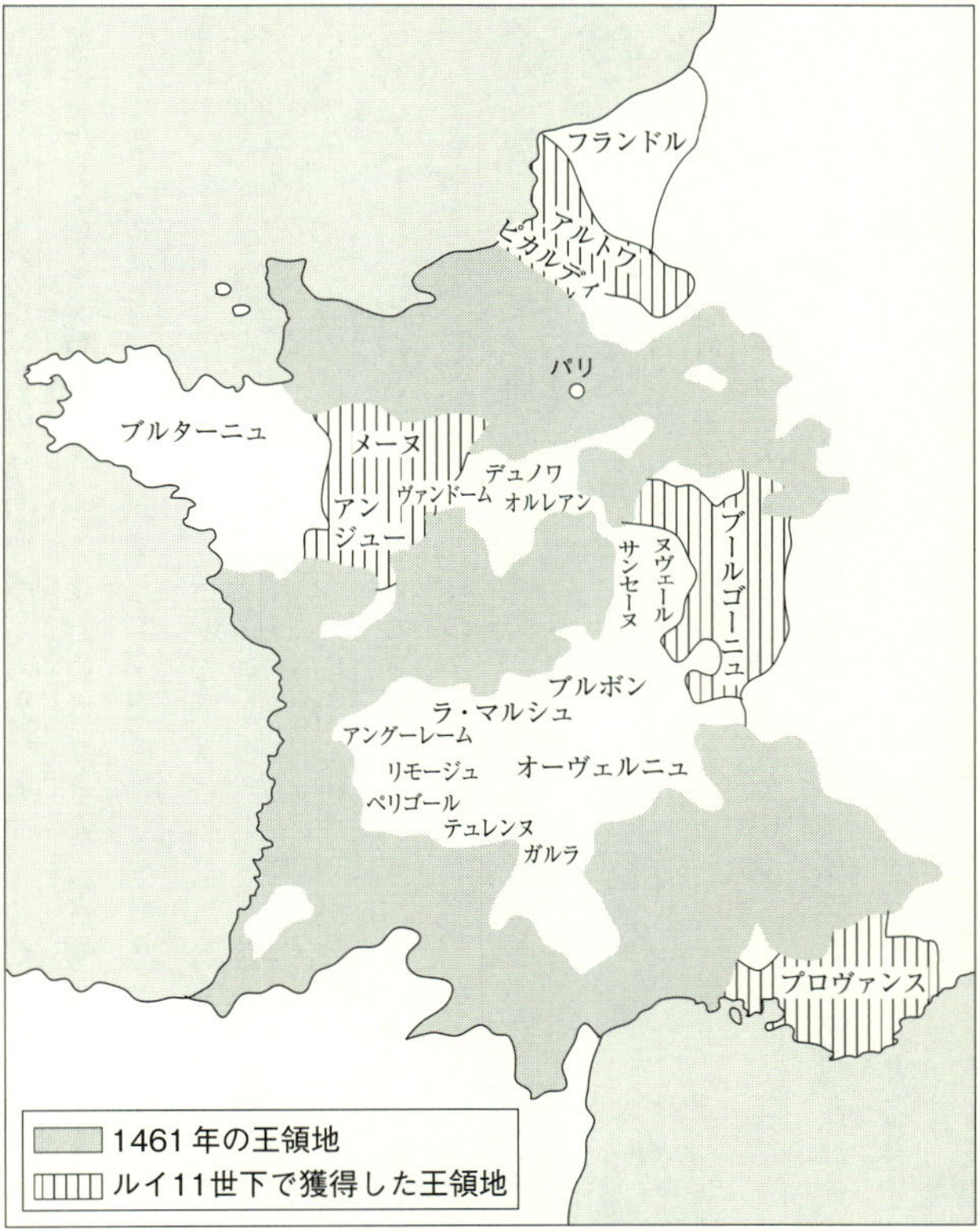
フランドル
アルトワ
パリ
ブルターニュ
メーヌ
アンジュー
ヴァンドーム
デュノワ
オルレアン
ヌヴェール
サンセーヌ
ブールゴーニュ
ブルボン
ラ・マルシュ
アングーレーム
リモージュ
オーヴェルニュ
ペリゴール
テュレンヌ
ガルラ
プロヴァンス
1461年の王領地
ルイ11世下で獲得した王領地

ルイ11世下での王領拡大

これらも一気に平らげてしまうかと思いきや、そこは「慎重王」である。あるいは蜘蛛の糸を張り巡らす時間がなかったというべきか、さすがのルイ十一世も歳には勝てなかった。非常な切れ者である半面で、エキセントリックな一面も強かった王であり、遂に命尽きるという二年も前から、実は普通の精神状態ではなくなっていた。一四八一年頃からプレッシシ・レ・トゥール城に籠りきりで、数百のスコットランド近衛隊に万全の警備を敷かせながら、一歩も外に出なくなった理由というのが、弱くなった自分をみられたくないから、みられれば復讐されるに違いないからというものだった。不老不死の魔法の薬を探させたともいうが、そんなもの、みつかるわけがない。かわりに闇に浮かび上がるのが、容赦なく罠に嵌めて、血祭りに上げていった犠牲者たちの亡霊であったとすれば、もう信心に縋《すが》るより仕方がない。

晩年の王は半狂乱になりながら、ひたすら聖母マリアの信仰に打ちこんだと伝えられる。一四八三年八月二十五日、娘婿ピエール・ドゥ・ボージューを呼びつけて、王太子シャルルが即位した暁の補佐を頼むと、それきりルイ十一世は床に伏した。八月三十日に崩御、暴君と呼ばれた王の最後の言葉が「アンブランの聖母、我が善なる女主人、助けて」だった。ルイ十一世の遺体はフランス王の墓所サン・ドニ大修道院付属礼拝堂でなく、懇《ねんご》ろに定められた遺言によりクレリーの聖母教会に埋葬されている。

第七章　シャルル八世（一四八三年〜一四九八年）

超過保護

　シャルル八世は待望の王子として生まれた。父王ルイ十一世には長く男子がなかったからだ。最初の妃マルグリット・デコスは子をなさずに早世した。次の妃シャルロット・ドゥ・サヴォワは子を産み、また男子も二人儲けたが、二人とも幼くして命を落とした。きちんと成長している子供はアンヌ、それにジャンヌという二人の王女のみで、なによりルイ十一世が四十七歳を数える。この時代の常識では、すでに初老だ。このまま男子が産まれなければ、王位は反乱を繰り返している不仲の弟、ギュイエンヌ公シャルルに行く。そんなことは認められない、なんとしても男子を儲けなければならないと、励みに励み、祈りに祈り、いや、口ばかりでなくアンジュー、ヴェレイと二度まで「ピュイの聖母教会」に巡礼した末に生まれたのが、後のシャルル八世だったのだ。

一四七〇年六月二十九日、アンボワーズ城での話である。もちろんルイ十一世は狂喜した。が、これが普通の父親、いや、普通の人間ではなかった。幼い息子のことが、心配でならない。病気になるのではないか。事故に見舞われるようなことはあってはならない。不届き者が蜂起して、危害を加えようとしないともかぎらない。そうやって悪いほう、悪いほうに想像したのが、エキセントリックな極端男で、しかも誰にも逆らわせない暴君だったのである。

シャルル8世
コンデ美術館

王太子シャルルはアンボワーズ城に閉じ込められた。ルイ十一世にすれば、完璧に保護したということであり、なるほど、兵団は昼夜を通じて厳重な警備を行い、全ての通行は逐一検閲された。もちろん医者も常駐させられ、王太子の健康状態に関する報告を、毎日ルイ十一世に提出しなければならなかった。アンボワーズ城の近くなら、たまには外出も許されたが、それもジャン・ドゥ・プレッシ・ブーレという名の、そのためだけに設けられた専門の監視役が、常に睨みを利かせたうえでの話だった。

まさに超過保護、それも遅い子が可愛くて仕方がないという話なら、まだ聞くところがある。が、推して知るべしといおうか、ルイ十一世は自分の血を引く王位継承者が欲しかったのであって、愛情を注ぐ対象が欲しかったわけではない。実際のところ、会いに行かない。王太子シャルルが七歳になるまでに、父王と面会したのはわずかに二回とも伝えられる。ルイ十一世は普段はトゥールにいて、アンボワーズまで二十キロほどでしかなかったにもかかわらず、である。いるのは母と、姉と、家来や雇い人たちばかりで、大切にされすぎた王子は世の中というものを、ちらと覗きみることさえできなかったのである。

道化戦争

一四八三年八月三十日、父王ルイ十一世の崩御を受けてフランス王に即位したとき、シャルル八世は十三歳の子供にすぎなかった。国の舵取りなどできるわけがない。アンボワーズ城に閉じ込められて育てば、まして政治は荷が勝ちすぎる。それはルイ十一世も生前から見越していた。後事を託したのが上の王女アンヌと、その夫のピエール・ドゥ・ボージューだった。アンヌは父親譲りの切れ者で知られていた。ピエールのほうはブルボン公家の次男だが、王女と縁づいてからは宮廷にいて、故王の右腕として働いていた。

まさに適任である。夫婦は「後見役」として弟王の統治を助けた、というより代行したが、いうまでもなく、これに納得できない向きはある。王族の筆頭は自分だ、摂政にせよ、後見にせよ、自分に任せられるべきではないかと、なかんずくオルレアン公ルイ二世が不満を隠さなかった。また不安に思う向きもある。あの暴君の娘であり、また片腕であるならば、諸侯潰しの政策も受け継ぐのではないかと、わけてもブルターニュ公フランソワ二世は心落ち着かない。

王姉夫婦の政権など認められない。そうした声を抑えるために、ボージュー夫婦は一四八四年一月十五日の開幕で、トゥールに全国三部会を召集した。これまでの全国三部会は、地方レベルの三部会より大きいという意味でしかなく、実際には北フランスのラングドイル三部会と、南フランスのラングドック三部会に分かれていた。それが統一開催となり、フランス史上初めて文字通り全国の三部会として開かれたのが、この一四八四年一月のそれなのである。「全国三部会（États généraux）」という用語そのものが使われたのも初めてならば、全部で二百五十人の議員が、第一身分の聖職者代表、第二身分の貴族代表、第三身分の平民代表とはっきり分けられたのも初めてだった。

フランス革命が起きる一七八九年まで受け継がれる議会の基本型もできたといえるが、歴史的な意義はさておき、当座の意味をいうならば、要するに現政権を承認させるためのお祭り騒ぎである。いや、お祭り騒ぎで終わらせるわけにはいかないと、オルレアン公ルイ二世など必死の形相で乗りこんだが、それも諸侯には国王顧問会議に出席する権利があると決議させて、もう終幕となった。

不満は残る。不安もなくならなかった。というより、ボージュー夫婦は案の定で、諸侯潰しの動きに出た。同年の九月末、少年王を連れて都市モンタルジに現れると、そこにブルターニュの名だたる武将たちを集め、ブルターニュ公フランソワ二世が男子なく没した場合は、フランス王シャルル八世をブルターニュ公と認めると約束させたのだ。ブルターニュ公フランソワ二世も手を拱《こまね》いてはいない。一四八六年二月十日、ブルターニュ三部会を召集すると、二人の公女を公領の相続人と認定させた。

事実上の宣戦布告だった。反乱の同志も募られていた。まずオルレアン公ルイ二世、その従兄弟アングーレーム伯シャルル、その叔父デュノワ伯ジャンと、オルレアン一門が呼応した。これにアラン・ダルブレ、オデ・デイディとガスコーニュ勢が加わり、外国からもマクシミリアン・フォン・ハプスブルクが介入してきた。いうところの「道化戦争（la guerre de folle)」の始まりだった。

フランス王軍も動いた。五月にはエスケルド元帥が北東フランスでマクシミリアン・フォン・ハプスブルク軍に応戦、一四八七年二月からはシャルル八世の親征という形で、今度は南西フランスの平定に手がつけられた。いずれの方面でも圧倒したが、そうすると敵は思わぬ手段に訴えた。九月二十三日、ブルターニュ公フランソワ二世は長女で公領の筆頭相続人であるアンヌを、マクシミリアン・フォン・ハプスブルクに嫁がせることに決めたのだ。マクシミリアンの前の妃マリー・ドゥ・ブールゴーニュは、フィリップ、マルグリットと二人の子供を産んで、一四八二年三月二十七日に亡くなっていた。このマリーと一緒にフランドルを持っていかれた悪夢再びで、同じマクシミリアンに今度はブルターニュを奪われるのか。

シャルル八世とボージュー夫妻は一度パリに引いた。パリ高等法院がブルターニュ公フランソワ二世、ならびにオルレアン公ルイ二世に大逆罪の判決を出したのは、一四八八年一月二十日のことである。手続きを踏んだうえで三月十一日、フランス王家は総大将としてルイ・ドゥ・ラ・トレムイユを国王総代に任命、ブルターニュ遠征軍を進発させた。ブルターニュ公軍の総大将がオルレアン公ルイ二世で、イングランド軍まで呼びこみながら、こちらも必勝の構えだった。七月二十七日に迎えた決戦が、サン・トーバン・デュ・コルミエの戦いだったが、結果はフランス王軍の大勝、ブルターニュ公軍の惨敗だった。

オルレアン公ルイ二世は捕虜に取られ、そのままブールジュに幽閉された。フランス王軍は七月十九日にフージェール、八月八日にディナン、八月十四日にサン・マロと、ブルターニュ公領の制圧を進めていく。ブルターニュ公フランソワ二世は和睦に応じるしかなかった。八月二十一日にはヴェルジェ城で条約が締結された。ブルターニュ公の娘たちはシャルル八世の合意なしには結婚できない、との定めを含む屈辱的な和平になった。

まさにチェック・メイトである。道化戦争の幕は引いた。それにしても悔しい。あまりに悔しい。猛烈に馬を責めたのは、それゆえの気晴らしだったか。ブルターニュ公フランソワ二世は直後の一四八八年九月九日、落馬事故で隠れてしまった。若いとはいえない五十五歳ながら、急死の感は否めなかった。

ブルターニュ戦争

フランソワ二世の死によって、ブルターニュ公領の継承問題が先々でなく、直近の問題になった。先に動いたのがブルターニュ貴族たちで、一四八九年二月九日、故公の長女アンヌを後継のブルターニュ女公とすることを承認した。同時に改めて持ち出されたのが、ハプスブルク家のマクシミリアンとの結婚だった。やはりフランドル伯領のようになるのかと、フランス王家はもっと慌ててよさそうなものだったが、こちらはブレスト、コンカルヌー、ヴァンヌという三港湾都市を王軍に押さえさせただけだった。

マクシミリアンから兵が送られるとすれば、フランドルから出される場合も、息子のフィリップが縁組したスペインから加勢がある場合も、ともに海路である。港湾都市を固めてしまえば、もう十分という判断だった。あとは一四八九年がすぎ、一四九〇年になっても、フランス王家は何もしない。余裕すら感じさせる態度に焦《じ》れたか、マクシミリアンは十二月十九日、アンヌ・ドゥ・ブルターニュとの結婚を宣言した。もちろん宣言だけで、結婚の実質はない。本当に結婚式が挙げられる前にと、ようやくシャルル八世は重い腰を上げた。一四九一年三月二十三日、ブルターニュ遠征の軍を起こし、二十七日にはナント入城を果たした。なるほど余裕があるはずで、公領の占領は大方のところ、すでに遂げられ、残すは十四歳のアンヌ・ドゥ・ブルターニュが籠城するレンヌだけとなっていた。

ブルターニュ遠征軍というのも、このレンヌを陥落させる兵力のことである。が、ここで雰囲気が変わる。フランス王家は全面対決から転じて、俄かに相互協調の道を探り始める。最初が六月二十八日に行われた、オルレアン公ルイ二世の釈放だった。道化戦争以来の反乱の首謀者で、実をいえばボージュー夫妻は釈放に反対した。それを有無をいわさず退けたのが、フランス王シャルル八世だった。雰囲気が変わったというのも、ルイ十一世、ボージュー夫妻と受け継がれた強硬路線から、シャルル八世自身が打ち出した柔軟路線への転換だったのだ。

なるほど、少年王も二十一歳になろうとしていた。長じても小柄で、頭ばかり大きいので、みたところは子供のようだったが、中身は別だ。もう自分の意志を持てる。姉や義兄の言いなりという歳ではない。世間知らずの育ちをいうなら、いくらか夢見がちな嫌いは確かに否めなかった。路線転換を図りながら、シャルル八世が何を考えていたかといえば、アンヌ・ドゥ・ブルターニュへの結婚申し込みだった。

なるほど、二人が結婚すれば、全てが丸く収まる。ブルターニュ女公アンヌの夫として、シャルル八世は共同統治者となる。ブルターニュ公領はフランス王領に併合されるのではなく、フランス王がブルターニュ公を兼ねるだけだ。ブルターニュ公の位からブルターニュの血筋が廃除されるわけでもない。

実際、ブルターニュ三部会は歓迎の意を表明し、気が早いことに十月二十七日には、もう二人の結婚式のための臨時課税に協賛した。あとはアンヌ・ドゥ・ブルターニュの気持ちひとつということになる。花婿候補が二人になったからである。天秤にかければ、どちらが重いか。マクシミリアン・フォン・ハプスブルクは二人の子持ちで、三十二歳の男やもめ、神聖ローマ皇帝の息子で、ゆくゆくは帝位を継ぐということだが、それもどうなるかわからない。シャルル八世のほうは二十一歳で、これが初婚である。すでにフランス王であり、結婚した瞬間に自分もフランス王妃になれる。

十一月十四日、シャルル八世はレンヌに軍を進めた。固く閉じられていた城門が開いたのは、翌十五日のことだった。アンヌ・ドゥ・ブルターニュはシャルル八世の申し込みを受けた。二人の結婚式は十二月六日、ルイ十一世がブルターニュ公との戦争のため、王領との境界に建てたというランジェ城で挙げられた。暗い思い出も塗り替えられる。同じ風景も、なんだかパッと明るくなった感じがある。この若い国王夫婦の間に、長男シャルル・オーランドが生まれたのは、翌一四九二年十月十日、これまたルイ十一世が晩年をすごしたプレッシ・レ・トゥール城だった。

イタリアの夢

シャルル八世は親政を始めた。「後見」を解かれたボージュー夫妻も、権力に執着するというのではなかった。とにもかくにも、ブルターニュは手中に収めた。国内諸侯の打倒という先王の政策は、ここに一応の完成をみた。ルイ十一世の愛娘アンヌと、その片腕として働いた娘婿ピエールは、見事に宿題を終えたのである。あとはシャルル八世の好きでよい。が、その好きとは何か。

繰り返すが、ほとんど軟禁状態という幼少期のせいで、シャルル八世は世間知らずに育ち、また他面で夢見がちな性格になった。それも狭い世界に閉じ込められた反動か、かえって広い世界を夢みるようになった。空想の種も与えられていた。フランス王家は一四八〇年に、アンジュー公家の遺産を手に入れていた。アンジュー公領、メーヌ伯領、プロヴァンス伯領に加えて、そのときナポリ王国を主張する権利を一緒に相続していたのだ。

それはイタリアの夢だった。アンジュー公家が百年以上も奮闘して、なお遂げられなかった難事業だという意味でも、遠い遠い夢の話にすぎないのだが、これがシャルル八世には夢ではなくなっていた。ブルターニュ問題の解決で、国内に騒乱の種はない。イングランド王家、ブールゴーニュ公家、ブルターニュ公家と戦い続けた賜物で、今や破格の軍事力も手にしている。いや、将軍だの、兵隊だのは国内に戦争がなくなって、新たな活躍の場を渇望してさえいる。他国の迷惑になっては気が引けるが、それもローマ教皇インノケンチウス八世が、一日も早くオスマン・トルコに対する十字軍を実現するためにも、陛下がナポリ王国を手中にされよと、懇《ねんご》ろに招きよせる態度なのである。

夢見がちな青年王は乗り気になった。一四九二年からは遠征の準備にかかりきりだった。十月にはイングランド王軍がカレーに上陸、ブーローニュ包囲まで仕掛けてきたが、シャルル八世はそんなもの相手にしていられないという態度だった。十一月三日、さっさとエタープル条約を結び、イングランド王ヘンリー七世に七十四万五千エキュ支払うと決めた。金ならやるから戦争は止めてくれと、要するに敵軍の引き揚げを買ったのだ。

スペインのイサベル、フェルナンド両王とも交渉を進めて、一四九三年一月九日にはバルセロナ条約を結んだ。先代ルイ十一世が手に入れたルシヨン伯領とスルダーニュ伯領を委譲するかわり、「ナポリに関する企て」については中立を守ることを約束させたのだった。続く五月二十三日にはマクシミリアン・フォン・ハプスブルクと和平会議を試みて、アンヌ・ドゥ・ブルターニュと結婚するために、マリー・ドゥ・ブールゴーニュの娘マルグリットとの婚約を解消したからには、持参されるはずの財産として領有していたアルトワ伯領、シャロレー伯領、ブールゴーニュ伯領（フランシュ・コンテ）を返還すると申し出た。六月十二日に正式にサンリス条約となったからには、マクシミリアンもフランス王家のナポリ遠征については干渉しないと約束せざるをえなくなる。これまで鎬《しのぎ》を削ってきた三方の敵とは全て和睦なって、誰にも邪魔されることなく、いよいよイタリアなのである。

ナポリへ

一四九四年一月二十五日、ナポリ王フェランが死んだ。その息子アルフォンソの即位を認めないよう求めると、新しくローマ教皇になったアレクサンデル六世は微妙な態度だった。が、シャルル八世は構うことなく三月十三日、ナポリ王たることを宣言した。六月には王家と和解したオルレアン公ルイ二世が、遠征の先遣隊を率いてジェノヴァを占領するなど、北イタリアの地固めに着手した。七月二十七日、モンパンシェ公ジルベール・ドゥ・ブルボンに率いられる遠征の本隊も、集結していたリヨンからアルプス越えに進発した。ジュネーヴル峠を越えてピエモンテに進んだのが九月二日、その首邑トリノにシャルル八世が入城を果たしたのが九月五日である。

侵攻したのは小国乱立のイタリアでは考えられない、三万という大軍だった。内訳が騎兵が勅令隊一千六百十組（戦闘員は六千四百四十人）とイタリアの同盟軍から二千組（戦闘員は六千人）、歩兵はスイス兵が四千八百人、スコットランド兵が二百人、弩兵が四千八百人、ピカルディ、ノルマンディ、ガスコーニュ、ドーフィネ他からの兵が八千三百人で、これに砲兵隊が加わった。

一見して、シャルル七世以来の常備軍だけでなくなっている。騎兵中心の軍隊から歩兵中心の軍隊に変わりゆく時代状況もあり、向後のフランス王軍は常備軍と非常備軍の二系列で構成されるようになる。非常備軍には外国人の傭兵隊も少なくない。また弩兵は徐々に火縄銃兵に取って替わられる。右の四千八百人のうち五百人ほどが実は騎馬兵だが、この類も軽騎兵隊として別個に編成されるようになる。

いずれにせよ、全てが常備軍でなくなったことで、三万という大軍が可能になった。恐れをなして、ミラノ公は道を開けた。フィレンツェ共和国は「第二のシャルルマーニュとして神が遣わされた解放者」とシャルル八世を歓迎し、随一の有力者ピエロ・ディ・メディチを追放した。ローマ入城の日付は十二月三十一日を選んだ。「永遠の都」で新年を迎

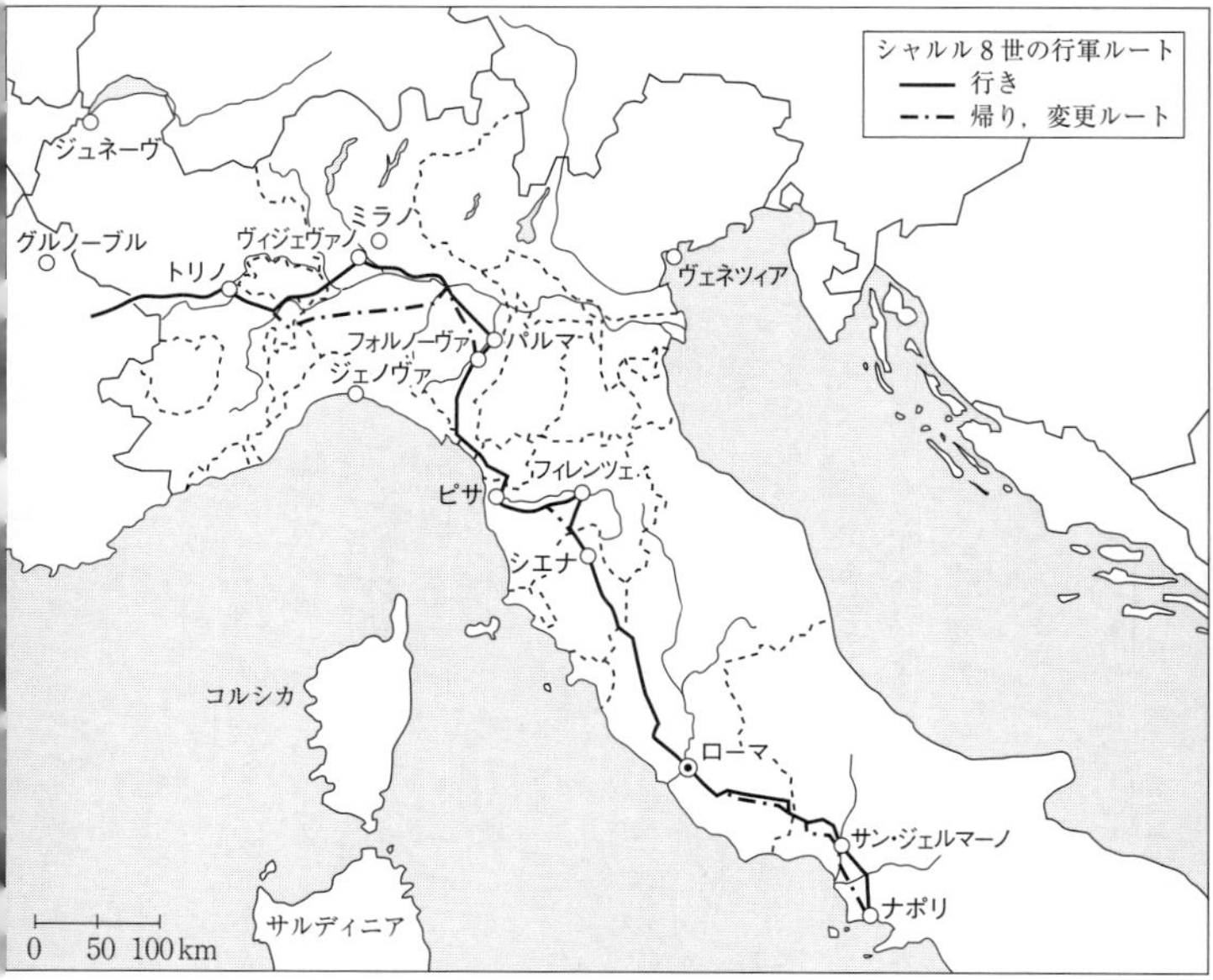

シャルル８世のナポリ遠征（1494～95）

え、シャルル八世は一四九五年一月二十八日、いよいよナポリに進発したのだった。ナポリ王アルフォンソ二世は自ら退位を決めて逃亡した。かわりにフェラン二世が王を称したが、手もない窮状は同じだった。二月十一日、サン・ジェルマーノの戦いでフランス王軍に蹴散らされると、それで抗戦は終わりだった。あとは戦いという戦いもない。二月二十二日、シャルル八世は皇帝のマントを背に翻し、頭にはフランス、ナポリ、コンスタンチノープル、エルサレムそれぞれの王位を表す四重冠を載せながら、ナポリ入城を果たした。

壮挙である。ヨーロッパ一の大国であるフランスの王が、イタリア半島の南半分を占めるナポリ王国まで手に入れた。今の感覚で聞いても凄い話であれば、そんな巨大勢力の出現が容認されるはずがない。ナポリの都で文字通り我が世の春を謳歌すると、シャルル八世は五月二十日、フランス帰還の途についた。六月一日にはローマ再入城となったが、迎えてくれるはずの教皇アレクサンデル六世はいなかった。

実のところ、一四九四年の暮れからヴェネツィアが中心となって、ローマ教皇、ミラノ公、神聖ローマ皇帝マクシミリアン一世、スペイン両王イサベルとフェルナンドの間で、反フランス勢力の結集が模索されていた。一四九五年三月三十一日には正式な同盟となり、その連合軍がナポリから北上してくるフランス軍を、北イタリアで迎え討つ構えを示していたのだ。

迎えたのが、七月六日のフォルノーヴァの戦いだった。双方合わせて三千五百人が死ぬ激戦の結果は、フランス王軍の辛勝だった。十月二十二日にトリノ、アルプスを越えて十月二十七日にグルノーブル、十一月七日にリヨンと経ながら、シャルル八世はなんとかフランス帰国を果たした。が、帰った先のアンボワーズでは、王太子シャルル・オーランドがはしかをこじらせ急死していた。一四九五年十二月十六日、夢は失意の闇に沈んだ。

唐突な幕切れ

ナポリ王国でも、スペイン勢の巻き返しが始まっていた。一四九六年二月には、副王として王国を任されていたモンパンシェ公までが、ナポリの都を断念して逃げざるをえなくなった。フランス人の虐殺も始まる。北からはマクシミリアン一世の軍勢も襲いかかる。各地の守備態勢は崩壊し、ナポリ王国は前王フェランの相続人、フェランディーノの手に渡った。

もちろん、まだ終わりではない。このまま引き下がるわけにはいかないと、シャルル八世は反攻の策を練った。ナポリ王国を手に入れても、またぞろ諸国の反フランス大同盟に襲われるのではたまらないと、目をつけたのがスペインだった。ともにナポリ王国を分割するという条件で、一四九七年十一月二十四日、アルカラで攻守同盟を結んだのだ。あとは残りの敵対勢力を、一四九四年のように蹴散らしていくだけである。

前回に倣うといえば、シャルル八世は次回も夏の遠征出発を考えていたかもしれない。が、その計画は遂に日の目をみなかった。一四九八年四月七日、王はアンボワーズ城の改築工事を視察中に、柱に頭をぶつけるという不慮の事故で死んでしまったからである。フランス王家の古式に則り、五月十一日にはサン・ドニ修道院付属大聖堂で葬儀も執り行われた。が、それは後を継ぐ男子のいない王の崩御だった。一四九六年九月八日にアンヌ王妃が再び儲けた男子シャルルも、ほどない十月二日までしか生きられなかった。ヴァロワ王家の直系は、これで断絶したことになる。

第八章　ルイ十二世（一四九八年〜一五一五年）

思いがけない即位

百七十年前の悪夢が蘇る。王朝の断絶か、フランス王国は再び騒然となるのか——と思いきや、波風ひとつ立たなかった。サリカ法典を法源として、シャルル五世の時代に王位継承の原則が確立されたからだ。一四九八年四月七日、シャルル八世の崩御を受けて、フランス王に即位することになったのは、三十六歳のオルレアン公ルイ二世、向後はルイ十二世を名乗ることになる、故王より八歳上の新王だった。

それはシャルル六世の弟、オルレアン公ルイ一世を祖として、シャルル、そしてルイ二世と受け継がれてきた親王家である。曾祖父のシャルル五世まで三代も遡って、ようやく直系に辿《たど》りつく。ヴァロワ朝が成立したとき、つまりはフィリップ三世の孫で、フィリップ四世の甥で、シャルル四世の従兄だったヴァロワ伯フィリップが、フランス王フィリップ六世として即位したときと比べても、よほど遠縁の登板ということになる。が、もはや誰も騒がない。王位継承に異議を唱える者もなければ、戦争を仕掛けてくる者もない。

誰より驚き、騒ぎ、はしゃいだのは、あるいはルイ十二世本人だったかもしれない。なんといっても、シャルル八世は急死だった。それも、病気と聞いてあらかじめ想像できていた急死でなく、突然の事故による急死である。二十八歳の若さでもあれば、まだ男子の誕生も期待できた。自分の出番などあるわけがないと思っていたところ、ルイは呼び出され、あれよという間にフランス王にされたのである。思いがけない即位とは、このことだ。それは誰にとっても、思いがけなかった。

ルイ12世
ウィンザー城王立コレクション

戦々恐々したのは、これまでシャルル八世に仕えてきた、フランス王家の廷臣たちだった。ルイといえば、ルイ十一世の前例がある。自分が反乱を起こしたときは、よくもああまで苦しめてくれたなと、先王の旧臣たちを失脚、断罪、追放の目に遭わせる暴君が、フランスにはいたのである。今度のルイ十二世も、同じ挙に出るかもしれない。すっかり王家と和解して、イタリア遠征では先遣隊の指揮官など任されていたが、それはそれ、過去の恨みを残していないとはかぎらないのだ。

ところが、あにはからんやでルイ十二世は廷臣全ての地位を安堵《あんど》した。ルーアン大司教ジョルジュ・ダンボワーズが枢機卿になれるよう計らったり、ピエール・ドゥ・ローアン・ジエをフランス元帥に任命したりと、自分の側近を抜擢することはしたが、だからといってルイ・ドゥ・ラ・トレムイユはじめ、シャルル八世の忠臣たちを貶《おとし》めたりはしなかったのだ。ルイ十二世は恨みを溜め、怒りを引きずる性格ではなかったということか。いや、吐いたと伝えられるのが、次のような台詞である。

「オルレアン公に加えられた辱めに報復するのは、フランス王の業ではない」

名君といえば名君、大器といえば大器、賢明といえば賢明、けれど、どこか出来すぎの感がある。暴君のほうを美化するつもりはないながら、常に良い子でいたいという気の弱さとか、なるだけ事を荒立てたくないという気の小ささとか、そんなような一面さえ垣間みえる。

実際のところ、ルイ十二世は優等生タイプの王だった。歴代のフランス王で最もＩＱが高かったろうといわれるほど頭がよく、常に冷静沈着、万事に用意周到、また人柄も温厚かつ寛容で、おまけに長身の美男とくる。ありがたいくらいにできた男なのであるが、それでも、どこかしら線の細さを感じさせてしまうのだ。かかる優等生タイプの王が、治世一番に手がけた仕事というのが……。

離婚、そして再婚

三十六歳のルイ十二世は、当然ながら結婚していた。相手はジャンヌ・ドゥ・フランス、ルイ十一世の二番目の王女で、シャルル八世には下の姉ということになる。「醜女」の悪評あるジャンヌであれば、いうまでもなく政略結婚だった。暴君に押しつけられたのです、恐ろしくて断れなかったのです、けれど本当は嫌だったのですと唱えながら、「オルレアン公に加えられた辱め」には報復しないはずの男が、フランス王になるや一番に手がけたのが、その妻と別れる離婚の試みだった。

いや、報復ではないと、ルイ十二世は弁明した。意中の再婚相手がいるから、離婚したいだけなのだと。なんと立派な理由があったことかと、ただ呆れるしかないようだが、王の言い分にも聞くところがないではなかった。その意中の再婚相手というのが、前のフランス王妃アンヌ・ドゥ・ブルターニュだったからである。

夫を亡くして、フランス王妃でなくなっても、アンヌはブルターニュ女公である。それは父親から受け継いだ、自分自身の財産なのだ。そのブルターニュ公領をなんとしても手に入れたいと、フランス王家は長いこと必死だった。ようやく手に入れても、なお深謀遠慮を怠ることなく、一四九一年十二月五日、シャルル八世との結婚式前日に作成された結婚契約書では、夫婦の間に子がないまま、シャルルがアンヌより早く亡くなった場合、アンヌは「新しいフランス王か、もしくは王家に最も近い相続人」と結婚しなければならないとされている。外国の王侯と再婚されれば、その土地も外国のものになってしまうのだ。

その「新しいフランス王」というのは自分ではないかと、これがルイ十二世の言い分にもなる。が、すでに妻帯している身だ。契約書にも「新王が独身であるときは」と但し書きがある。ならばと「王家に最も近い相続人」を探せば、オルレアン公家のその また分家のアングーレーム伯家に、フランソワという男子がいた。まだ四歳の子供で、残念ながら結婚は無理である。しかし、ブルターニュ公領は確保しなければならない。やはり私がアンヌと結婚するしかない。ジャンヌには泣いてもらうしかない。かくて手がけた離婚であれば、あながち理屈が通らないではなかったのだ。

正確を期すならば、この時代に離婚という制度はない。カトリック教会が離婚を認めていないからだ。が、「結婚の無効取消」という抜け道はあった。「はじめからなかったことにする」という論法で、実は肉体的な欠陥から結婚の内実が持てなかった、実は結婚が許されない近親婚だった等々、正当と認められる理由があるなら、事実上の離婚ができたのだ。坊さんに袖の下を遣えば、大抵は解決する。が、フランス王の離婚ともなると、その坊さんというのがローマ教皇になる。袖の下も桁《けた》が違うというか、一種の外交交渉の趣になる。

ときの教皇アレクサンデル六世はスペイン人で、本名をロドリゴ・ボルハといった。その庶子がセサール・ボルハ、イタリア語にいう「チェーザレ・ボルジア」である。親子とも、歴史に残る野心家だ。これが新しいフランス王から、なるだけ大きな利益を引き出そうとしていたのだ。ジャンヌ・ドゥ・フランスとの離婚など格好の揺さぶりの種であり、あっさり認めてやるでなく、わざわざ裁判を命じてきた。

これまた優等生らしいというか、それをルイ十二世は受けた。裁判という公明正大な形式で飾り立てれば、後ろめたい離婚にも綺羅がつくと考えたのかもしれないが、これが失敗だった。ジャンヌ王妃の抵抗で、まず裁判が紛糾した。七月末から十二月までかかりながら、なんとか結婚の無効取消に漕ぎ着けたが、慰謝料がわりというか、王は元妻にベリー公領を渡さなければならなくなった。余談ながら、ほどなくジャンヌ王妃は出家し、ベリー公領の収入を元手に新しい修道会を設立した。アノンシアード女子修道会というのがそれで、功績から後にカトリック教会に列聖されて、今は「聖ジャンヌ」になっている。

話を戻せば、ルイ十二世はチェーザレ・ボルジアにも南フランスのドーフィネ地方から、ヴァランティノワ公領を与える羽目になった。軍事援助も約束させられ、チェーザレはイタリアを席巻する大活躍を始める。なんだか脇役めいてきたが、ここはルイ十二世が主役の頁だ。ベリー公領とヴァランティノワ公領を失うなら、ブルターニュ公領を手に入れる嬉しさも半減したようなものだが、とにもかくにも念願をかなえた王は、離婚からわずかに一月という一四九九年一月八日に、アンヌ・ドゥ・ブルターニュと再婚した。いくらなんでも節操がないというか、あまりに急ぎすぎて、なんだか格好悪い感もあるのだが、自分で決めた予定を守るということも、優等生には大切なのだ。

ミラノ、そしてナポリ

一四九九年二月九日、ルイ十二世はヴェネツィア共和国とブロワ条約を結んだ。北イタリアの勢力と同盟したのは、ミラノ公領に狙いを定めていたからだった。優等生のフランス王はシャルル八世のイタリア戦争も受け継いだが、それがナポリであるより、まずミラノであったというのは、オルレアン公家の事情だった。ルイ十二世には祖母にあたる、オルレアン公ルイ一世の妃がヴァランティーヌ・ヴィスコンティで、これがミラノ公ガレアス・ヴィスコンティの娘だった。今や公位はスフォルツァ家のものになっていたが、それは不当な簒奪にすぎないとして、ルイ十二世はミラノ公領の相続を主張したのだ。

七月十八日、リニィ伯ルイ、ステュアール・ドービニィ、ミラノの豪族ジョヴァンニ・ジャコモ・トリヴュルツォの三将に預けた三軍が、ミラノ公ルドヴィコ・スフォルツァの領土に侵攻した。ときを同じくしてルイ十二世がまとめたのが、ローマ教皇アレクサンデル六世、神聖ローマ皇帝マクシミリアン一世はじめ、スペイン王、ポルトガル王、イングランド王、ハンガリー王、ボヘミア王、スイス連邦と、優等生らしく取りこぼしのない、対スフォルツァ大同盟だった。これでは、はじめから勝負にならない。八月頭にロッカ・ダレッツォ、アンノーナと二都市が落ちると、もう戦闘は終わりだった。九月二日、ルドヴィコ・スフォルツァはミラノから逃走した。その都が十四日に無抵抗で開城すれば、公領全体を制圧するのにも一月とかからない。二十日、ルイ十二世は「フランス王にしてミラノ公」として、晴れのミラノ入城となった。

十月十三日には、アンヌ王妃が王女を産んだと報せがあった。すっかり気をよくして、王は十一月十一日にミラノ大勅令を発した。フランス兵の乱行は厳禁とする。ロンバルディア地方の豪族は、スフォルツァ家を支持してきた家門も含め、旧来の特権を保証される。スフォルツァ家が横領した財産は返還し、スフォルツァ家に追放された者は帰還を認められる。税金は百六十万リーヴルから六十万リーヴルに下げる。やはり寛大で、心優しく、これまた、らしい優等生ぶりだ。

十一月末に帰国したとき、ルイ十二世はうっとり自分に酔うような表情だったかもしれない。が、一五〇〇年になると、一月早々からルドヴィコ・スフォルツァの反攻が始まった。一時は押されたフランス王軍だが、三月末にはルイ・ドゥ・ラ・トレムイユが率いる新たな軍勢がアルプスを越えた。四月八日に迎えたのが、ノヴァーラの戦いだった。打ち負かされたスフォルツァは、捕らえられ、フランスに連行され、あとは死ぬまでロッシュ城に幽閉だった。かくてミラノ征服を遂げると、ルイ十二世の次なる狙いがナポリだった。

北イタリアのミラノと比べて、フランスからは遥か遠隔の土地である。シャルル八世の経験からして、仮に攻めやすいとしても、守りがたい。ルイ十二世はスペイン王フェルナンドに、ナポリ王国の分割案を持ちかけた。フランス王は都市ナポリとラブール、アブルッツォ、カンポバッソの諸地方、そしてナポリ王とエルサレム王の称号を取り、スペイン王はプーリャ以南の諸地方と、シチリア王、カラブリア公、アプリア公の称号を取るという案だ。ソフトというか、無理をしないというか、またしても優等生らしい。スペイン王にも容れられ、一五〇〇年十一月十一日には首尾よくグラナダ条約の締結に運ぶ。

あとは実際に手を伸ばすだけだ。一五〇一年六月一日、ステュアール・ドービニィが率いるフランス王軍は、ミラノから南下を始めた。ローマ教皇庁から遣わされ、後衛を務めたのがチェーザレ・ボルジアだった。七月にはナポリ着、もう八月には決められた領土の平定が完了した。ナポリ王フェデリーコはフランス国内にメーヌ伯領を与えられる条件で退位に応じ、あとの統治はナポリ副王に任じられた、ヌムール公ルイ・ダルマニャックに委ねられることになった。

スペイン勢はスペイン勢で、領土の平定を進めた。一五〇二年の春には、フランスが持つはずの土地まで、いくつか押収してしまった。手違いかと、ヌムール公はスペイン王家に仕えるゴンサロ・デ・コルドバに問い合わせたが、六月九日に持たれた話し合いは決裂、やはりというか、すぐさま戦争になってしまった。うまいと思われた分割案だが、どうして利口な解決など、なかなかないものである。

コルドバは一四九二年に完成したレコンキスタの英雄で、この時代のスペインを代表する名将である。フランス王軍はヌムール公のそれも、ステュアール・ドービニィのそれも敗退させられた。一五〇三年十月にはルイ・ドゥ・ラ・トレムイユの援軍が到着したが、入城したガエタもコルドバの攻勢で、一五〇四年一月一日には陥落となる。三月三十一日、ルイ十二世はスペイン王フェルナンドと三年の休戦を結んだ。その日を境にナポリ王国は失われ、ヴァロワ朝の諸王の手には、もう二度と戻らなかった。

人民の父

負けた――優等生には堪えられない屈辱である。平静ではいられない。身体までおかしくなる。一五〇五年の春に、ルイ十二世は体調を崩した。そのまま遺言を書いたほど悪くなったが、なんとか持ち直して、一五〇六年五月に召集したのが、トゥールの全国三部会だった。その議場で議員たちは、王に「人民の父（père du peuple）」の称号を献上した。いよいよ優等生といおうか、ルイ十二世が減税を宣言したからだ。ありがたい、ありがたいと、感謝の気持ちの表れが「人民の父」なわけだが、これまた世評に媚《こ》びた感がないではない。やんやと持《も》て囃《はや》されることで、傾いた自信を取り戻せたのかもしれないが、君主としての凄味に欠けると、悪口もいいたくなる。実際のところ、ルイ十二世の減税がその後のフランス王家を弱くした面もあるからだ。

金はいる。イタリアで戦争していたのだから、いらないわけがない。が、かわりにフランス国内は見事に平和だった。経済活動が活性化し、わけても都市の富裕層は儲けた。減税分の穴を埋め、さらに増収につなげる手段として、かかる自治体に借り入れを頼むというのが、ひとつである。もうひとつには、個々の富裕者から引き出す。王国の行政組織を整備すれば、新しい官職が増えていく。これをルイ十二世は高値で売りに出したのだ。蓄財に成功した者たちは、それを好んで買い求めた。

自発的に金を出させ、結果として減税になるのなら、何が悪い、富裕層も官職につけたと喜んで、皆が幸せではないかと、あるいは反論があるかもしれない。ところが、売りに出されたのは官職、つまりは公職なのだ。それが私物化されて、子供に相続させたり、余人に転売したりされてしまうのだ。のみか、たとえ無能な輩でも、あるいは不正が行われても、その官職についている役人を、王は解雇することができない。クビにするためには、官職を買い戻さなければならないからだ。ひとつ、ふたつの話ならともかく、何十、何百、いや、王国の行政職の大半が売り買いの対象になってしまえば、フランス王といえども買い戻しなどできなくなる。が、そんな情けない君主の命令など、役人たちは全体どこまで聞くというのか。

世に「官職売買（vénalité des offices）」と呼ばれる悪弊の始まりだった。それ自体は古くから行われていたが、目の前の金が欲しいがために、ばんばん官職を売りに出すというのは、ルイ十二世が減税で人気を取りたいあまりに始めたものなのだ。当座は金が集まるが、つまるところは国家権力の切り売りである。その危険を仮に承知していても、どうでも金が足りないとなれば、ついつい官職を作り、それを売ってしまう。やめられない。まるで麻薬だ。にもかかわらず、ひとたび発明されたからには、ルイ十二世だけでなく、次の王も、そのまた次の王も真似をして、際限なく繰り返してしまう。

もちろん、ルイ十二世は官職売買の害など知らなかった。あくまで先々の話であり、まだ深刻な不都合は起きていない。当座のフランス王国に暮らす人々にとっては、やはり思いやり溢れる名君なのである。こういう治世が長く続いてほしいとも願うが、先年に王は体調を崩したと聞く。万が一にも死なれれば、後を継ぐ男子がない。不安に駆られた民草の代表として、議員たちは同トゥールの全国三部会でルイ十二世に求めた。すなわち一人娘のクロード王女を、現下の王位継承者であるアングーレーム伯フランソワと結婚させてほしいと。フランスの玉座に陛下の血筋を残してほしいと。王女はアンヌ王妃の相続人として、未来のブルターニュ女公でもあるからには、王女を余所に嫁がせて、外国人にブルターニュ公領を持っていかれ、またぞろ争乱を招くような事態だけは避けてほしいと。

五月十九日の話で、これをルイ十二世も快諾した。五月二十一日にはクロード王女とアングーレーム伯フランソワの婚約が成立、二十二日には結婚契約書の作成に進み、優等生の王を担いだフランス王国は、あくまで平和で前途洋々だった。

敵は神聖同盟

荒れるのはイタリアである。わけてもフランス王領となったミラノや、一四九五年のフォルノーヴァの戦い後に、フランス王の宗主権が設定されたジェノヴァを含む、北イタリアなのである。平穏なわけがない。フランス王という外国人に支配され、フランス人の兵隊が進駐し、そのために金が取られ、物が取られ――ルイ十二世がフランスで減税できたのは、イタリアに戦費はじめ諸々の重荷を負わせていたからでもあった。

一五〇七年三月十二日、火の手はジェノヴァに上がった。憎まれたのは、フランス王が据えたジェノヴァ総督フィリップ・ドゥ・ラヴァンスタンと、その進駐軍だった。ルイ十二世は親征で応じ、四月二十五日のポール・デ・ノーヴィの戦いで反乱を粉砕した。二十八日にはジェノヴァ入城を果たし、共和国をフランス王の直轄領とし、さらに罰金を科すると発表したが、そこは優等生の王であり、不人気の総督も一緒に更迭した。

一件落着であるが、ルイ十二世は不安を感じたに違いない。北イタリアに不穏な芽があるならば、早いうちに潰しておかなければならない。一五〇八年十二月十日、王は神聖ローマ皇帝マクシミリアン一世とカンブレ条約を結んだ。ともにヴェネツィアに攻め入ろう、という盟約だった。この共和国も不穏だった。ミラノの一部を占領しながら、それを返還しないままでいたのだ。

一五〇九年四月一日に宣戦すると、五月十日には二万余のフランス王軍がミラノからヴェネツィアに進発した。マクシミリアン一世が遅参し、単独で戦うことになったが、それでも五月十四日のアニャデッロの戦いでは、ヴェネツィア軍を打ち負かした。トレヴィゾ、パドヴァ、ヴェローナと要衝を占領して、もはやフランス王ルイ十二世は北イタリアの覇者だった。

ここで新たな敵が登場する。ローマ教皇ユリウス二世である。イタリア統一を目指したとも伝えられる野心家は、「蛮族（Barbares）」をイタリアから追放せよと叫んだ。より具体的な言葉にすれば、ミラノからフランス人を追い払えということだ。一五一〇年十月には戦争が始まった。叔父のジョルジュ・ダンボワーズの後任で、ミラノ総督となっていたシャルル・ダンボワーズは、ユリウス二世が立て籠るボローニャを包囲した。引き揚げざるをえなくなったのは、教皇が反フランス大同盟を呼びかけて、それに応じたヴェネツィア軍、そしてスペイン軍が到着したからだった。

ユリウス二世はラ・ミランドーラ、イモラ、ラヴェンナと、みるみる要地を押さえていく。シャルル・ダンボワーズも戦死した。かわりに王軍を率いるべき人材として、ルイ十二世が一五一一年三月九日に送りこんだのが、自身の甥で、まだ二十二歳ながら、ほどなく戦の天才として名を馳せる、ガストン・ドゥ・フォワだった。実際、この若者は五月二十一日にボローニャを陥落させた。が、向こうのユリウス二世も下がらなかった。十月五日には「神聖同盟（Sainte Ligue）」を立ち上げ、これにヴェネツィア、スイス連邦、スペイン、そしてイングランドと糾合していったのだ。
一五一二年一月、スペイン王軍がボローニャ奪還に動いた。が、その包囲陣を天才ガストン・ドゥ・フォワは、外側から難なく破る。市内に援軍と物資を入れると、二月十九日にはブレシアの戦いで、今度はヴェネツィア軍を敗走させる。四月十六日に迎えたのがラヴェンナの戦いで、またぞろ神聖同盟軍を野戦で撃破してしまう。フランス王軍は都市ラヴェンナも陥落させた。激戦でガストン・ドゥ・フォワが戦死したが、それさえ報われるような決定的な勝利だった。

ローマへの道が開かれていた。フランス王軍は敵の本丸まで、一気に寄せることができた。ところが、である。ルイ十二世は進軍を控えた。キリスト教世界の長を相手に、そこまでの仕打ちはできないという、これまた優等生らしい理屈を唱えながらだ。わからないではないが、この弁《わきま》えたというか、気が弱いというか、とにかく腰砕けの決断で、せっかくのラヴェンナの大勝が、ひとつも活きなくなってしまう。

それどころか、一転して危機だった。五月にはヴェネツィア、スイス、スペインの軍勢が、虎の子のミラノ公領を攻めてきた。公領からして反フランスに動き出し、ガストン・ドゥ・フォワの後任ジャック・ドゥ・シャバンヌは、あれよという間にお手上げだった。十二月二十九日には、前公の息子マクシミリアーノ・スフォルツァが、ミラノ入城を果たした。明けた一五一三年を、ルイ十二世は挽回の年にしなければならなかった。二月二十一日、教皇ユリウス二世が高齢で崩御し、神聖同盟は要《かなめ》をなくした。十四日にはヴェネツィア共和国が離脱して、フランス王と和睦を結んだ。流れは決定的かと思いきや、新教皇レオ十世も四月五日に、改めて神聖同盟を宣言したのだ。

危機は北イタリアだけではなかった。すでに一五一二年八月、スペイン王軍がピレネに現れ、フランスの豪族が支配してきたナバラ王国を占領していた。一五一三年五月には、今度はイングランド王ヘンリー八世が、カレーに上陸してきた。皇帝マクシミリアン一世もフランドル国境を越えて、テルアンヌの包囲に着手した。神聖ローマ皇帝は前年十一月十九日に裏切り、神聖同盟への参加を表明していたのだ。

平和を謳歌してきたフランスが襲われた。しかも四面楚歌の体《てい》だ。ルイ十二世はアミアンで自ら防衛を指図した。かたわら、ルイ・ドゥ・ラ・トレムイユには再びアルプスを越えさせた。ミラノ公領に入り、要衝アレッサンドリアを落とし、マクシミリアーノ・スフォルツァが籠るノヴァーラを窺うまでは、フランス王軍も順調だった。が、六月五日の戦いでスイス連邦の軍に敗れると、そこまでだった。

そのノヴァーラの戦いで、ミラノが失われた。公領の奪還に努めるどころか、ルイ・ドゥ・ラ・トレムイユまでフランスに呼び戻された。マクシミリアン一世とスイス連邦の兵団が、ブールゴーニュに進軍していたからだ。とはいえ、ラ・トレムイユは抗戦から交渉に切り替えた。九月十四日に結ばれたディジョン条約は、フランス王は四十万エキュを支払わされるうえに、ミラノ、ジェノヴァはじめ、北イタリアの領土に関する主張を全て放棄しなければならないという、まさに屈辱的な内容だった。

ラ・トレムイユの越権行為だとして、王は拒否する構えを示した。が、その抵抗もスペイン王フェルナンドと十一月十六日に結ばれた和平のなかで、いくらか形を変えるまでが精一杯だった。すなわち、ルイ十二世はまだ三歳という下の王女ルネに、ミラノ、ジェノヴァ、アスティ等を譲り、マクシミリアン一世とフェルナンドの孫にあたるシャルル、もしくはフェルディナンドに嫁ぐときに持参させるというのだ。もちろん、あれこれ理屈を捏《こ》ねたところで、北イタリアが失われた現実は変わらない。

もう一花？

悪いことは続くものだ。年が明けた一五一四年一月九日、王は王妃アンヌ・ドゥ・ブルターニュに先立たれる。もう自分も駄目だと観念したか、それとも慰めが欲しかったのか、五月十五日にはサン・ジェルマン・アン・レイの離宮で、クロード王女とアングーレーム伯フランソワに結婚式を挙げさせた。フランソワは一四九九年にヴァロワ公に封ぜられていたが、さらにこのときブルターニュ公領の移譲も求めた。アンヌ王妃の財産であれば、死後は娘のクロードが相続する、その夫として自分が共同統治者になると、しごく当たり前の主張だったが、これをルイ十二世は拒否した。断固として、拒否した。

優等生が、おかしい。筋の通らない真似をして、おかしい。陰口を叩かれかねないというのに、おかしい。この一五一四年には減税で知られた「人民の父」ともあろう者が、タイユ税を重くしていた。いや、実をいえば一五一二年に二百万リーヴル、一五一三年に二百八十万リーヴルと、すでにタイユは増税に転じていた。戦争の激化、戦費の増大に迫られたものだが、それが終戦なった一五一四年にして、さらに三百三十万リーヴルに増やされたのだ。

やはり、おかしい。それでも急いだのが、イングランド王との和平だった。新たに結ばれた同盟の証《あかし》として、八月十日にはヘンリー八世の妹、メアリー・テューダーとの結婚が決まった。男やもめであれば、奇妙な話ではないが、ルイ十二世は五十二歳である。この時代では、もう老人だ。それでも十月九日には結婚した。やはり、おかしい。いや、おかしくないのか。まだあきらめていないのか。

男子が生まれる可能性があるかぎり、最後までがんばりたい。物わかりよさげな顔をして、余人に譲りたくなんかない。ああ、このままでは終われない。ミラノを取り戻す遠征だって、来年早々にも始めるつもりだ。もう一花咲かせたい。やりたいことを、やりたいままにやって、それから死にたい。それくらいの心境まで、ふっきれていたのかもしれないが、ここで時間切れだった。

十二月から病に伏し、ルイ十二世が最後の息を引き取ったのは、一五一五年一月一日の話である。振り返るほど穏当だけれど、あと一押し足りないというか、どこが悪いわけではないが、なんだか記憶に残らないというか、そんな惜しいと唸らざるを得ない治世だった。優等生の仮面など、もっと早くに脱ぎ捨てていれば、あるいは……。

第九章　フランソワ一世（一五一五年〜一五四七年）

私のカエサル

ルイ十二世が男子なく崩御して、またも直系は断絶した。が、フランス王位の継承は、またも滞りない。ヴァロワ公にしてアングーレーム伯フランソワは、前王が隠れた一五一五年一月一日、その即日にフランス王フランソワ一世として即位を果たし、二十五日にはランスで戴冠式を挙げた。アングーレーム伯シャルルを父に、ルイーズ・ドゥ・サヴォワを母に、ブランデーで有名なコニャックの地に生まれたのが一四九四年九月十二日の話なので、まだ二十歳の若々しい王ということになる。

アングーレーム伯家というのは、オルレアン公ルイ一世の次男、アングーレーム伯ジャンを祖とする親王家で、それからシャルル、フランソワと受け継がれてきた。新王自身はシャルル五世の玄孫ということになり、本流に辿りつくまで四代遡らなければならない。

しかもこちらは分家の、そのまた分家である。

はっきりいえば日蔭者の立場だが、その割にフランソワ一世は心の屈託というものを感じさせない男だった。良くも悪くも陽性の人物で、なるほど、土台が女たちの愛情たっぷりに育てられた男児だった。まずは母親ルイーズ・ドゥ・サヴォワに溺愛された。ルイーズは十二歳で三十歳のアングーレーム伯シャルルに嫁いだが、その夫には一四九六年に先立たれた。十九歳の若さで未亡人となったとき、腕のなかにいたのが二歳のフランソワだったのだ。アングーレーム伯家を継いだ小さな息子こそは、生きる望みの全てだった。

しかも継ぐのは、アングーレーム伯家だけではないかもしれなかった。フランソワが四歳のときに、シャルル八世が急死して、ヴァロワ王家の嫡流が絶えた。オルレアン公ルイ十二世がフランス王ルイ十二世となった時点で、フランソワは王位継承者とされた。王子が産まれるまでの話だとは思いながら、やはり期待してしまう。三十六歳で即位したルイ十二世は息子がないまま、四十歳、五十歳と老いていく。これは、もしかして……。あるいは本当に……。いや、たぶん……。よほどのことが起きないかぎり……。そんな風に期待を膨らませながら、ルイーズは息子のことを「私のカエサル」と呼びもした。フランス王になるかもしれないと思うほど、もうフランソワを溺愛しないではいられなかったのだ。

マルグリットという姉にも可愛がられた。歴史に「マルグリット・ドゥ・ヴァロワ」、

フランソワ1世
ルーヴル美術館

または「マルグリット・ドゥ・ナヴァール」と呼ばれる女性で、はじめアランソン公に嫁ぎ、この夫に死なれてからナバラ王と再婚して、その国の王妃になっているが、それよりもボッカッチョの『デカメロン』に触発されて、『エプタメロン』という小説を著わしたことで知られている。まさに才媛で、これだけ傑出した個性が兄だったり、あるいは弟や妹だったりしても、フランソワはたまらなかったかもしれない。

ところが、マルグリットは姉だった。後年まで強く影響されている経緯からも、弟として可愛がられたであろうことは疑いない。が、それで萎縮したわけでもない。そこは男子であり、家門の嫡男なのだ。フランス王になるかもしれないと期待されるほど、周囲に特別扱いされた結果として、その自信は少しも揺るがなかったのだ。

それでも末っ子は末っ子である。長子としての責任感に縛られることで、かえって小さくなってしまう憾《うら》みとも無縁だった。ひたすら愛され、のびのびと成長して、ここに自由奔放な愛されキャラができあがる。実際、フランソワ一世はよく笑う男だった。にこやかで誰にでも愛想がよく、弁舌爽やかで、好奇心旺盛。女たちに囲まれて長じた賜物で、趣味も洗練されていれば、物腰も優雅とくる。

のびやかに大きくなったのは、心だけではない。また身体も大きかった。騎士王を自称したとも、半神ヘラクレスに譬《たと》えられると上機嫌になったとも伝えられるが、なるほど筋骨隆々たる益荒男《ますらお》だった。というより、すでにして巨人であり、フランソワ一世の身長は二メートルを越えていた。ルーヴル美術館に騎馬姿を描いた有名な肖像画が飾られているが、馬が小さいように感じられるのは画家のデッサンが狂っているのでなく、この王が尋常でなく大きかったからなのだ。

コンプレックスの欠片もない。これでは屈折しようもない。自信満々であれば、大胆不敵。自分が大好きだからこそ、豪華絢爛《けんらん》。フランソワ一世は中世という古く暗い時代を忘れさせ、ルネサンスという新しく光溢れる時代を自ら体現するようなフランス王だった。君主としての実力はといえば、その輝やかしいイマージュとは別に考えなければならないとしても……。

派手男

容易に想像できるところ、フランソワ一世は派手好きだった。一五一五年二月、フランス王としての初仕事が、これまた派手な大盤ぶるまいだった。母のルイーズ・ドゥ・サヴォワにはアングーレーム伯領、アンジュー公領、メーヌ伯領、ボーフォール伯領を、姉のマルグリットにはベリー公領の年貢収入を、その夫で義兄のアランソン公シャルルにはアルマニャック伯の旧領とノルマンディ州総督職を、叔父のルネ・ドゥ・サヴォワにはプロヴァンス・セネシャル職を贈り、まずは肉親に手厚く報いた。次が即位前から仕えた側近たちの番で、ポワシィ卿アルトゥス・ドゥ・グーフィエを宮内大侍従に、その弟のボニヴェ卿ギョーム・ドゥ・グーフィエを提督に、ラ・パリス卿ジャック・ドゥ・シャバンヌを元帥に、ロートレック副伯オデ・ドゥ・フォワを同じく元帥とギュイエンヌ州における国王総代に、ブリオン卿フィリップ・ドゥ・シャボをボルドー市長兼守備隊長に、それぞれ抜擢してみせた。文字通りの大型人事だが、かわりに誰を解雇し、誰を追放するという話ではなかったので、反乱だの、内乱だのには結びついていない。

六月二十六日、フランソワ一世はイタリア戦争の再開を宣言した。やはりオルレアン公ルイとヴァランティーヌ・ヴィスコンティの子孫であるからには、狙いはミラノ公領である。八月十五日、騎兵一万、歩兵三万がアルプスを越えた。九月十日にはミラノ市に迫り、九月十三日から十四日にかけて行われたのが、マリニャーノの戦いだった。ミラノ公マクシミリアーノ・スフォルツァが率いるスイス兵団に大勝、その勝利の陣で王は、「恐れを知らない、非の打ちどころなき騎士」と謳《うた》われ、勇猛果敢な戦いぶり、それも敵と一騎打ちを演じるという些《いささ》か古風な武勇で知られた生ける伝説、バヤール卿ピエールの手で騎士叙任を授けられた。十月四日にはミラノ市を降伏に追いこみ、スフォルツァには金銭と引き換えに公位を退かせた。かくて前王時代に失われたミラノ公領を再び手に入れて、フランソワ一世は治世の門出を派手な勝利で飾ったのだ。

フランスに戻るや、一五一六年一月から始めたのが全国行脚だった。若く、潑剌《はつらつ》として、まさに前途有望たるフランス王の雄姿を、全土に暮らす臣民にみせてやろうという話である。三月、その途上で迎えたのが、かのレオナルド・ダ・ヴィンチだった。ルネサンスを代表する万能の天才は、イタリアで不遇を強いられていた。フランソワ一世はそこを引き取り、アンボワーズのクルー館に住まいを与えた。死ぬまで庇護して、文芸の保護者としても実に派手やかなのだ。『モナリザ』または『ラ・ジョコンダ』と呼ばれる最高傑作が、レオナルドの祖国イタリアでなくフランスに伝わり、今日までルーヴル美術館に飾られている所以である。

まだ先の一五四六年の話になるが、「クール・カレ」と呼ばれる棟を造成して、ルーヴルを無骨な城塞から華麗な宮殿に変える端緒をつけたのも、フランソワ一世である。派手男は建築も大好きであり、やはりイタリアから招いたル・プリマティス、セリーニ、ロッソ・フィオレンティーノらの芸術家を、シャンボール城やフォンテーヌブロー宮など、やはり豪壮華麗な離宮の造作に働かせている。行けばわかるが、そうした建物には、頭文字の「F」がいたるところに刻まれている。どこまで自分が好きだったのかと、知らず嘆息させられる。

話を王の全国行脚に戻せば、一五一七年三月にサン・ドニを発つときには、王妃ならざる女性を伴わせていた。シャトーブリアン伯爵夫人フランソワーズ・ドゥ・フォワ——つまりは寵姫の登場である。シャルル七世のアニェス・ソレルの前例はありながら、まだ二十二歳の若者がしたことなのだと思い返せば、なんとも恐れ入らずにはいられない。やはりというか、フランソワ一世は女性関係のほうも実に派手であり、フランス王宮における寵姫の歴史は、ここに本格的な幕開けとなる。

フランス北岸を回る機を捉えて、一五二〇年六月七日から二十四日には、ギュイーヌとアルドルの中間となるバランゲムで、イングランド王ヘンリー八世と会談した。一応は外交交渉だが、「金襴の陣（le camp du Drap d'or）」と別して名前があるのは、何もない平原に突如として、面積一万平方メートルの巨大幕舎が現れたからである。あるいは仮設宮殿というべきかもしれないが、それが豪奢な金糸織の布で仕立てられていた。一面には当時としては宝石にも等しいという、板ガラスまではめられていた。葡萄酒が溢れる泉を囲んで、そこで二人の王は連日連夜の酒池肉林を楽しんだのである。ケチケチしては君主たる者の名折れとばかり、ほとんど散財合戦のような数日になったと、これもフランソワ一世の治世を飾る逸話のひとつだ。

金が足りない

これだけ派手にやっていれば、当然ながら金がかかる。先王ルイ十二世の慎ましやかな財政では、とてもじゃないが追いつかない。自信家の楽天家らしく、借金で凌《しの》げばいいやとやってきたフランソワ一世だが、早々に行き詰る。一五一七年六月、王はタイユ、エード、ガベルの諸税全てを見直して、百十万リーヴルの追加課税を決めた。久々の大型増税である。それでも借金は四百万リーヴルも残った。まずは無駄をなくせと、一五一八年一月二十七日にはジャック・ドゥ・ボーヌ・サンブランセイを財務監察官に任命して、財務行政の健全化に手をつけた。いくらか話を先取りすることになるが、一五二三年三月からは出納管理のために中央財務局を新設し、それに旧来からの王室金庫を合併、領地収入と課税収入を一元化して、機構の整理統合に取り組んでいる。一五四二年には地方の行政改革に取り組み、財政管区を十六に増やすことで、より木目《きめ》細かな財務行政を心がけた。

それでも、金は足りなかった。いっそうの増収を図るしかないと、フランソワ一世は度ごと理由を設けながら追加課税、臨時課税と発令した。まだ足りないと、あるときは高等法院、あるときは会計院、あるいはバイイ、セネシャル代官所、またはパリのシャトレ裁判所と、方々に無駄なポストを新設し、つまりはルイ十二世式に官職を売りに出したり、さらに王家の直轄領を切り売りしたり、税収を担保に公債を発行したり、最後は再び借金、場合によっては有無をいわさぬ強制借り入れに訴えることまでした。

あの手この手を使いながら、フランソワ一世は死ぬまで金欠病と戦うことになる。救われようがないというのは、どれだけの金を集めて、どれだけ厳正に管理しても、この王には倹約という頭がないからである。それどころか、前より金が集まるほど、前より大きく使ってしまう。結果、フランス王家の財政規模は五百万リーヴルから七百万リーヴルとなり、また一段と拡大した。「税金の父」であるシャルル五世、暴君と恐れられたルイ十一世、そして陽気な浪費家のフランソワ一世と、ホップ、ステップ、ジャンプの三段跳びで膨張したのだ。

それでも足りない。まだまだ足りない。話を統治初年に戻せば、さしあたりの一五一九年にも、フランソワ一世を待ち受けたのは大散財の運命だった。

一五一九年一月十二日、神聖ローマ皇帝マクシミリアン一世が崩御した。フランス王家の歴史とも因縁浅からぬ男だ。さておき、その領地領国については子孫が相続したが、皇帝の位だけは世襲ではない。一三五六年の金印勅書で定められた通り、ドイツで選帝侯と呼ばれる七人の領邦君主が選挙を行い、その結果で決められる。マクシミリアン一世の死後には、二人の候補者が名乗りを上げた。ひとりがスペイン王カルロス一世で、そういうとドイツに関係ないようだが、きちんとハプスブルク家の血筋で、前皇帝の直系の孫である。もうひとりがフランソワ一世で、フランス王として初めて、というより空前絶後の振る舞いとして、皇帝選挙に出馬した。

皇帝は王より上の位である。それを望んで、まさに派手男の面目躍如だが、それはそれ、全体なんのつもりだったか。ハプスブルク家に対する牽制か。まさか本気で皇帝になろうとしたのか。どうでも自分が目立たなければ気が済まなかったのか。フランソワ一世は、少なくとも選挙には勝とうとした。もう一月の末には選帝侯との交渉のために、ジャン・ダルブレ、ギョーム・ドゥ・ボニヴェ、シャルル・ジローと、側近たちをドイツに送りこんだ。交渉というが、買収工作である。その賄賂も桁が違う。四十万エキュと弾き出された金策のため、五月には六十万リーヴルの臨時課税を行い、例によって足りないので、また無駄な官職を新設し、また王家の直轄領を切り売りし、最後に得意の借金に走りとしたが、結果からいえばフランソワ一世の努力は報われなかった。

相手が悪い。フランソワ一世は金換算で一・五トンを叩《はた》いたが、スペイン王カルロス一世は二トンを用いた。あちらにはグァルテロッティ、フォルナリ、ヴィヴァルディというイタリアの銀行家、そしてヴェルザー、なかんずくフッガーというドイツの銀行家がついていた。それらの貸し出しによる資金力で賄賂の額を上回り、選帝侯たちの買収に成功したのだ。一五一九年六月二十八日、十九歳の若者は「カール五世」の名前で神聖ローマ皇帝に即位した。フランスを取り囲むようにして、スペイン、ドイツ、イタリアの各地に君臨する、超国家的政治体の主の誕生だった。

このカール五世だが、生まれがフランドルのヘントだった。なんの皮肉か、母語はフランス語で、そうするとシャルルと呼ぶのが本当なのかもしれない。スペイン王というのは、母フアナがカスティーリャ女王だったからである。父フィリップはといえばフランドル伯で、この線からは今日のベルギー、オランダに相当する一帯、いうところの低地諸州(Pay Bas)も相続している。父方の祖父は皇帝マクシミリアン一世だが、祖母は最後のブールゴーニュ公シャルル突進公の娘、あのマリー・ドゥ・ブールゴーニュなのだ。

カール五世自身、数々の称号に並べて、ブールゴーニュ公を名乗っていた。公家の金羊毛騎士団を受け継ぎ、ブールゴーニュ公領の奪還をあきらめず、死後は首邑ディジョン近郊のシャルトル修道院付属教会、つまりはフィリップ、ジャン、フィリップの三代が眠るブールゴーニュ公家の墓所に葬られたいと望むなど、その末裔《まつえい》たる意識も強かった。カールという名前からして、シャルル突進公に因《ちな》んだものなのだ。

してみると、フランス王ルイ十一世とブールゴーニュ公シャルルの死闘は、まだ終わっていないというべきか。あるいはオルレアン公ルイとブールゴーニュ公ジャンという、それぞれの先祖が演じた闘争が、ヨーロッパ全土的に規模を大きくしながら、ここに再現されたと形容するべきなのか。いずれにせよ、フランソワ一世とカール五世は以後、まさに終生のライバルとして、互いに鎬《しのぎ》を削ることになる。

カール五世との戦い、第一ラウンド

皇帝選挙が終わった一五二〇年も、フランソワ一世は金策だった。平民が貴族領地を購入した際に納める新税を設けたり、パリ会計院の評定官やら主査やらを新設して、その官職を売りに出したり。考えていたのは、戦争の再開だった。カール五世を打ち負かして、どうでも選挙の仕返しをしなければ、気が済まないというわけだ。一五二一年三月には開戦したが、それにしても無理矢理な口実を設けたというか、はじめは二義的な戦いにすぎなかった。

ひとつがナバラ戦争だった。フランスの豪族アンリ・ダルブレがナバラ王を名乗っていたが、その小さな王国は一五一二年の戦争で、ピレネの南側をスペイン王に征服されていた。それを取り返すための戦争を、フランソワ一世は支援したのだ。もうひとつがブイヨン戦争で、こちらで支援したのが竹馬の友のロベール・ドゥ・ラ・マルクだった。フランスとドイツの双方に領地を持つ貴族だが、帝国内の領地ブイヨン公領を巡って、かねてから皇帝と対立してきた。そのラ・マルクの耳に囁き、王はルクセンブルクに侵攻しろ、皇帝側の要塞を攻め落とせ、きっと助けてやるからと唆《そそのか》したのだ。

結果をいえば、ナバラ戦争は戦果を挙げられなかった。ブイヨン戦争のほうは逆に攻めこまれさえした。反攻の皇帝軍がブイヨン公領を占領、さらにフランスに侵攻したのだ。八月三十日から着手したのがメズィエールの包囲だったが、都市を守るは生ける伝説バヤール卿だった。その抗戦に引き揚げを余儀なくされてからは、カール五世のほうも思うに任せなくなった。フランソワ一世が王軍を率いて駆けつけると、睨み合いが一年も続いた。どちらも引かずに意地を張ったが、どちらにも動けない事情があった。皇帝はスペイン、そしてドイツの政情不安に、王はいつもの金欠に、それぞれ悩まされていたのだ。

動いたのが、イタリアだった。ミラノの国王総代が、王の寵姫シャトーブリアン夫人の兄、ロートレック副伯オデ・ドゥ・フォワだったが、これが一五二二年四月二十九日のビコッカの戦いで、フランチェスコ・スフォルツァに敗れた。前ミラノ公の弟は皇帝、教皇、さらにイングランド王の支援まで受けていたのだ。ミラノ公領は失われ、またジェノヴァも皇帝軍に占領された。当然フランソワ一世は奪還に乗り出す。一五二三年八月、フランス軍にスイス傭兵を合わせて、全部で三万の軍を集めると、それを新しい国王総代ボニヴェ卿に預けた。ここで起きたのが、ブルボン大元帥の裏切りだった。

モンパンシェ伯シャルル・ドゥ・ブルボンは一五一五年一月十二日、フランソワ一世が即位したときの大盤ぶるまいで、フランス大元帥の位を与えられていた。それが一五二一年から二二年にかけて、俄かに不仲に陥った。モンパンシェ伯家はブルボン公家の分家だが、本家が男子なく断絶したとき、自分が相続しようとして、それをフランソワ一世に反対されたのだ。不満を見透かしたのがカール五世で、数度の引き抜き交渉を経た一五二三年十月、ブルボン大元帥は遂に主替えを決めた。その参戦で戦局が悪化したのだ。

大元帥と皇帝の攻勢に、ボニヴェ卿は一五二四年四月に戦線を引き揚げた。帰り着いたフランスも、また窮地に追いこまれていた。南東のプロヴァンスにはイタリアを北上したブルボン大元帥が、南西のピレネからはカール五世が、東のブールゴーニュからはその弟のフェルディナンド大公が、そして北東のピカルディからはイングランド王ヘンリー八世が、それぞれ侵攻してきたのだ。まさに四面攻撃だったが、フランソワ一世は当座を凌ぐと、意外な決断を下した。自信家の楽天家には意外でも何でもないのかもしれないが、とにかく王はしっかり守備を固めるのでなく、攻撃は最大の防御と再度イタリアに乗りこんだのだ。

十月二十六日にはミラノ市を攻略、皇帝軍を大いに慌てさせた。フランソワ一世は二十七日にはパヴィア市に向かったが、今度は簡単に落ちなかった。真冬に包囲戦を強行したあげくに迎えたのが、一五二五年二月二十五日のパヴィアの戦いだった。郊外で戦われた野戦は、あるいはパヴィアの惨劇というべきか。

フランス王軍は大敗した。ボニヴェ卿、ラ・トレムイユ、ラ・パリス卿、ジョルジュ・ダンボワーズ、ジャック・ダンボワーズ、オデ・ドゥ・フォワ元帥、そして王の叔父ルネ・ドゥ・サヴォワ、義兄アランソン公シャルルと、多くの要人が戦死した。捕虜に取られた者も少なくなく、ナバラ王アンリ・ダルブレ、モンモランシー、フィリップ・ドゥ・ブリオン、なかんずくフランス王フランソワ一世自身が、この戦いで敵の手に落ちてしまった。

マドリッド条約

フランス王である立場を忘れたか、あるいは取り巻き連中の、騎士王だの、ヘラクレスだのと囃《はや》す御追従《おついしょう》に浮かれたのか、ひとり騎馬突撃を敢行したあげくに孤立して、フランソワ一世は捕虜に取られた。前にも聞いたような話だ。ヴァロワ朝の二代、ジャン二世にそっくりだ。二王とも鬚の肖像画を残していて、顔までそっくりな気がするからには、あるいは先祖返りなのか。前例あれば前代未聞とはいえないながら、そのジャン二世のときを思い出しても、政治危機は避けられない。

フランソワ一世はパヴィア市内のシャルトル派の修道院、クレモナ近郊のピッツィゲットーネ要塞と移され、それからスペインのマドリッドに送られた。一五二五年八月のことだ。出発前に母親ルイーズ・ドゥ・サヴォワを摂政に任じていたので、幸いにしてフランス王国の統治は揺るがなかった。幸運といえば、カール五世もドイツ対策、イタリア対策、さらにトルコ対策と追われて、フランス王との戦争は続けられなくなっていた。自然と和平条約を締結する流れになったが、その交渉が難航した。

摂政ルイーズ・ドゥ・サヴォワは粘り強く、また巧みだった。低地諸州の総督で、皇帝の叔母にあたるハプスブルク家のマルガレーテに働きかけ、あるいはイングランド王ヘンリー八世に持ちかけて、それぞれ個別に休戦協定を結んでいくことで、カール五世が切れる手札を減らしていく。とにかく王を解放してほしい、してくれれば最大限に譲歩するという線で、みるみる話を詰めていく。

母親がこうまでがんばっていたかたわら、マドリッドのフランソワ一世は全体何をしていたかといえば、どうやら女性を口説いていたらしい。カール五世にエレオノールという姉がいて、ポルトガル王に嫁いだものの、その夫に先立たれ、仕方なくマドリッドに戻っていた。このまま未亡人で終わるしかないかと思いきや、やってきたのが見上げる長身で、お洒落で、愛想がよくて、話し上手で、つまりは男性としての魅力だけは抜群というフランソワ一世だったのだ。

ふと小耳に挟んだところ、この王は一五二四年七月にクロード王妃に先立たれ、今は独身なのだという。フランス王の玉座に戻してやった暁には、自分がフランス王妃になれるかもしれないと想像すれば、エレオノールの心はたちまちにして躍り出す。もう弟皇帝を説得しないではいられなくなるという寸法だから、それはそれで、女たらしの手管も立派な外交手腕なのかもしれない。

一五二六年一月十四日、かくて結ばれたのが、マドリッド条約だった。牢内で署名したフランソワ一世は、ブールゴーニュとトゥールネをカール五世に移譲する、フランドルとアルトワに関する宗主権を放棄する、イタリアに関する領有権の主張を全て取り下げる、ブルボン大元帥を復権させる、ローマ教皇、ヴェネツィア共和国、アルブレ、ラ・マルクらとの同盟を解消する、そしてエレオノールと結婚する、等々の義務を負うことになった。空手形にしないように、フランソワ一世の二人の息子、長男の王太子フランソワと次男のオルレアン公アンリが、みがわりの人質としてスペインに来ることも決められた。

二月二十一日付で解放されると、フランソワ一世は二十四日、フィリップ・ドゥ・ブリオンを提督に、フルランジュを元帥に、モンモランシーを宮内大侍従に、ガリオ・ドゥ・ジュヌイヤックを宮内大従士に任命して、一緒に囚われていた面々に得意の大盤ぶるまいだった。それからスペインを横断し、三月十七日には国境のビダソア河に到着した。フランス側では辣腕の摂政ルイーズ・ドゥ・サヴォワが、「私のカエサル」の帰還を涙ながらに出迎えた。老いた母親に抱きしめられ、貰い泣きのフランソワ一世がこれに懲りたかといえば、もちろん、そんな殊勝な玉ではない。

カール五世との戦い、第二ラウンド

五月十一日、フランソワ一世はマドリッド条約の取り消しを求める手紙を出した。いや、イタリアに関しては譲るから、そちらもブールゴーニュはあきらめろ、二人の王子の身柄解放は金で解決させてほしい、等々を皇帝に持ちかけたのだ。七月にはブールゴーニュ三部会を召集して、三身分の名においてマドリッド条約の批准を拒否させることもした。まさに舌の根も乾かぬうちという話で、カール五世も腹に据えかねたに違いない。

が、だからと報復に出られるかといえば、それも簡単ではなかった。

勝ちすぎる奴は嫌われる。その理《ことわり》で揺り返しが起きていた。フランス王を中心に、ローマ教皇、ヴェネツィア共和国、フィレンツェ共和国、ミラノ公国までが集まり、いわゆる「コニャック同盟」を結成したのは、これまた素早い五月二十二日の話だった。カール五世は国際政治の舞台で孤立を強いられた。物事は裏目裏目と転がるもので、一五二七年五月六日には、悪名高い「ローマの劫略《サッコ・ディ・ローマ》」が起きた。ブルボン大元帥が率いる皇帝軍がローマを攻め落とし、それから八日というもの、略奪、放火、虐殺のかぎりを尽くしたのだ。ブルボン大元帥は攻略戦の最中に敵の砲弾に倒れ、残された皇帝が汚名を着ることになった。ローマ教皇クレメンス七世に派兵を請われて、フランス王には好機到来だった。

フランソワ一世は六月十八日、やはり汚名挽回に燃えるロートレック副伯をイタリア方面軍の国王総代に任命した。アルプスを越えた四万の大軍は、因縁のパヴィアを含めた諸都市を陥落させながら、ミラノ公領を占領していた皇帝軍を一蹴した。フランスに留まる王は、その間に名士会議を召集した。王国三身分の名において、マドリッド条約を正式に破棄したのは、十二月十六日のことだった。カール五世のほうはといえば、怒髪天を衝く体《てい》だったに違いない。年が明けた一五二八年にはフランソワ一世に決闘を申し込み、教皇には一対一の勝負の立会人を頼んだと伝えられるが、それくらい熱くなって、もう収拾がつかない。

フランス王軍の優勢は続いた。ミラノを押さえたロートレック副伯は、軍勢をナポリ王国に南進させた。フランス王が領有を主張するもうひとつの王国だが、今はスペイン王家の支配となって、やはり皇帝軍が守りを固めていた。緒戦は押したフランス王軍だが、七月からは劣勢に追いやられた。折悪くペストが上陸し、八月にはロートレック副伯も亡くなった。九月には撤退を強いられ、ジリジリと北へ北へと退却するうち、ミラノまで危うくなった。一五二九年六月二十一日、サン・ポル伯のフランス王軍がランドリアーノの戦いに敗れ、これで万事休すだった。

フランソワ一世としては、勝負はこれからという気分だったかもしれない。カール五世にしてみても、これくらいでは許さないと、まだまだ気持ちが収まらなかったに違いない。カアアと頭に血が上るまま、わけがわからなくなっているというほうが正鵠《せいこく》を射るだろうが、だからこそ動いたのは女たちだった。フランス王の母摂政ルイーズ・ドゥ・サヴォワと、皇帝の叔母で、こちらも母親がわりという低地諸州総督マルガレーテ・フォン・ハプスブルクのことで、実をいえば両者は一五二八年五月頃から接触を始めていた。

その努力が結実したのが、一五二九年八月三日のカンブレ条約である。フランス王はフランドルとアルトワの宗主権を放棄する、ナポリ、ミラノはじめイタリアにおける領有権を断念する、故ブルボン大元帥を復権させると義務づけられたが、実質的な損失はトゥールネとエダンの二市のみだった。ブールゴーニュの割譲要求も取り下げられ、皇帝側の大幅譲歩といえる内容である。二人の王子の解放についても、身代金二百万エキュで話がついた。解放時に半額の百万エキュを支払い、残る百万エキュについては、そのうち五十万エキュはヘンリー八世に支払うものとされた。その金額でカール五世はイングランド王に借金をしていたからだが、具体的な手続きはどうあれ、ひとまず戦争は終わりである。カンブレ条約は、世に「貴婦人たちの和平（Paix des Dames）」と称えられている。

宗教改革

平和が戻ると、フランソワ一世は一五三〇年三月、パリに「王立教授団による高貴なる三言語学院」を設立した。三言語とはラテン語、ギリシャ語、ヘブライ語のことだが、さておき、これが現代まで受け継がれるフランスの最高学府、コレージュ・ドゥ・フランスの起源である。ヘレニズム学のトゥーサン、そしてパネース、ヘブライ学者のヴァタープル、数学者のキネと、当時から講師陣には最高の頭脳が揃えられていた。

最高といえば、神学の殿堂ソルボンヌ学寮を筆頭にパリ大学こそ最高とされてきたが、その学風は旧弊の憾《うら》みを免れなくなっていた。ルネサンスといえば人文主義だが、その人間を中心に据える新しい思考に、神を中心に据えてきた古い思考は、早晩反発しないでいられないのだ。フランソワ一世が王立教授団を設立したのも、パリ大学という中世的権威から離れて、人文主義者たちに自由に学問を深めさせる意図からだった。その王立教授団の聴講生には、ドラ、ラミュ、アミヨというような人文主義者たちに混じって、ジャン・カルヴァンの名前もみつかる。

宗教改革の波が高まっていた。ヴィテンベルク大学のマルチン・ルターが、マインツ大司教アルプレヒトに九十五条の論題を突きつけたのは一五一七年十月三十一日で、すでにドイツでは新教プロテスタントと旧教カトリックの間に、深刻な対立が惹起されていた。が、その波をフランスは比較的穏やかに受容した。「福音主義」を唱えたルフェーヴル・デタープルはパリ大学の教授だったし、この国では改革派と同義である「モー学派」も、モー司教ギョーム・ブリソネに因んだ命名だった。

司教というからには旧教の聖職者だが、作家フランソワ・ラブレーのパトロンとして有名なパリ司教ジャン・デュ・ベレも、ジェラール・ルーセル、ノエル・ベーダというような改革派を庇護していた。これらと積極的に交流したのが、王の姉で自身も人文主義者で知られるマルグリット・ドゥ・ヴァロワなのだ。その感化も見逃せないながら、こうした全てはフランソワ一世という自由かつ柔軟な知性を有する王あっての話だろう。

一五三〇年六月、ドイツが満身創痍《そうい》でアウグスブルクの国会開催まで漕ぎつけたその年も、フランスでは穏やかな日々が続いていた。スペインからは二人の王子、王太子フランソワとオルレアン公アンリも無事に帰ってきた。エレオノール・フォン・ハプスブルクも同道して、とうとうフランス王妃になった。一五三一年九月二十二日には、王母ルイーズ・ドゥ・サヴォワが隠れた。悲しみを紛らわせるためか、その十一月からフランソワ一世は再び全国行脚に出た。

ピカルディに始まり、ノルマンディ、さらにブルターニュを訪ねた一五三二年八月には、ブルターニュ三部会を召集、王太子に「ブルターニュ公フランソワ三世」を名乗らせながら、公領の特権を尊重するという条件で、その王領編入を認めさせた。パリで冬をやりすごすと、一五三三年三月には東のシャンパーニュに出発、そこから中央高地に入り、さらに南のプロヴァンスに抜け、十月二十八日にはマルセイユで、今度は次男オルレアン公アンリを結婚させた。花嫁はカタリーナ・デ・メディチ、フランス語で「カトリーヌ・ドゥ・メディシス」と呼ばれることになる、前ローマ教皇レオ十世（ジョヴァンニ・デ・メディチ）の甥の娘だった。成立したのは、ときの教皇クレメンス七世（ジュリオ・デ・メディチ）との同盟である。

さらにラングドック、リヨネ、ブールゴーニュと回り、フランソワ一世がパリに戻ったのが一五三四年二月九日、全部で二年以上の大旅行となった。四月にはジャック・カルティエ船長を、サン・マロ港から新大陸に送り出した。アステカを征服したスペインに負けじとする試みで、カルティエは数度の航海でラブラドール半島、サン・ローラン河と発見して、カナダ植民の道を開くことになる。七月には古代ローマの軍団（legio）に準《なぞら》えて、国民軍団（légion）の創設を発表した。教区ごとに兵士を出させて、全部で三万四千の歩兵隊を組織する、いわば近代の国民皆兵制を先取りする試みである。結局うまくいかなかったが、フランソワ一世がやることは大胆というか、相変わらず派手である。

その陽気な表情を怒りに曇らせたのが、プラカード事件だった。一五三四年十月十七日から十八日にかけた深夜、「我らが主、唯一の仲保者にして救い主なるイエス・キリストの聖晩餐にまっこうから逆を行き、でっちあげられた教皇の恐るべき誤謬《ごびゅう》……」と云々する檄文《げきぶん》が、フランス中いたるところに貼り出された。ヌーシャテルの牧師アントワーヌ・マルクールらによる組織的な犯行、というか扇動行為だったが、これが王の逆鱗《げきりん》に触れた。その夜はアンボワーズ城にいた王だが、その寝室の扉にまで檄文が貼られたからだ。自由な考え方をするかたわら、フランソワ一世は自己顕示欲の塊のような男である。王たる地位をないがしろにされた、プライドを傷つけられたとなれば、もう許せない。

一五三六年三月、ジャン・カルヴァンは有名な『キリスト教綱要』を発表し、それをフランソワ一世に捧げたが、時すでに遅しだった。王の態度が変わり始めた。もはや王家は宗教改革を歓迎しなくなっていた。一五四〇年六月一日、フランソワ一世はフォンテーヌブロー勅令で、高等法院と全ての司法機関に、全土における異端撲滅を厳命した。異端というのは新教の信仰のことだが、そう呼んで断罪するカトリック教会に、従前は全ての対処を委ねてきた。あくまで信仰の問題としてきたわけだが、もはや政治問題だとして、向後は王家の役人が取り締まることになった。

王の姉マルグリット・ドゥ・ヴァロワも、今や遠くピレネ山麓だった。パヴィアの戦いで夫のアランソン公が亡くなったため、ナバラ王アンリ・ダルブレと再婚したからだが、王妃として領国に引き籠るようになったというのも、風当たりが強くなったモー学派を僻地に集めて、安全に庇護するためだった。

カール五世との戦い、第三ラウンド

繰り返すが、フランソワ一世は本来的には自由な精神の持ち主である。実をいえば、一五三二年からドイツのルター派諸侯と接触し、そのシュマルカルデン同盟と協約も結んでいた。一五三四年末頃からは、オスマン・トルコ皇帝スレイマン一世と同盟締結の交渉に乗り出している。この相手は宗教改革派どころか、イスラム教徒なのである。

宗教は宗教、政治は政治で、そこは簡単に割り切れる。が、それもフランス王たるプライドが危うくされれば、いきなり許せなくなるのだ。裏を返せば、自分のプライドが一番である。それを誰より傷つけた仇敵が、神聖ローマ皇帝カール五世なのだ。この男を倒せるなら、どんな相手とも手を組めるというわけで、ルター派やイスラム教徒との同盟も、再戦を見据えたうえでの話である。

ほどなく機会も訪れた。一五三五年十一月一日、スフォルツァ家のミラノ公フランチェスコ二世が亡くなった。その遺領をフランソワ一世は、次男オルレアン公アンリのために要求したが、これにカール五世が異議を唱えた。それくらい先刻お見通しと、四万のフランス王軍は、すでにリヨンに集結していた。はじめから、やるつもりだったのだ。一五三六年一月十四日、国王総代フィリップ・ドゥ・シャボは軍勢をイタリアに進発させた。二月のうちにピエモンテを征服したが、これにカール五世も真正面から反攻した。

フランス王軍をイタリアから追い払うと、そのままの勢いで皇帝軍はプロヴァンスに侵攻した。カール五世は「アルル王」の称号を取り、あるいは本気だったかもしれない。その攻勢にフランス王軍の新指揮官モンモランシーは、徹底した焦土作戦で応じた。ほぼ同時に北でも戦端が開かれた。ナッソー伯が率いる皇帝軍が低地諸州からピカルディに侵入、ペロンヌ市の包囲にかかった。が、南北とも戦果が上がらない。

南北とも土台が無謀な作戦であり、皇帝軍は九月には引き揚げるしかなくなった。相手がフランソワ一世となると、カール五世も前後の見境がなくなってしまう。戦争は、そのまま尻窄《しりすぼ》みになった。教皇パウルス三世の仲裁で、一五三八年六月十八日には十年の休戦となった。さしあたりピエモンテの一部まではフランス王が取り、ミラノは神聖ローマ皇帝が握る格好である。

二人の女の争い

王は宮廷に戻ったが、そこでも戦いが行われていた。それも二人の女の戦いだった。一方が、名前をエタンプ公爵夫人アンヌ・ドゥ・ピスルーといった。一五二六年、王母ルイーズ・ドゥ・サヴォワの侍女をしていたところ、囚われのマドリッドから戻ったフランソワ一世に見初められ、それから王の寵姫になっていた。他方がディアーヌ・ドゥ・ポワティエで、こちらは王太子アンリの愛人だった。少し前までオルレアン公アンリといったが、一五三六年八月十日に兄のブルターニュ公フランソワが急死して、王太子に昇格したのだ。その頃から抱えた愛人が、ノルマンディ大セネシャルを務めたルイ・ドゥ・ブレゼの未亡人、ディアーヌ・ドゥ・ポワティエだった。

アンヌは王の寵姫、ディアーヌは王太子の愛人なので、恋敵というわけではない。華やかな金髪に青い瞳のアンヌは、その天真爛漫な明るさが魅力という、なるほど年上の男に愛されるタイプである。ディアーヌのほうは栗毛の髪に鳶色《とびいろ》の瞳で、しっとりと落ち着いた佇《たたず》まいは、こちらも、なるほど若い男の心を捕らえて離さない。それぞれタイプも違うことだし、うまく住み分けできそうな気もするが、ひとつところにいるかぎり、そうそう簡単なものではなかったらしい。

なにかと張り合い、あるいは陰口を叩き、不穏な噂話を流しては、相手を破滅させようとする。不仲に陥るのは仕方なかったかもしれないが、ひとつところも、ひとつ宮廷であるならば、仕方がないでは済ませられない話もある。アンヌ・ドゥ・ピスルーはフランソワ一世の寵臣、フランス提督フィリップ・ドゥ・シャボと連携し、ディアーヌ・ドゥ・ポワティエは王太子アンリの気に入りで、また王の覚えもめでたく、一五三八年二月十日にフランス大元帥に昇進したばかりという、アンヌ・ドゥ・モンモランシーと連携したからである。あるいは王の寵姫と王太子の愛人が、シャボ派、モンモランシー派というような宮廷派閥と、それぞれ結びついたというほうが正しいか。

鎬《しのぎ》を削る争いが表面化したのが、一五三八年九月の尚書官任命問題だった。フランソワ一世は、ギョーム・ポワイエを任命した。その起草により出されたのが一五三九年八月十一日のヴィレル・コトレ勅令で、全部で百九十二条を数える大がかりな司法改革の試みだった。その三条において全ての公文書では「フランスの母語」を使うように定め、つまりはフランスにおける公用語指定の始まりとしても知られる勅令だが、いずれにせよ、万端まとめたポワイエは非常な能吏だったといえる。

この人事にシャボが噛みついた。ポワイエがモンモランシー派に属したからだ。ディアーヌの立場が強くなる、看過ならないとアンヌ・ドゥ・ピスルーも身を乗り出し、王に取り消しを働きかけた。ところが、この普段は陽気で鷹揚《おうよう》な王も、他面で唯我独尊というか、少しでもプライドが傷つけられると、とたん見境なくなる性格である。朕のやることに異を唱えるかと、このときもフランソワ一世は激怒した。エタンプ公爵夫人アンヌは失寵を免れたが、シャボのほうは半ば失脚の憂き目である。

モンモランシー派は攻勢に拍車をかけた。一五四〇年二月、シャボの不正を俄かに取り沙汰すると、尚書官ポワイエに特捜部を組織させた。一五四一年二月には権力濫用と大逆罪で弾劾する運びとなり、提督は公職追放、身分剝奪、四十万リーヴルの罰金とヴァンセンヌ城禁固を科されることになった。が、判決は司法機関が出したものだ。フランソワ一世は関与していない。それならば王のプライドを傷つけるわけではないと、エタンプ公爵夫人アンヌは動いた。正義を行えるのは陛下しかおりませんと、逆にプライドをくすぐったか、もう三月には介入を引き出して、罰金の取り消しに成功した。

王太子アンリの支持を幸いとして、王国の司法を私物化するにも程があると、フランソワ一世が怒りの矛先を向けたのは、今度はモンモランシーだった。気に入らない本当の理由というのは、大元帥が和平論者であることだった。フランス王はブールゴーニュを保持するかわりイタリアをあきらめると、一五二九年のカンブレ条約で答えは出ているのだから、カール五世と条約を結んで、長きに及んだ闘争を終わりにしようという考え方は、賢明な政見だったかもしれない。が、それが王には断じて気に入らなかったのだ。

フランソワ一世は七月、モンモランシーを宮廷から追放した。十一月にはデンマーク王ならびにノルウェー王と、一五四二年三月にはオスマン・トルコのスレイマン大帝と正式な同盟を取り結び、七月にはスウェーデン王まで加えた。北の勢力、東の勢力と手を組んで、フランス王が挟撃を狙うのは、神聖ローマ皇帝の領土しかありえない。カール五世討つべしと叫ぶ主戦派がシャボ提督で、このときには復権を果たしていた。八月には尚書官ポワイエが、逆に失脚させられる定めである。女たちの張り合いがあり、派閥の争いがありながら、結局ぶれずに我を通すという我儘男が、フランソワ一世ということか。

カール五世との戦い、最終ラウンド

フランソワ一世は一五四二年七月十日、リニィ・アン・ヴァロワの勅状でカール五世に宣戦布告した。皇帝が国境に圧力を加えた、フランス王の領土を不法に占拠した、イスタンブールに向かうフランス大使二人がスペイン王軍の兵士に殺害された、等々と理由は並べられたが、つまるところは、とにかく戦いたいということだ。フランス王軍も、すぐさま動いた。北の戦場では、三番目の王子で新しいオルレアン公シャルルとギーズ公父子が率いる軍勢がルクセンブルクを、ヴァンドーム公シャルル・ドゥ・ブルボンの軍勢がフランドルを、それぞれ攻めた。南の戦場では王太子アンリとアンヌボー元帥がスペイン王下のルシヨンに侵攻し、八月にはペルピニャンの包囲にかかった。

一進一退の攻防が続いた。一五四三年二月にはイングランド王ヘンリー八世が再び皇帝と同盟したが、こちらも同年八月、アンギャン伯フランソワ・ドゥ・ブルボンが地中海岸の都市ニッツァ（ニース）を攻めたところに、トルコ海軍が駆けつけた。いっそう梃入《てこい》れするために、いっそう軍資金が必要だと、一五四三年三月にはトゥールーズで二十、ボルドーで十五、ルーアンで十五、グルノーブルで四、四月にはグルノーブルだけ追加でさらに二と、各高等法院で評定官のポストを増設して、派手に売り出している。十二月までにはディジョンでも会計院主査二、高等法院評定官一と増やし、全国のバイイ代官所、セネシャル代官所のポストも増やして、まさしく大売出しの体《てい》である。

甲斐あってか、ピエモンテに進んだアンギャン伯は一五四四年四月十四日、チェレゾーレの戦いで大勝した。が、六月からはフランス国内が危機に見舞われる。イングランド王軍が北岸の都市ブーローニュの包囲にかかり、七月には皇帝軍が東からシャンパーニュに侵攻してきたのだ。八月十七日にはサン・ディディエを陥落させ、ヴィトリ、エペルネ、ジョワンヴィル、シャトー・ティエリと進んで、いよいよパリを脅かす勢いを示す。

ここでフランソワ一世も観念した。若い頃であれば、まだまだ戦い続けたのかもしれないが、さすがに五十歳である。主戦派のシャボも一五四三年六月に没していた。フランス提督を継いだアンヌボーが代表で送りこまれ、ソワソンでカール五世と話し合いを始めたのが九月十二日、クレピィ・アン・ラノワで和平条約が結ばれたのが十八日である。フランス王はイタリアにおける領有権を全て放棄する。それでもオルレアン公シャルルがカール五世の姪と結婚したときには、皇帝はミラノを持参させる。フランス王はフランドルとアルトワの宗主権を放棄する。それでもオルレアン公シャルルがカール五世の娘と結婚したときは、皇帝は低地諸州を持参させる。フランス王は神聖ローマ皇帝の対オスマン・トルコ戦争に援軍を出さなければならない。かかる条件で戦争は終幕した。いくらか先の一五四五年九月九日には、そのオルレアン公シャルルが急死するのであったが……。

ヘンリー八世との戦争だけが残った。イングランド王は一五四四年九月十三日にブーローニュを陥落させると、さらにモントルイユに進軍していた。これを王太子アンリが迎撃、モントルイユから敵を退かせたばかりか、ブーローニュ奪還作戦にも着手した。落としどころが一五四六年六月七日のアルドル条約で、イングランド王は八年分割で二百万リーヴルが支払われるという条件で、ブーローニュをフランス王に返還した。

平和が戻った。フランソワ一世は八月に再び王国行脚の旅に出た。フランス中を陽気な行列が練り歩く。それは変わらないながら、どれだけの意味があるのかわからない、しばしば単なる意地の張り合いとしか思われない戦争を際限なくして、やはり疲れた感は否めなかった。八月二十一日にリヨンに入城すると、王が一番に手がけた仕事が三万六千リーヴルの臨時課税、つまりは兵隊に給与を支払うための金の無心だった。

自分でもがっくり来たのか、ほどなく体調を崩してしまう。一五四七年三月三十一日、旅の途上のランブイエで隠れたとき、フランソワ一世の胸に去来したのは、とんだ馬鹿をやらかしたという後悔の念だろうか。あるいは逆に、やりたいことをやりつくしたという充足感か。聞いてみたいと思いついても、それは王のみぞ知る人間の真実である。

第十章　アンリ二世（一五四七年〜一五五九年）

気難し屋

フランソワ一世を継いだ王太子アンリは、フランス王に即位して、アンリ二世を称した。二十八歳という年齢は、若すぎず、老いすぎず、王になるには理想的な年齢だった。二メートルとはいわないながら、父王譲りで背も高く、端正な顔立ちは母親譲りか、やや目尻が垂れて甘い感じがあるほどに、フランソワ一世より美男である。臣下としては誇らしくも、嬉しくも思えるような、これまた見栄えのする王なのである。

とはいえ、アンリは「気難し屋（le Beau ténébreux）」で知られていた。父王に対しても、一心に慕うとかはありえない。逆らい、張り合い、もちろん忠告に素直に耳を傾けることなどない。

「モンモランシーだけは呼び戻すな」

アンリ2世

レンヌ美術館

追放を決めて以来、フランソワ一世は何度も繰り返したが、アンリ二世は一五四七年三月三十一日にフランス王になるや、もう四月一日にはそのアンヌ・ドゥ・モンモランシーを宮廷に呼び戻した。「フランスの譜代筆頭（premier baron de France）」と持ち上げながら、フランス大元帥、フランス大侍従、バスティーユ、ヴァンセンヌ、ナント、サン・マロ諸城の守備隊長、ラングドック州総督、コンピエーニュとボーモン・シュール・オワーズ諸都市の総督と、ひとりが兼ねるには多すぎるような諸職も安堵《あんど》してやった。弟のロシュポ卿アントワーヌ・ドゥ・モンモランシーはパリの国王総代に、甥のコリニィ卿ガスパール・ドゥ・シャティオンは歩兵隊司令に、それぞれ任じることともした。

「女たちの好きにさせることなかれ」

これもフランソワ一世の遺言である。いよいよ、あんたにいわれたくないといったところで、アンリ二世は王太子時代からの愛人にも、ますます手厚いばかりだった。もはや寵姫と呼ばれるべきディアーヌ・ドゥ・ポワティエには、シュノンソー、アネ、ノジャン、ブレヴァル、モンショレの諸領を与え、止《とど》めに「ヴァランティノワ公爵夫人」の称号まで贈った。同四月一日の人事ではギーズ伯クロード・ドゥ・ロレーヌをブールゴーニュ州総督に任じているが、これもディアーヌ・ドゥ・ポワティエの人脈にいたからである。その次男のオマール公が長女と結婚して、娘婿になっていたのだ。五月二十九日には、スダン大公ロベール・ドゥ・ラ・マルクがフランス元帥になるが、これまた次女と結婚しているディアーヌの義理の息子である。

余談ながら、前王の寵姫だったエタンプ公爵夫人は追放された。いや、フランソワ一世が死ぬと、自ら領地に下がったが、それをディアーヌ・ドゥ・ポワティエは見逃さなかった。アンリ二世に命令させて、故王が与えた宝石を返させた。法律上の夫エタンプ公爵には、妻を「姦通罪」で告発させた。自城に監禁させたあげく、かつてカール五世と内通していたとも告発して、まさにやりたい放題である。

それをアンリ二世は許して、つまるところモンモランシーとディアーヌ・ドゥ・ポワティエだけは欠かすことができなかった。この二人の存在の重さは、少なくとも父王フランソワ一世のそれに勝る。自由奔放で、自信家の楽天家は、自分勝手で反省がなく、無責任きわまりない男なのであり、元から子供に好かれる父親にはなりえない。アンリ二世が悪感情さえ抱いたとしても、それとして不思議でない。

孤独な王子

それひとつ取っても、好きになれるわけがなかった。それというのは、フランソワ一世の最大の失態とされるべき、カール五世に捕虜に取られた一件のことである。

王は一五二五年二月のパヴィアの戦いで捕らえられ、一五二六年一月のマドリッド条約で解放されたが、このとき約定を違《たが》えない保証として、二人の王子が人質を務めることになった。そのひとりが七歳のオルレアン公アンリこと、若かりし、いや、幼かりし、後のアンリ二世だった。全くひどい話である。要は父親の尻拭いなのだ。なにひとつ落度がない、いや、何が起きているのかさえわからない子供が、住みなれた宮殿を離れ、故国さえ後にしながら、言葉も通じない異国に行かなければならなくなったのだ。

引き渡しは三月十七日の午前七時、ピレネの山裾を流れるビダソア河で行われた。もうひとりの人質、王太子だった兄のフランソワとて、まだ八歳でしかなかった。同情した随員は口々に慰め、励ましたというが、皆に囲まれたのは王太子だけであり、オルレアン公アンリは放っておかれた。一五一九年生まれのアンリは、二番目の王子だった。世の注目はどうしても一歳上の兄、王太子フランソワに集まる。長男は別格と、それについては子供心に理解したかもしれないが、アンリにはシャルルという弟王子もいた。こちらは末子として、やはり可愛がられるポジションである。実際、父王フランソワ一世の愛情は、長男のフランソワでなければ、末弟シャルルに注がれたと伝えられる。アンリは谷間の位置で、普段から無視されがちだったのだ。

その哀れな様子を見逃すことなく、心配りできるとすれば母親である。が、実母のクロード王妃は一五二四年七月二十日に、二十五歳の若さで亡くなっていた。祖母のルイーズ・ドゥ・サヴォワはといえば、溺愛する息子王を迎えることしか頭にない。アンリは本当に独りぼっちで、みるにみかねたということだろう。二人の王子が引き渡しの船に乗る段になって、女官の列から飛び出した者がいた。孤独な王子を抱きしめ、その額に唇を押しつけながら、せめてもの優しさで異国に送り出した女こそ、母親のクロード王妃と同い年で、当時二十七歳のディアーヌ・ドゥ・ポワティエだったのだ。

アンリには忘れられない思い出になった。縋《すが》るような思いで抱き続けた唯一の慰め、唯一の希望でさえあったかもしれない。人質として送られたスペインでは、心細いどころではなかった。王子の扱いとは思われない、ひどい遇され方をした。最初のビラルバ城では、まだしも丁重にもてなされた。フランスから同道した七十人の貴族と百五十人の下僕も一緒だった。待遇が悪化したのが一五二八年一月からで、二人の王子はビラルパンド城に移されたが、御付きはビラルバ城に留めおかれた。それからはフランス人と一緒どころか、フランス語を話すことさえ禁じられ、会話が許されるのはスペイン人だけ、それも王太子フランソワはトバル某、オルレアン公アンリはビベロ某と、それぞれひとりずつに限られた。ベルランガ城、ペドラサ城と移されたが、いずれも住まいは牢屋同然、つまりは剝《む》き出しの石壁で、床は藁布団が敷かれているのみ、家具は据え付けの石椅子だけ、窓も脱獄を防止するため高すぎる位置にひとつきりと、こんな環境なのである。

それを命じたカール五世は血も涙もない、神聖ローマ皇帝の名にもとる、そう責めたくなるのだが、かたわらでは仕方がない、ときに当然とも思えてしまう。一五二七年十二月、皇帝が王子たちの待遇を悪くさせた一月前には、フランス王がマドリッド条約の破棄を正式に宣言しているからだ。あっさり前言を翻したのみならず、イタリアに、フランドルに、戦争まで始めてしまう。二人の王子が人質に取られているにもかかわらず、である。こんな薄情な父親がいるか、こんな無責任な父親があるかと、フランソワ一世は息子に嫌われて、全く当然なのである。

二人の王子の釈放は一五二九年八月のカンブレ条約で決まったが、身代金二百万エキュの算段がついて、実際に解放されたのは、一五三〇年七月一日だった。過酷な人質生活は、実に四年の長きにわたった。この間に二人の王子は性格が変わったという。王太子フランソワは上辺は明るい好漢ながら、神経質な一面も散見されるようになった。オルレアン公アンリは極端な無口になり、ほとんど笑わなくなった。息子たちの心の傷は明らかなのに、父親のフランソワ一世はといえば、一緒にスペインから来たエレオノール・フォン・ハプスブルクと晴れの結婚式なのだ。

トライアングル

成婚祝いの一環で一五三一年三月十六日から一週間、パリで騎馬槍試合が催された。古《いにしえ》の騎士の一騎討ちを模した遊戯だが、これに二人の王子も参加した。騎士道精神の発露というか、選手はその面前でサッと軍旗を降ろすことで、意中の貴婦人に試合を捧げる決まりだった。アンリは金甲冑《かっちゅう》に黒と白のリボン飾りをつけて現れたが、その意味が明らかになったのは、軍旗がディアーヌ・ドゥ・ポワティエの前に降ろされたときだった。ディアーヌは夫のルイ・ドゥ・ブレゼに死なれたばかりで、このとき黒と白のリボン飾りという喪中の印をつけていたのだ。

ビダソア河で優しくしてくれた女官のことを、アンリは忘れず覚えていた。やはり運命の出会いだったのか。とはいえ、このときディアーヌ・ドゥ・ポワティエは三十二歳、アンリは十二歳である。二十も離れているからには、求めたのは専ら母親の面影だったろう。それが男女関係に発展したのは、早ければ一五三六年、遅くとも一五三八年までには、そうなっていたと推測されている。

一五三三年に同い年のカトリーヌ・ドゥ・メディシスと結婚して、十四歳のアンリはすでに妻帯者だった。一五三六年八月十日に兄のフランソワが急死して、王太子にも昇格した。もう日蔭者ではない。人も大勢よってくる。が、偏屈なアンリは信用しない。大事にするのは、お付きの傅役《もりやく》の息子たち、つまりは「御学友」というか、竹馬の友というか、子供の頃から親しくしてきたジャック・ダルボン・サン・タンドレや、シャルル・ドゥ・コセ・ブリサックだけである。二人ともアンリ二世の取り立てで元帥になるが、その上役の大元帥がアンヌ・ドゥ・モンモランシーなのである。

フランソワ一世より一歳だけ上というモンモランシーは、こちらはアンボワーズ城で一緒に長じたという故王の幼馴染である。追放されるまでは、同じように取り立てられたが、そうして頭角を現した宮廷では、王太子アンリの球戯仲間の顔も持っていた。父王としっくりいかない王子にすれば、父親がわりだ。となれば、母親がわりも関わってくる。王太子アンリとディアーヌ・ドゥ・ポワティエが、二十の歳の差を超えて男女の関係になったのは、エクーアン城での一夜だったと伝えられる。これがモンモランシーの持ち城で、今日なお窓を飾る焼きガラスにエロティックな絵画があることで有名である。

それとなく、そういう気分を盛り上げて、それぞれが望みを遂げた。王と寵姫と寵臣のトライアングルが完成した瞬間だった。それは孤独な王子が、父親がわりと母親がわりで拵《こしら》えた、一種の疑似家族だったかもしれない。これだけは壊せない。ろくに心も通じない父王ごときに命令されて、素直に聞けるわけがない。

復讐のとき

そんなアンリ二世も父王から素直に受け継いだ仕事があった。カール五世との戦いである。スペインで過酷な幽閉生活を強いられた経緯から、それはフランソワ一世の遺志云々など関係なく、自身やらずに済まされない復讐だったかもしれない。

事実、一五四七年の即位一番で戦争準備に取りかかり、一五四八年の五月にはもうイタリアに軍勢を送り出している。カール五世からピアツェンツァを奪還せよと、教皇パウルス三世に求められたからだが、フランス王軍が向かったのはイタリア側のアルプス山麓ピエモンテで、八月には首邑トリノを押さえた。領国の主がサヴォイア公家だが、アンリ二世が一五四九年七月に宣言したことには、故カルロ三世は祖母の兄であり、その血縁から自分に相続権があるというのだ。

八月からは北の戦争だった。イングランド王ヘンリー八世からブーローニュを奪還する戦いは、王太子時代に手がけて、半端にしていた仕事である。こたびは長期の包囲を敢行して、一五五〇年三月二十四日に和平に持ちこんだときには、都市は一五四六年六月のアルドル条約で定められた譲渡額の半分、四十万リーヴルで買い戻されることになった。すぐに支払い、アンリ二世は五月十五日に晴れのブーローニュ入城を果たす。

フランス王に即位して、まずは上々の滑り出しだった。ここで注意を払いたいのは、アンリ二世の戦争からは、ナポリともミラノとも聞こえてこない点である。シャルル八世からの歴代フランス王は、アンジュー公家を相続したからナポリ王国を手に入れる、オルレアン公家の血筋だからミラノ公になる権利があると打ち上げながら、客観的には無理な戦争を繰り返してきた。ところが、アンリ二世は違うのだ。

イタリア戦争といい、カール五世と戦うといっても、食指を動かすのはピエモンテで、つまりはフランスと隣接する領国である。ブーローニュ戦争などは、フランスの都市を取り返そうという試みなのである。仮に征服できたとしても、長く保持できないような土地は狙わない。手を出すのはフランス王として治めやすい土地、フランスに隣接してフランスと一体化しやすい土地である。この堅実さこそ、アンリ二世の新しさだった。

それはドイツにおけるプロテスタント諸侯との同盟にも、顕著にみられた。プロテスタントというからには、カトリックの盟主を任じるカール五世の敵であり、神聖ローマ帝国では一五四六年からシュマルカルデン戦争が行われていた。その皇帝と戦うシュマルカルデン同盟と一五五一年九月に交渉を始め、アンリ二世は一五五二年一月十五日にシャンボール条約を結んだ。ザクセン選帝侯モーリッツらプロテスタント諸侯に月六万エキュの支援金を贈り、さらに開戦時には二十四万エキュの一時金を支払うと約束しながら、王は「ゲルマン民族の自由と囚われの君主たちの守り手」として、「帝国代官（vicaire d'Empire）」の称号を取ることになったのだ。

さすが神聖ローマ皇帝たらんとしたフランソワ一世の息子で、血は争えないとなりそうだが、これはドイツ全土に威光を轟かせたいというような、漠たる功名心ではない。アンリ二世は具体的な利益を欲する。数々の支援と引き換えに、フランス王家は以後トゥール、メス、ヴェルダンの三司教領を支配できることになったのだ。いずれもロレーヌ国境の司教領で、帝国領内とはいえフランス語を話す地域である。ナポリだの、ミラノだのと違って、安定的な支配を築きやすい土地なのである。

カール五世に対する宣戦布告は、一五五二年二月十二日だった。王妃カトリーヌ・ドゥ・メディシスを摂政に任じながら、アンリ二世は四月には三司教領の征服にかかった。トゥール、メスと進駐する分には戦闘もなかった。ヴェルダンだけ武力を用いたが、その占領を含めて六月には当初の目的を達した。七月にかけては、スダン大公ロベール・ドゥ・ラ・マルクにブイヨン公領を回復してやることもした。

カール五世も黙ってはいない。十月には五万の大軍でメス包囲にかかったが、ギーズ公フランソワが率いる籠城軍は強かった。苦戦の皇帝軍は冬の寒さにも襲われ、一五五三年一月二日には撤退せざるをえなくなった。一五五三年は小競り合いに終始したが、一五五四年六月にはモンモランシー大元帥が率いる四万余の大軍が、低地諸州ブリュッセル方面に侵攻した。アンリ二世も親征を決断し、八月十五日のランティの戦いではカール五世と直接対決になったが、これにも見事な勝利を収めた。

イタリアでも戦端が開かれた。舞台はトスカナ地方のシエナだった。シエナは共和国だが、皇帝と結んだフィレンツェ公コジモ・デ・メディチの圧力で、その独立を危うくされていた。救いを求めた先がフランス王妃カトリーヌ・ドゥ・メディシスで、こちらはメディチ家の本家筋、フィレンツェ公は分家筋にすぎない。ならばと、アンリ二世は派兵を決めた。一五五二年七月二十六日にシエナが蜂起すると、十一月一日にイッポリート・デステ、一五五三年十月にピエトロ・ストロッツィ、一五五五年一月にブレイズ・ドゥ・モンリュックと次々指揮官を送りこんだが、フランス王軍の奮闘虚しく、その四月十七日にシエナは陥落してしまった。

とはいえ、皇帝軍の少なからずを、トスカナに釘付けできた。イタリアも余所ではフランス王軍が優勢だった。一五五三年八月にはジェノヴァ領だったコルシカ島が、フランス王の支配に帰した。ピエモンテでも一五五三年にヴェルチェッリ、一五五四年にイヴレア、カサーレ、一五五五年三月にモンフェラート、十月にモンカルヴォと落とし続けた。シエナ共和国も、その政府機能をモンタルチーノに移し、まだまだ戦いは終わらないかと思いきや、一五五六年二月五日、北の戦場でヴォーセル休戦条約が結ばれた。

五年の休戦を勧めたのは、いつも和平論者のモンモランシー大元帥だった。甥で、新しいフランス提督であり、前線にあたるピカルディ州の総督でもあるガスパール・ドゥ・コリニィを動かして、十二月に持たれた捕虜交換交渉から話を発展させたのだ。それを皇帝側の前線指揮官、エノー大バイイのシャルル・ドゥ・ラランも受けた。カール五世が突然隠居を決めていた。息子のフェリペにスペイン王国、ナポリ・シチリア王国、低地諸州、フランシュ・コンテと譲り、弟のフェルディナンドにオーストリア大公領と神聖ローマ皇帝の位を継がせると、自らはスペインの辺鄙な田舎にあるユステ修道院に退いたのだ。激闘に疲れ果てての隠居であり、ほどなく亡くなってしまうからには、アンリ二世は皇帝に復讐を果たしたことになるのか。

気弱な名君

ヴォーセル休戦条約の前提は現状維持だった。北ではトゥール、メス、ヴェルダンの三司教領、さらにルクセンブルク、エノー、そして低地諸州の諸都市まで保持、南ではピエモンテ、コルシカ、さらにトスカナ諸都市の支配を認められ、つまりアンリ二世はフランソワ一世を上回る戦果を上げた。繰り返しになるが、ひとえに狙いが現実的だったからだ。派手で、豪気で、夢見がちな父王なら、それを地味で、弱気で、卑小と嘲笑《あざわら》うかもしれないが、アンリ二世の手堅さはやはり美点なのだ。

かかる印象は内政に目を向けても変わらない。アンリ二世が即位するや設置したのが、一五四七年四月三日の勅令による四人の国務卿（secrétaire d'Etat）だった。イングランド戦争を統括するノルマンディ担当、ドイツ戦争を統括するブールゴーニュ担当、スペイン戦争を統括するギュイエンヌ担当、イタリア戦争を統括するドーフィネ担当の四人で、要は高所からの指導によって、国務を円滑に進めようとする試みである。

恣意的で、ともすると足並の揃わない現場の裁量に任せるのでなく、きちんと王の意を汲んだうえで、指揮監督できる人間を置かなければならない。かかるアンリ二世の細心さ、あるいは小心さから生まれた国務卿は、王の死後においては地域を担当するのでなく、宮内、外務、内務、陸軍、海軍と徐々に専門分野を持つようになる。いうところの国務卿、つまりは各々が省庁を率いる大臣職（ministère）に発展していくからには、アンリ二世の改革は先駆的だったといえようか。

先駆的というならば、一五五三年八月に定められた宮内審査官（maître des requêtes de l'hôtel）の諸州巡察（chevauchée）制度も、また先駆的といわなければならない。宮内審査官というのは、国王顧問会議に直属する司法官の一類で、アンリ二世の時代に全部で三十五人いた。そこから毎年六人が選ばれて、巡察の委任状を交付され、王国各地の行政を視察して回ることになったわけだが、これが後のアンタンダン（intendant）制の雛形になったとされる。アンタンダン制というのは、後のブルボン絶対王政において地方行政の鍵となる制度で、いうなれば王に直属する人間を諸州あるいは諸財務管区に送りこみ、その意を波及させようとする制度である。つまりは国務卿設置の意図と、かなり重なる。気が揉めて仕方なかった事情が、確かにアンリ二世の時代にはある。州総督の問題である。

これまでもブールゴーニュ州総督、ピカルディ州総督等々と、具体的な役職としては触れてきた。語感からはバイイやセネシャルの上位職、複数のバイイ管区もしくはセネシャル管区を束ねた州を管轄する高官であることも、察せられたのではないかと思う。この州総督、正式には「州総督にして国王総代（gouverneur et lieutenant général du roi）」は、古くは十四世紀からみられるが、元は特殊な事情に迫られて置かれる、あくまで一時的な大権だった。ルイ十一世時代の一四七七年に例を求めれば、ショーモン卿は遠征準備のためにシャンパーニュ総督に任命され、そこを足場に侵攻作戦が開始されれば、今度はクラオン卿が占領任務のためにブールゴーニュ総督に任命されると、こんな風である。

元来は軍事的な意味合いが強い、というより専ら軍事的な任務だった。遠征軍の総指揮官のほうにも、国王総代の称号が与えられる通りだ。が、そうしてルイ十一世、シャルル八世、そしてフランソワ一世が諸侯領や親王領を次々と併合したために、それまでの公が占めていたポジションを埋める、王の代官が必要とされるようになった。公領がフランス王国の一州（province）として把握されるとともに、十六世紀にかけて徐々に定着していったのが、イール・ドゥ・フランス、シャンパーニュ、ノルマンディ、オルレアン－ポワトゥー、リヨネ、ラングドック、ギュイエンヌ、ピカルディ、ドーフィネ、ブールゴーニュ、プロヴァンス、ブルターニュといった管区を治める、州総督の制度なのである。

まさに州における国王の代理、副王ともいうべき大権であり、有事にのみ許されてきたものが常態化された時点で、すでに危険な因子を孕《はら》む。実態としても、州駐屯の軍隊や都市や要塞の城代を監督し、さらにバイイやセネシャルを従え、地元の貴族や富裕層にも太いパイプを有する州総督は、管区においては絶大な権力を振るうことができた。イタリアに隣接するドーフィネ州の総督や、低地諸州に隣接するピカルディ州の総督などは、戦場を控えるという地勢から、しばしば方面軍の実権さえ掌握した。かかるポストを押さえていたのが、モンモランシー派であり、ギーズ派であり、あるいはブルボン派であるよう

1559年の州総督管区

な、宮廷の政治派閥だったのである。

これら有力者が王に忠誠を誓う間はよい。いや、王とはいえ、ときとして州内の問題には口出しできない、あるいは方面軍を好きに動かせないとなれば、反旗を翻す以前に数々の不都合が生じる。これを看過することなく、是正しようと努力したのが、アンリ二世という王だった。フランソワ一世なら、そうはしない。朕の力で解決できない問題などない、朕ほど偉大な王に逆らう臣下がいるはずがないと、常に自信満々だったからだ。実際はといえば、ブルボン大元帥に反逆され、その流れでパヴィアの戦いでも大敗し、自分で思うような実力があるわけではなかった。反対にアンリ二世は自信がないからこそ、こつこつと仕事を果たして、先手先手と打ち続けた。結果、大きな反乱には見舞われていない。のみか先駆的な改革まで手がけることになった。気弱な名君というタイプも、いないではないようである。

イタリア戦争の終結

話を一五五六年に戻そう。二月に成立したヴォーセルの和は、実は微妙な休戦だった。一五五五年十二月十五日には、フランス王アンリ二世とローマ教皇パウルス四世の同盟が、もう成立していたからだ。故意の二枚舌というより、それぞれ交渉を担当していた北のコリニィ提督と南のロレーヌ枢機卿が、うまく意思の疎通を図ることができなかった。あるいは故意に図ろうとしなかったとすれば、提督の背後にあるモンモランシー派、枢機卿の兄が率いるギーズ派の対立が、いよいよ顕在化してきたというべきか。

モンモランシー大元帥、ギーズ公フランソワ、ともに王の寵姫ディアーヌ・ドゥ・ポワティエと結んで台頭した勢力だが、ここに来て激しく鎬《しのぎ》を削るようになっていた。戦線も北はモンモランシー派、南はギーズ派と、各々の派閥で別々に受け持たれた。北の戦線の後背地ピカルディ州の総督がコリニィ提督で、南の戦線の後背地ドーフィネ州の総督がギーズ公と、やはり派閥で固めている。外交交渉も然りで、モンモランシー派によるヴォーセルの休戦は、当然ながらギーズ派には不満だった。再戦の機会があれば、もちろん遠慮するものではない。

スペイン王フェリペ二世も、父皇帝カール五世から教皇パウルス四世との戦いを受け継いだ。一五五六年九月、アルバ公が率いる一万余のスペイン王軍は、遂にローマ教皇領に侵攻した。ポンテ・コルヴォ、アニャーニと抜かれ、ローマにまで迫られれば、教皇はフランス王に呼びかける。毎月三十五万エキュの軍資金を三ヵ月、さらに騎兵八千、軽騎兵千二百を供与される見返りとして、パウルス四世はアンリ二世がミラノ公領とナポリ・シチリア王国を征服して、王子のひとりに与えることを許したのだ。しかし、だ。

同盟の中身をみれば、歴代のフランス王が追いかけた夢物語そのものであり、アンリ二世が乗り気になるとは思えない。反映されているのは、ギーズ派の意思ばかりとしか考えられない。

ところが、アンリ二世は十月五日に戦争を決断した。ヴォーセル休戦を破りながらの強行だった。十一月十四日、ギーズ公フランソワがイタリア方面軍の国王総代に任命された。フランス王軍は年内にアルプスを越え、一五五七年一月九日にはトリノから南下を始めた。三月二日にはローマに入り、そこから四月三日にはナポリに向かう。アルバ公のスペイン王軍を押し返しながら、ロレッタ、チビテッラと落としていく。形だけ、脅しだけというのでなく、王は本気でナポリ征服に乗り出していた。

権力闘争におけるギーズ派の勝利、モンモランシー派の敗北が読み取れる。かねてからの現実路線も、あるいは王の信条というより、その心を支配していたモンモランシーの考えだったかもしれない。ミラノ、ナポリと夢を追うような戦争を、本当はアンリ二世もやってみたかったのだ。父王フランソワ一世に負けないくらい、派手にやってみたかったのだ。その本音が表に現れてきたとすれば、これまで押さえこんできた力が弱くなった、つまりは父親がわりの影響力が薄れた、寵姫ディアーヌ・ドゥ・ポワティエとの協力で築き上げた、疑似家族の固い殻が壊れつつある、ファザコン、マザコンを卒業して、遅れながらアンリ二世も大人になろうとしていたと、また別な洞察も可能かもしれない。

さておき、戦況である。南で火の手が上がれば、北も平穏ではいられない。七月、ピエモンテ奪還に燃えるサヴォイア公エマヌエーレ・フィリベールが、スペイン王軍を率いて、こちらからフランス王国を攻めてきた。五万余の兵力で包囲したのが、コリニィ提督が守る都市サン・カンタンだった。モンモランシー大元帥も駆けつけたが、八月十日に城外で行われた戦闘に負けてしまう。モンパンシェ公、ロングヴィル公、ヴィラール公、サン・タンドレ元帥、そして大元帥自身まで捕虜に取られるという大敗が、サン・カンタンの戦いなのである。八月二十七日には都市サン・カンタンも陥落し、コリニィも連行される。

サン・カンタンはパリを守る最後の要衝だった。つまりは、王都の陥落さえ見え隠れしてきた。アンリ二世はイタリアからギーズ公フランソワを呼び戻した。急ぎ北上する軍勢に押されて、サヴォイア公エマヌエーレ・フィリベールも十月には撤退した。その勢いでギーズ公が包囲したのが、百年戦争で取られて二百年、ずっとイングランド王に支配されてきたフランス北岸の港町カレーだった。イングランドの女王メアリー・テューダーは、スペイン王フェリペ二世の妃であり、こちらも一五五七年六月七日にフランス王に宣戦していたのだ。

それならばと、ギーズ公は遠慮しない。カレー奪還の快挙は一五五八年一月六日のことだった。アンリ二世は一月二十六日に晴れの入城を果たし、またギーズ公も快進撃を続けた。六月二十二日にはティオンヴィル、七月一日にアーロンと奪取し、テルム元帥の別動隊も七月六日にベルグを占領した。七月末には全軍がピエールポン方面に進撃、アンリ二世自ら前線に足を運び、上機嫌で閲兵した。が、ここでモンモランシーが動いた。戦争が苦手で、政治が得意という大元帥は、敵陣にいる捕虜の立場を好都合として、またも和平交渉を始めた。十月十二日にはデンマーク王の仲裁という形も整えられ、正式な和平会議が発足、その成果が一五五九年四月三日のカトー・カンブレジ条約だった。

アンリ二世はイタリアにおける諸権利を放棄した。ミラノ、ナポリは無論のこと、コルシカも、ピエモンテも返還することになり、手元に残るのはトリノ、ピニェローロ、サルッツォ、キエリ、キヴァッソ、ヴィラノーヴァ・ダスティの諸都市のみになった。カレーについては八年間の領有が認められ、その後は五十万エキュでイングランド王から買い取るとされた。北の戦場でギーズ派が落とした諸都市は、全てスペインに返さなければならなくなったが、かわりにモンモランシー派が奪われたサン・カンタン、さらにル・カトレ、アム、テルアンヌの諸都市は、フランス王の手に戻ることになった。トゥール、メス、ヴェルダンの三司教領については、こたびも領有が確認された。

スペイン王に勝ったのか負けたのか、その答えは微妙である。モンモランシー派とギーズ派の政争についていえば、前者の逆転勝ちということになる。王家は破産宣告しなければならないほど、金がなくなっていた。総額千三百五十四万リーヴルという、破格の予算を注ぎこみながら、だ。これ以上は無謀といわれれば、容《い》れるしかなかった。とはいえ、アンリ二世も本音をいえば、もっと戦いたかったに違いない。それをモンモランシーに叱られた。寵姫ディアーヌ・ドゥ・ポワティエにも諫《いさ》められた。最後の最後で、疑似家族のくびきにつなぎなおされた。アンリ二世には無念の和平だったかもしれないが、いずれにせよ、このカトー・カンブレジ条約で半世紀のイタリア戦争は終結した。

ノストラダムスの予言

以後アンリ二世は国内の敵と戦うつもりのようにみえた。つまりはプロテスタントである。カール五世を苦しめることができるからと、ドイツの新教派とは結んだ王だが、自らの王国に不和をもたらすフランスの新教派は許さなかった。フランソワ一世のように人文主義に強く傾倒したわけでなく、プロテスタントの弾圧については、はじめから躊躇なかった。教会裁判所でなく国王裁判所で裁くというのが先王の方針だったが、一五四七年十月八日の勅令ではパリ高等法院に異端弾圧専門の別法廷として第二院を創設するなど、それをいっそう強化した。「火刑裁判所（chambre ardente）」と恐れられ、また不評も多かったために一五四九年十一月には廃止し、裁判の管轄からして教会の裁判所に戻したが、一五五一年六月二十七日のシャトーブリアン勅令では再び国王裁判所の所轄とした。一五五七年七月二十四日のコンピエーニュ勅令、一五五九年六月二日のエクーアン勅令と、諸法廷に対する異端撲滅の厳命は、その後も重ねて発布されている。

容易な戦いではなかった。フランスの新教徒は主にカルヴァン派だったが、これが貴族や都市の富裕層、つまりは王軍を率い、王国役人を担うような人々を中心に浸透したのだ。プロテスタントは王の周囲でも珍しくなくなっていた。従妹のナバラ女王ジャンヌ・ダルブレ、つまりは伯母マルグリット・ドゥ・ナヴァールの娘が、まずはプロテスタントだった。夫のヴァンドーム公アントワーヌ・ドゥ・ブルボンは態度を明確にしなかったが、その弟であるコンデ大公ルイ・ドゥ・ブルボンは新教の信仰を隠さなかった。譜代の家臣にも少なくなく、ガスパール・ドゥ・コリニィ、フランソワ・ダンドロというようなモンモランシー大元帥の甥たちからして、プロテスタントたるを公言して憚《はばか》らなかった。

普段フランス王に仕えている、いわば身内さえ切らなければならないのだから、やはり容易な戦いではない。全力で立ち向かうためにも、これまでの経緯にはきっちり片をつけておかなければならない。イタリア戦争を終結させたカトー・カンブレジ条約に話を戻せば、そこでは平和の証として、スペイン王フェリペ二世とエリザベート王女、サヴォイア公エマヌエーレ・フィリベールと王妹マルグリットという、二組の結婚も取り決められていた。一五五九年六月三十日、パリのサン・タントワーヌ通り特設会場で、その騎馬槍試合が行われたのは、やはり結婚祝いの余興としてだった。

これにアンリ二世は自分も出ると言い出した。王の出場が珍しいわけではない。槍の穂先の鋼も外されているので、さほど危険なわけでもない。午後三時、最初の対戦相手はサヴォイア公エマヌエーレ・フィリベールだった。スペイン王軍を率いて、サン・カンタンの戦いに勝利した名将である。王は試合に先がけて言ったという。

「朕の膝を抱き、許しを請うなら、今のうちですぞ。ひとたび試合が始まれば、同盟も、兄弟愛もない。朕は貴公をこてんぱんにやっつけるつもりでおりますからな」

もちろん、冗談である。が、槍で突き、サヴォイア公を落馬させ、快心の勝利を収めれば、やはりアンリ二世は満面の笑みだったろう。次の対戦相手はギーズ公フランソワで、これまたカレー奪還の壮挙を遂げた先の戦争の英雄である。勝負は引き分けになった。アンリ二世の槍は見事に敵を捉えたが、ギーズ公は落馬せずに堪えたのだ。

三試合目の前に、サヴォイア公が王に自分の馬を貸した。「不幸《マルール》」という縁起でもない名前だったが、確かに頑健な軍馬だった。

「朕に素晴らしき一撃を突かせてくれるのは、この馬だろう」
大喜びしながら、アンリ二世が次に指名したのが、モンゴメリー伯ガブリエル・ドゥ・ロルジュだった。近衛隊のひとつ、スコットランド百人隊の隊長代理、年齢は二十九歳、四十歳のアンリ二世より大分若い。それでも試合で後《おく》れることはなかったが、王は見事に勝てたわけでもなく、またしても引き分けだった。すっきりしない結果が続いた。アンリ二世は再戦を望んだ。作法に反すると断念を促されると、苛々して吐き出した。
「朕は復讐したいのだ。あやつは朕を揺るがせおった。すんでにあぶみを踏み外すところだった」
気持ちはわからないではない。が、なんだか奇妙だ。観戦の王妃カトリーヌ・ドゥ・メディシスも俄かに心配になったらしく、このとき砂場の王に言伝《ことづて》したようである。その中身は伝えられていないが、あるいはノストラダムスの予言を思い出していたのかもしれない。ミシェル・ドゥ・ノストラダムスはかつて王宮に仕えていた占星術師で、この四年前に『諸世紀』という書物を出版していた。その詩集第一の三十五に、こうあるのだ。
「若き獅子、老いた獅子を打ち倒さん
戦いの場にて、一騎討ちの勝負により
金色の囲いのなか、男は目を破られる

ふたつがひとつに、それから死が訪れる
残酷な死」

アンリ二世は王妃に答えたという。

「高貴なる者の名誉にかけて誓う。朕は王妃に寄せる愛のゆえに、これを最後の試合とする」

やはり、止めない。執着の仕方は尋常でない。王は無念のイタリア戦争に区切りをつけるため、この騎馬槍試合で心の整理をつけようとしていたのかもしれない。あるいは寵姫のために肩身を狭くさせてきた王妃のためと打ち上げて、疑似家族のトライアングルから脱け出そうとしていたのか。

かくて再戦が始まったが、やはり勝敗はつかなかった。大変な事故が起きてしまったからだ。突いた衝撃でモンゴメリーの槍が折れた。最初の試合で傷んでいたが、急な展開で取り換えるのを忘れたまま二度目の試合になり、槍は折れたというより砕けたのだ。弾け飛んだ木片は、くるくると宙を舞った。それが面頬を下から潜り、アンリ二世の金色の兜のなかに飛びこんだ。

王は近くのトゥールネル宮に運ばれた。大きな傷は二ヵ所、右目から入った槍先が、こめかみへと抜けていた。王家の筆頭侍医ジャン・シャプランは懸命に働いた。名医アンブロワーズ・パレにも召集がかけられた。サヴォイア公の計らいで、スペイン王フェリペ二世の筆頭侍医で、解剖学の権威ヴェサリウスまで、急遽パリに招聘《しょうへい》された。右目と、額と、こめかみの三ヵ所から、全部で五つの木片が取り出されたが、それ以上の細かい欠片となると、脳味噌まで達していて、摘出は不可能だった。

最後は昏睡状態で、七月十日の午後一時すぎ、アンリ二世は静かに息を引き取った。いよいよ、これからというときに……。

第十一章　フランソワ二世（一五五九年〜一五六〇年）

病弱な王子

アンリ二世を継いだのは王太子フランソワこと、一五五九年九月二十一日に戴冠式を挙げた、フランス王フランソワ二世である。王妃カトリーヌ・ドゥ・メディシスとの間に生まれた長男であれば、順当な王位継承で、なんの問題もない。いや、なんの問題もないように、その誕生を鶴首《かくしゅ》して待たれたのが、フランソワ二世だった。

実のところ、アンリ二世と王妃カトリーヌ・ドゥ・メディシスの夫婦は、長く子宝に恵まれなかった。王がディアーヌ・ドゥ・ポワティエに現《うつつ》を抜かしていたのだから、当然といえば当然だが、この寵姫に義務だと諭されたからとか、あるいはカトリーヌ・ドゥ・メディシスとも意外に相性がよかったとか諸説ありながら、いずれにせよ一五四四年から続けて子供が生まれ始める。四四年に長男フランソワ、四五年に長女エリザベート、四七年

フランソワ2世
フランス国立図書館

に次女クロード、四九年に次男ルイ、五〇年に三男シャルル、五一年に四男アンリ、五三年に三女マルグリット、五五年に五男エルキュール・フランソワ、五六年に双子の四女と五女ヴィクトワールとジャンヌと、結局は十人も生まれたが、それも最初の子供が生まれるまでは、気が気でなかったに違いない。

まだ二十五歳だったが、もう結婚から十一年だった。早く授かりたい、必ず産まねばと、わけてもカトリーヌ・ドゥ・メディシスは必死で、薬から食事療法から魔法から、ありとあらゆる手だてを試みたという。その念願かなって生まれた初子というのが、王太子フランソワこと、後のフランソワ二世なのである。いうまでもなく、大事に大事に育てた。何がなくても大切にしたろうが、ことさら病弱な王子だった。わけても耳鼻の働きが優れず、慢性的な鼻づまりに悩まされた。しばしば中耳に膿《うみ》が溜まり、黄色いものが外耳に溢れて、首に垂れていることも、珍しくなかったと伝えられる。

それだけに線が細い。父王アンリ二世の崩御に際しても、ただ泣き崩れるばかりだった。突然の悲劇であれば無理もないが、両親が子供を授かり始めるのが遅れたせいで、その一五五九年でフランソワ二世は、まだ十五歳にしかなっていなかった。これから王になるという重圧に堪えかねた号泣だったとしても、なんの不思議もない。

国王の成人年齢十四歳には達しているので、摂政を立てる必要はなかった。が、体が弱く、意気地もないとなれば、フランソワ二世が自身で国を治められるわけではない。かわりに誰が権力を握るのかと、それが世人の最大の関心になったことも、また想像に難くない。

伝説の美女

我が世の春を謳歌した先王の寵姫、ディアーヌ・ドゥ・ポワティエはもういなかった。自ら領地に引き下がった。かつてフランソワ一世が死んだとき、その寵姫エタンプ公爵夫人に自ら加えた仕打ちを思えば、それで済むとも考えていなかったろう。ところが、カトリーヌ・ドゥ・メディシスは寛大な処分で済ませた。宮廷出入りは禁じたが、あとはアンリ二世が贈った名城シュノンソーと、自分の持ち城ショーモンを交換させただけだった。復讐などしない。あえて鷹揚に済ませることで、自分は寵姫などではない、正統な王妃なのだと、かえって差をつけたつもりだったのかもしれない。

メアリー・ステュアート

フランス国立図書館

現にアンリ二世がいなくなっても、立場を失うわけではなかった。フランソワ二世の御世になって、それまで王妃だったものが、王母に変わるというだけだ。とすると、権力を握ったのは、カトリーヌ・ドゥ・メディシスなのか。フランソワ二世の国王顧問会議では、確かに定席を与えられていた。が、それをいうなら、アンリ二世の御世でも何度か摂政を任されている。一定の発言力を振るえるからといって、天下を取ったことにはならない。

新しい王の御世にも、女はいた。寵姫ではない。フランソワ二世には、すでに王妃がいた。一五五八年四月二十四日、十四歳で結婚したのは、ふたつ年上のマリー・ステュアールという女だった。ほとんどの歴史書で「メアリー・ステュアート」と英語名で呼ばれているのは、スコットランド女王だったからだ。父王ジェイムズ五世の早世で生まれてすぐに即位したものの、隣国イングランドの脅威があるため、一五四八年八月に保護と同盟を求めてフランスに渡海した。直後に王太子フランソワとの婚約が成立し、六歳からは未来

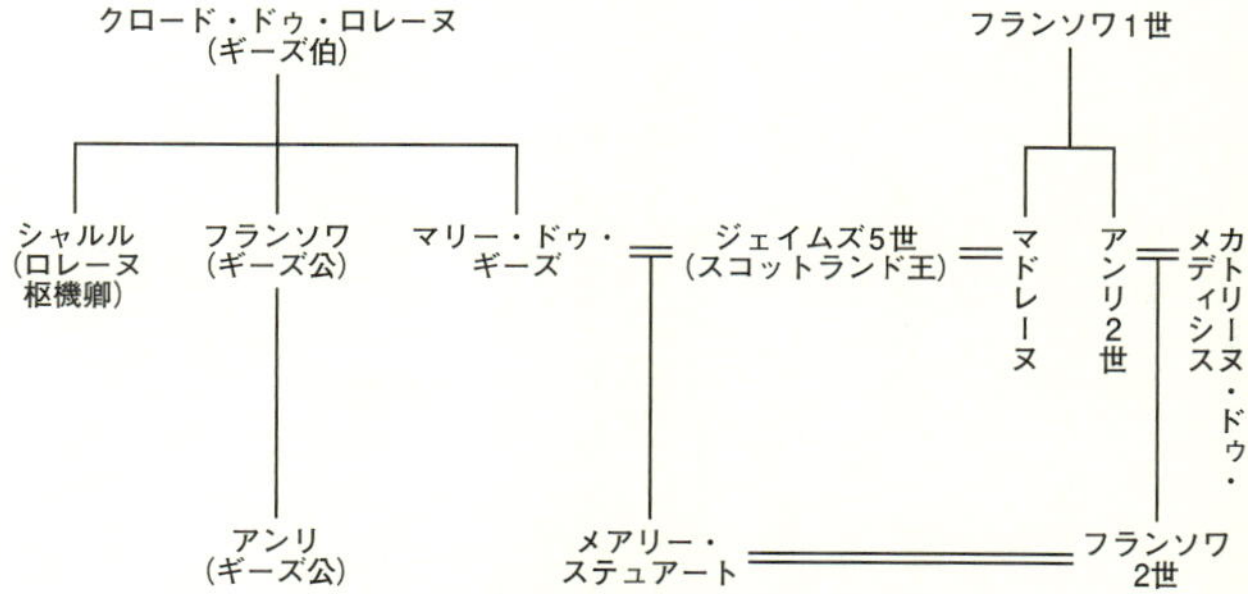

フランス王とギーズ公

の王妃としてフランス王宮で育てられた。これが美しい王妃になったのだ。マリー・ステュアールというのは、その美貌ゆえに波乱の人生を余儀なくされ、最後はイングランド女王エリザベス一世に斬首されて果てたという、あの伝説のスコットランド女王メアリー・ステュアートのことなのだ。

　それは先の話として、まずはフランソワ二世である。王は当然のように、この美しい王妃の尻に敷かれていた。メアリー・ステュアートとカトリーヌ・ドゥ・メディシスが折り合い悪く、一種の嫁姑問題があったことも事実である。そのまま権力闘争に発展するかと思いきや、王妃自身は政治家という玉ではなかった。この方面に才覚あれば、あんな支離滅裂な人生を送るわけがない。だからといって無視できないのは、かわりにギーズ公フランソワが出てくるからだった。アンリ二世時代の末年に一種の軍事的カリスマになった男だが、これが新しい王妃の叔父にあたったのだ。摂政としてスコットランドを治めているメアリー・ステュアートの母親は、名前をマリー・ドゥ・ギーズといったのだ。

モンモランシーの出る幕もなくなっていた。アンリ二世が騎馬槍試合で重傷を負ったとき、大元帥は死刑囚を六人も牢から出して、処刑の名の下に実験を繰り返したという。王と同じ部位に槍を突き、その傷を医師団に調べさせることで、執刀の参考にさせようとしたわけだが、まさに必死の体《てい》である。それもこれも、フランソワ二世の御世になれば、ギーズ公の天下になると、すでに見越していたからなのだ。実際、モンモランシーは宮廷を追放された。大侍従の職も解かれ、それはギーズ公フランソワに与えられた。「ロレーヌ枢機卿」と呼ばれる弟、シャルル・ドゥ・ギーズと力を合わせて国王顧問会議を支配しながら、ギーズ派がフランソワ二世の御世を牛耳る。

アンボワーズ事件

単なる権力闘争なら、まだよかった。ギーズ公が厄介なのは、熱心な旧教派で知られていたからだった。王妃の叔父として権力を手にしたからには、苛烈な弾圧に乗り出すに違いないと、新教派のほうが先んじて警戒した。というより、心理的に一気に追い詰められた。あげくに考えついたのが、フランス王の宮廷を襲い、フランソワ二世の身柄を略取し、旧教派から引き離すという計画だった。

大胆といえば、あまりに大胆な計画だったが、それが実行に移された。指導者がラ・ルノーディ卿ジャンというペリゴール貴族で、一五六〇年二月一日、ナントに新教徒の有志を集結させたのだ。ブロワを襲う予定だったが、ここで宮廷が動きに気づいた。より守りやすい城塞都市アンボワーズに移動したうえで、三月十七日にギーズ公は「フランス王国における国王総代」という、摂政にも準じるような地位を帯びた。

やはり苛烈な弾圧になった。ギーズ公は王軍を率いて出撃、先制攻撃を仕掛けて、十九日には主犯ルノーディ卿はじめ、千二百人を戦没に追いこんだ。捕らえた指導者五十二人については、三月三十日に処刑を行い、その遺体をアンボワーズの城門に吊るした。追及の手を弛《ゆる》めないギーズ公が、アンボワーズ事件の黒幕と疑ったのが、コンデ大公ルイ・ドゥ・ブルボンだった。隠れもないプロテスタントだが、簡単に断罪できる相手でもなかった。いうまでもなく、王族だからだ。ギュイエンヌ州総督を務める兄、ナバラ王アントワーヌ・ドゥ・ブルボンを頭として、こちらもブルボン派というほどの政治勢力をなしているのだ。

フランソワ二世はといえば、ギーズ公の仮借のなさに震え上がっていた。王母カトリーヌ・ドゥ・メディシスも表情を曇らせた。このままでは、まずい。新教派と旧教派の対立が深まって、ドイツのように国が乱れるようでは、まずい。三月二十八日に断行したのが人事の刷新で、尚書官にミシェル・ドゥ・ロピタルを任命した。このロピタルを実務責任者として、フランソワ二世が、というより息子王に働きかけながら、カトリーヌ・ドゥ・メディシスが進めたのが、新旧両派の融和政策だった。

オルレアン全国三部会の召集

一五六〇年八月二十日から二十六日にかけて、フォンテーヌブローに名士会議が召集された。導き出された結論がふたつで、ひとつが教会問題解決のための国民会議の設立、もうひとつが行財政改革のための全国三部会の召集だった。決定に基づいて、まずロピタルは全国三部会の開催を急いだ。王家が危機にあるとき、独力では国家の運営が困難になったとき、人民の名における大義が必要になったときに頼るのが全国三部会であり、その召集に事態の切迫が窺える。

開催地はオルレアンになった。十二月十日の開会に向けて、ロワール河が流れる古都には全国から続々と議員がやってきた。フランソワ二世とその宮廷も十月十八日にオルレアン入りした。別して招かれたのが、ナバラ王アントワーヌとコンデ大公ルイで、ブルボン兄弟の参加は王家が進める融和政策を体現するはずだった。が、ギーズ公は全てを打ち壊す暴挙に出た。オルレアンに来たコンデ大公を、問答無用に逮捕してしまったのだ。ナバラ王アントワーヌのほうは見逃して、ブルボン派との全面対決は避けたものの、なお度がすぎていた。引き返すこともできないのは、あらかじめパリ高等法院に手を回し、逮捕ほどなく死刑の判決を出させたからだった。

ひっこみがつかないのは、あるいはフランソワ二世のほうだったか。実のところ、コンデ大公に来訪を促すため、わざわざ自分の名前で身の安全を保証する手紙を出していた。その相手を捕らえられ、ギーズ公にはフランス王としての面目を潰された格好なのだ。ところが、それに怒れば美しい王妃メアリー・ステュアートの機嫌を損じてしまう。

窮した王は、とりあえず逃げ出した。十一月十六日、気晴らしとばかり、オルレアン郊外の森に狩りに出かけた。汗をかき、気分がすっきりしたのはよかったが、その汗が冷えて風邪をひいた。高が風邪だと、十七日には予定通りオルレアン市内サン・テーニャン教会で晩課のミサに出席したが、その最中に卒倒した。

「錐《きり》で刺しこまれたみたいに痛い」

と、フランソワ二世は訴えた。耳の後ろの激しい痛みに襲われて、そういえば病弱な質だった。普段から高が風邪では済まされないほど、わけても耳鼻咽喉が弱かった。このときも中耳の炎症が頭蓋にまで達してしまい、脳髄膜炎を併発させた。医師団は懸命に看護したが、手の施しようがなかった。そのまま十二月五日に崩御して、王は短すぎる治世を終えた。

王妃メアリー・ステュアートも、フランスにはいられなくなった。フランス王妃でなくなって、夫との間に子供もなければ、新王の母として幅を利かせる道もない。なおスコットランド女王ではあった。六歳からフランスしか知らない女であれば、残りたい素ぶりもないではなかったが、折り合いの悪い姑カトリーヌ・ドゥ・メディシスに帰国を促されてしまった。フランソワ二世の御世が閉じたかわり、美しき女王の後世まで語り継がれる波乱万丈の人生が、幕を開けたというわけである。

第十二章　シャルル九世（一五六〇年〜一五七四年）

カトリーヌ・ドゥ・メディシス

フランス王位を継いだのはフランソワ二世の弟で、アンリ二世とカトリーヌ・ドゥ・メディシスの第三王子、オルレアン公シャルルだった。第二王子ルイは幼くして死んでおり、これまた問題ない即位だったが、シャルル九世を称した新王は十歳と、フランス王の成人年齢十四歳に届いていなかった。未成年の王には、摂政が立てられなければならない。

姪がフランス王妃でなくなって、ギーズ公フランソワは一夜にして失脚した。といって、モンモランシー大元帥が出てくる筋でもなかった。摂政に就くのは王族と相場が決まる。候補に上がるのは、ひとりにはナバラ王アントワーヌ・ドゥ・ブルボンだった。ブルボン親王家の長であり、四十二歳という年齢からしても適任である。もうひとりがカトリ

カトリーヌ・ドゥ・メディシス
カルナヴァレ美術館

ーヌ・ドゥ・メディシスで、シャルル九世の御世になっても、王母の立場は変わらなかった。アンリ二世時代に摂政を任された経験もある。ルイ九世の摂政ブランシュ・ドゥ・カスティーユ、フランソワ一世の摂政ルイーズ・ドゥ・サヴォワなど、王母が登板した前例も少なくない。しかし、だ。

カトリーヌ・ドゥ・メディシスは控え目な王妃とみられていた。寵姫ディアーヌ・ドゥ・ポワティエが我物顔だったこともあるが、身分の低さを弁《わきま》える風もみられた。名前からわかるようにフィレンツェのメディチ家出身だが、そのメディチ家は銀行業で成り上がった新興家門でしかない。つまりは「平民」であり、フランスの王子との結婚には身分違いの声もないではなかった。宮廷では「お店屋さん」とも揶揄《やゆ》された。第二王子の縁談だからと大目にみられたが、それが義兄の死で格上げされて、王太子妃となり、また王妃となった。風当たりは、きつくなる。だから自《おの》ずから控え目に振る舞う。夫の死後は喪服で通し、その色から「黒王妃（La reine noire）」とも呼ばれたカトリーヌ・ドゥ・メディシスは、フランソワ二世の御世でもギーズ公フランソワに譲る場面が多かった。

やはり影のように控え目――かと思いきや、シャルル九世の御世になるや、敢然と動いた。無理押しはしない。身分の低い外国人の女は、何につけ反感を買うという客観的な判断から、あえて摂政は名乗らず、「統治担当（gouvernante）」を称するに留めた。権力を独占するでもない。国王総代のポストを与えて、ギーズ公の後釜としながら、ナバラ王アントワーヌに共同統治を持ちかけた。弟のコンデ大公も釈放する。そうやって懐柔しながら、王母は政治の実権だけ、しっかり確保したのである。

幕を開けたのは、カトリーヌ・ドゥ・メディシスの時代だった。マキャヴェッリが『君主論』を捧げたロレンツォ・ディ・メディチの娘は、まさに政治の申し子だった。ナバラ王も、コンデ大公も、その他の名だたる有力者も、あっけなく取りこまれる。さしあたり手管のひとつを挙げるなら、「遊撃騎兵隊（escadron volant）」の働きがあった。そう綽名《あだな》されていたのはカトリーヌ・ドゥ・メディシスの女官集団で、王妃時代の八十人から三百人まで増やしながら、そこには美女という美女が集められていた。これらを要人のところに送りこみ、寝技か

シャルル9世
ヴェルサイユ宮殿美術館

ら何から駆使させながら、ある種の密偵仕事をさせたことから、「遊撃騎兵隊」と呼ばれたのである。もちろんナバラ王アントワーヌ・ドゥ・ブルボンのところにも、ラ・ベル・ルーエと呼ばれた「遊撃騎兵」が送られた。少し後にはコンデ大公のところにも、また別なリムーユという名の女が……。

融和政策

シャルル九世の、というよりカトリーヌ・ドゥ・メディシスの最初の仕事は、オルレアン全国三部会を成功させることだった。開幕が一五六〇年十二月十日と、フランソワ二世の崩御から五日しかなく、それこそ悲しみに暮れる暇もなかった。とはいえ、すでに議員はフランス全土から集まりつつあり、延期などできなかった。

「分派だの、別派だの、叛徒だの、ルター派だの、ユグノーだの、はたまた教皇礼賛者だのといった呪われた言葉は忘れようではないか。皆がキリスト教徒なのではないか」

そうした尚書官ロピタルの開会演説で始められ、オルレアン全国三部会に期待されたのは宗教問題の解決、つまりは新旧融和政策の前進と、国制改革の実施、わけても財政再建だった。一五六一年一月三十一日の閉会まで議論が費やされたが、新旧両派の溝は最後まで埋まらなかった。四千三百万リーヴルという王家の求めは巨額すぎると、援助金の拠出も拒絶された。唯一の成果というのが、再度の話し合いがなされるべしとの議決で、つまりは問題の先送りだった。

かたわら、宮廷を追われた者たちも、ただ手を拱《こまね》いているではなかった。四月七日、ギーズ公、モンモランシー大元帥、サン・タンドレ元帥が、カトリックの大義を奉じて、「三頭政治（triumvir）」を宣言した。七月十九日、ナバラ女王ジャンヌ・ダルブレが新教を自領ベアルンの公式宗教に定めるなど、プロテスタント側にも動きがあった。かかる不穏な空気のなかで持たれたのが、七月三十一日に始まるポワシィ宗教会議と、八月一日に始まるポントワーズ全国三部会だった。今回は宗教問題と国制改革が、それぞれ別に論じられた格好だが、結果が芳しくないのは前回までと同じだった。

カトリーヌ・ドゥ・メディシスはめげなかった。一五六二年一月七日、サン・ジェルマン・アン・レイに改めて名士会議を開くと、十七日には勅令を発布した。世にいう一月勅令は、「新しい宗教を奉じる者が、その信仰のために都市の外側を往復し、また同所で集会を開いたとしても、それを邪魔したり、脅威を覚えさせたり、困難にしたり、無理に止めさせたりしてはならない」と、限定つきながら新教を認めた、つまりは一国家のなかに二宗派の同居を認めた西欧で初めての法令だった。

まさに画期的である。が、これに頭の固い大方のフランス人はついてこられなかった。

パリ大学総長は再考を促す請願を寄せてきた。高等法院も反対して、勅令の登記を拒否した。あの手この手で説得して、ようやく法律として成立したのが、三月六日の話である。カトリーヌ・ドゥ・メディシスの融和政策は、とにもかくにも形になった。ホッと胸を撫で下ろしたが、そのときには実は手遅れになっていた。

宗教戦争の始まり

一月勅令を反故《ほご》にしようと目の色を変えたのは、三頭政治の面々も同じだった。なかんずく、ギーズ公フランソワが動いた。二月二十八日、それまで退いていたジョワンヴィルから、パリに向けて出発した。事件は三月一日、その途上で起きた。シャンパーニュの小都市ヴァッシィで、聖餐式を受けたギーズ公一行と集会を行っていた新教徒が悶着となり、あげくに乱闘沙汰となったのだ。ギーズ公も投石で怪我をしたが、その配下の反撃で新教徒は千二百人のうち二百人までが血を流し、死者も七十四人を数える被害を出した。

いわゆる「ヴァッシィ事件」だが、これを聞いて、全国の新教徒は激怒した。各地で蜂起が相次いで、三月の末までには全土的な動きになった。フランス史上で「宗教戦争（les guerres de Religion）」と呼ばれる内乱、ドイツのそれと区別するために、諸国では「ユグノー戦争」とも呼ばれる四十年の闘争が、ここに幕を開ける。

自然発生的な蜂起も、あれよという間に軍に組織されていった。指導者が「フランス改革派教会総守護」を名乗るコンデ大公、さらにコリニィ提督、ダンドロ歩兵総将らで、それぞれがブルボン派、あるいはモンモランシー派の人脈を使うことができた。ほんの三年前までイタリア戦争を戦っていた輩がいて、兵士には困らなかったのだ。

四月二日にオルレアン、十六日にルーアンと落手すると、新教軍はギュイエンヌ、ラングドック、ドーフィネと展開して、各地の要衝を押さえていく。九月にはハンプトンコート条約が結ばれ、十月からはイングランド女王エリザベス一世の派兵が始まる。それを引き出すために、コンデ大公はカレーとル・アーヴルの割譲まで約束していた。

旧教派も応戦する。三月十六日、ギーズ公がパリに入ると、そこにモンモランシー、サン・タンドレと三頭政治の盟友のみならず、ナバラ王アントワーヌまで合流した。王家はフォンテーヌブローにいたが、連行して手元に確保すれば、もうシャルル九世の名前で王軍を動員できる。一五六二年九月にはルーアン包囲に着手、十月二十六日には奪還に成功したが、この戦いでナバラ王が負傷、十一月七日に命を落とした。十二月十九日にはドルーの戦いも勝利して、コンデ大公を捕虜に取るなどしたが、こちらでもサン・タンドレ元帥が陣没し、またモンモランシー大元帥が新教軍の捕虜に取られた。一五六三年二月五日にはオルレアンの攻略に転じたが、その包囲陣でギーズ公フランソワが暗殺された。短剣で刺されたのが十八日、死んだのが二十四日だった。犯人はポルトロ・ドゥ・メレという、アンボワーズ事件で殺されたラ・ルノーディ卿の従兄弟だった。

ナバラ王、サン・タンドレ元帥、ギーズ公と亡くなり、モンモランシー大元帥まで捕虜に取られ、気がつけば王家を旧教派に縛る輩は綺麗にいなくなっていた。カトリーヌ・ドゥ・メディシスは好機と張り切り、尚書官ロピタルに再び融和政策を進めさせた。三月十七日にはアンボワーズの和が結ばれ、いうところの第一次宗教戦争は終幕した。七月には新教派、旧教派、ともに王軍の名において出征した。進駐していたイングランド軍をル・アーヴルから追い払えば、ひとまずはフランスにも平和が取り戻されたことになる。

大行脚

一五六四年一月一日、シャルル九世はパリ勅令で一年の始まりを一月一日に定めた。それまでは「春分の後の最初の満月の次の日曜日」という復活祭の日、だいたい四月初旬が一年の始まりとされていた。日本でいう「年度」の感覚で、フランスも四季のある農業国であれば、不都合というわけではなかった。が、やはりキリスト教の祭日に基づく区切りなのだ。「世俗年（année civile）」と断りながらも一月一日を年始にしたのは、やはりシャルル九世の意志というより、宗教は宗教、政治は政治と区別したいカトリーヌ・ドゥ・メディシスの意志とみるべきだろう。

一月二十四日、王の宮廷はパリを発ち、フォンテーヌブローに移動した。それ自体は珍しいことではないが、このときは王族、廷臣、文武の高官、それらを守る近衛隊に、それらを当てこむ種々様々の商隊を合わせ、総勢一万五千人が動いた。フォンテーヌブローからシャンパーニュ、さらにロレーヌと東進し、そこからブールゴーニュ、リヨネとローヌ渓谷を南下、プロヴァンスで地中海に出たところで西進に変えて、ラングドック、ギュイエンヌに向かい、ブルターニュまで北上してから中央高地オーヴェルニュに切り返し、ようやくパリに戻るのが一五六六年五月一日という、実に二十七ヵ月にも及ぶ「大行脚(Grand Tour)」の始まりだった。

王の全国行脚は、これまでもたびたびみられた。ひとつには内政の理屈で、つまりは王の顔見世である。テレビもネットもない時代のこと、それは臣民の忠誠心を獲得する最善の方法だった。宗教争乱に見舞われた直後であれば、なおのこと民心を慰撫《いぶ》しなければならない。女子供の王家と侮《あなど》る気分が内乱を助長したとするなら、シャルル九世は是非にも雄姿を示さなければならない。十四歳から十六歳にかけて行われた長旅であれば、少年はぐんぐん大きく成長して、どんどん頼もしくなる。若々しく、涼やかな細面の美貌さえ誇る王がやってくるとなれば、全土は熱狂に駆られる。民人を魅了したあげく、一五六五年

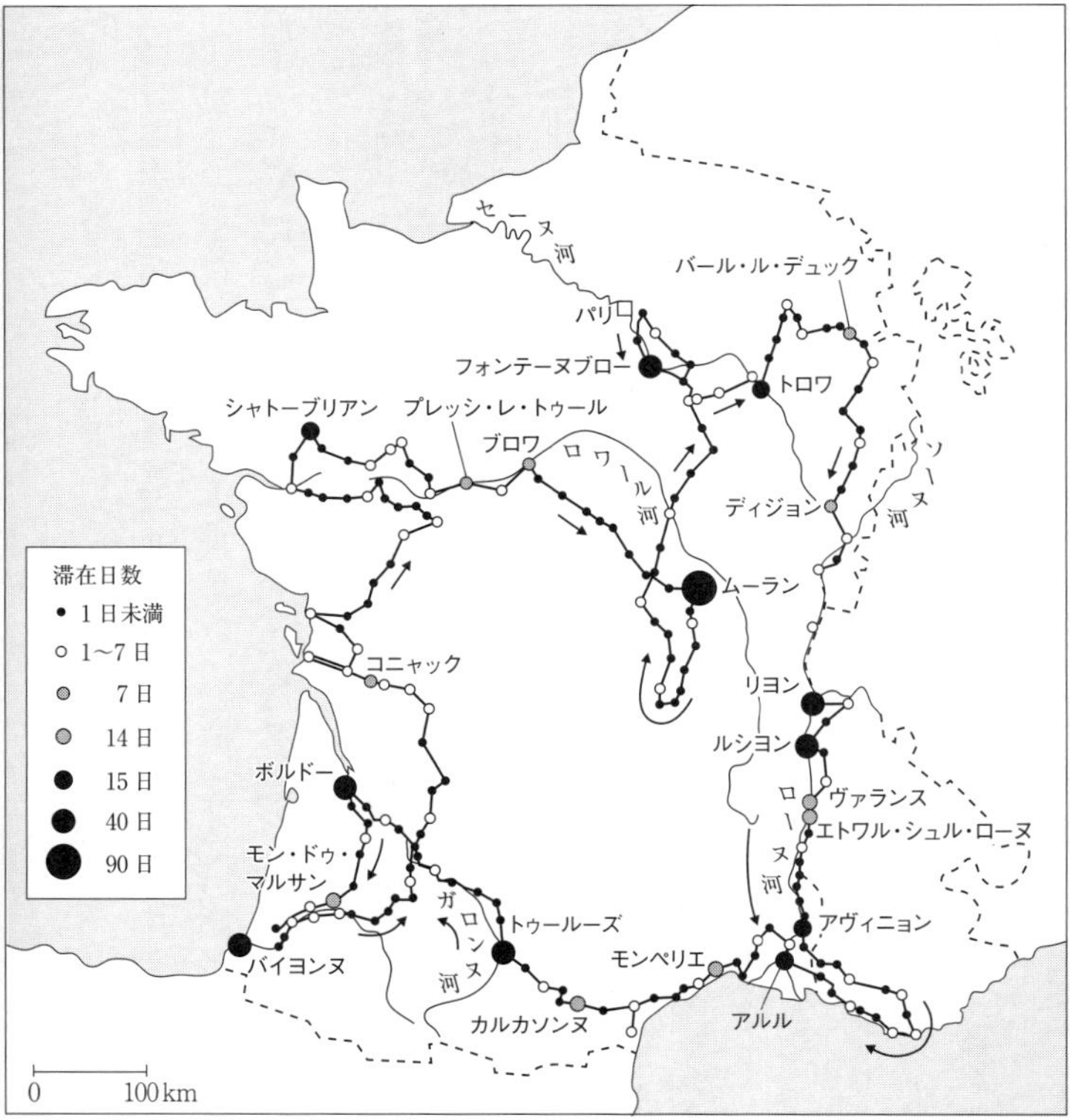

福井憲彦編『フランス史』山川出版社，2001年に加筆

シャルル９世の大行脚（1564～66）

一月に出したのがムーラン大勅令で、大行脚の間に聴取した様々な問題に応えた全八十六条は、結果として王の権限、とりわけ司法上の権限を強化することになっている。

もうひとつが、外交の理屈だった。国境近辺まで回れば、外国の使節とも落ち合いやすい。パリまでは来ない大物も、気軽に足を運んでくれる。こちらも王自ら出迎えることができる。シャルル九世の全国行脚では、カトリーヌ・ドゥ・メディシスが実権を握っていたが、この王母にしても部下を介するより、外国の要人と直接やりとりしたほうがよい。

一五六四年四月のトロワではイングランド王家の代表と落ち合い、二十五万クローネの支払いでカレー領有を断念させた。五月のバール・ル・デュックでは、ロレーヌ公家に嫁いだ王の次姉クロードと再会し、神聖ローマ皇帝マクシミリアン二世にシャルル九世と皇女エリザベート、王妹マルグリットと皇太子ルドルフの縁談を打診してもらうことにした。六月のリヨンではサヴォイア公エマヌエーレ・フィリベールと公妃マルグリット、フェッラーラ公アルフォンソら、北イタリアの君主たちと友好を確かめ合うことができた。なかんずくのクライマックスは、王の長姉でスペイン王妃となったエリザベートを迎えて、六月十五日から七月二日まで続いたバイヨンヌ会談だった。

会談といいながら、一緒に行われた祝祭こそ圧巻だった。「魔法の島のお楽しみ」と題されたそれは、バイヨンヌを流れるアドゥール河に百を超える遊覧船を出し、そこから眺める賓客を楽しませるべく、水底から出てくる不気味な海の怪物から、それを退治せんとする軍艦から、それに乗る古代ローマ風の甲冑を着た男たちから、あるいは水面を戯れ遊ぶ半裸の人魚たちまで仕込みながら、今日にいう巨大アトラクションそのものだった。もちろん、技術力がいる。手間もかかれば、それら全てを賄う財力も欠かせない。つまりフランス王家には、これくらい朝飯前にやる底力があるのだと外国に向けて誇示する、一種のデモンストレーションだった。

第二次、第三次宗教戦争

フランスのことなら、内にも外にも万全の手を打てた。が、さすがのカトリーヌ・ドゥ・メディシスも、外国の事情まではコントロールできなかった。火の手が上がったのは低地諸州だった。一五六五年四月、スペイン王の専制的な支配に抗《あらが》い、遂に蜂起に踏み出したのだ。後のオランダ独立につながる動きだが、支配するスペイン王が旧教の守り手を任じれば、支配される低地諸州の人々は新教派の信仰に染まっていて、両者の戦いは宗教戦争の色合いも強かった。となれば、フランスにも火の粉は飛ぶ。同じ信仰で結ばれたプロテスタントたちが、フランス王の介入を求め始めるからである。

わけてもコリニィ提督が、一五六六年八月頃から強硬に主戦論を唱え出した。フランス王家としては、スペイン王家を敵に回したくない。フェリペ二世はフェリペ二世で協力を求めてくる。一五六七年八月、スペイン王軍が低地諸州の反乱鎮圧に向かうから、そのフランス通過を認めてほしいと頼んできたのだ。板挟みのフランス王家はといえば、急ぎ六千人のスイス傭兵を雇い入れた。一方でスペイン王軍の行軍を監視し、他方でプロテスタントたちの動きを抑えるためだった。

スペイン王軍を率いたアルバ公は、ブリュッセルに入るや、徹底的な弾圧を開始した。ホルン伯、エグモント伯と盟友を逮捕されて、フランスのプロテスタントはいきり立つばかりだった。この流れで起きたのが、モー事件である。九月二十六日、モンソーに滞在していた宮廷に、新教軍の集結が知らされた。守りが堅固なモーに移動したところ、コンデ大公が襲ってきたのだ。シャルル九世を奸臣から解放すると打ち上げながら、要は王を誘拐し、その身柄を押さえることで、フランス王家を意のままに動かすつもりだった。

幸いしたのが、雇い入れていた六千のスイス傭兵だった。これに守られながら、王と宮廷の随員は逃げた。馬もなく、馬車もなく、それはシャルル九世やカトリーヌ・ドゥ・メディシスから、泥道を自分の足で歩かなければならない逃避行だった。新教軍に何度となく襲われながら、それをスイス傭兵の槍の穂先で払い払い、必死の思いでパリに到着したのが九月二十八日のことだった。

シャルル九世は激怒した。コンデ大公、それにコリニィ、ダンドロという新教派の指導者たちを、いきなり大逆罪に問うた。尚書官ロピタルは慌てて取りなしに動いたが、カトリーヌ・ドゥ・メディシスのほうは息子王の振る舞いに異を唱えるではなかった。融和政策の限界を感じていたのかもしれない。

新教派の指導者たちが出頭してこないので、そのまま戦闘に突入した。第二次宗教戦争の始まりだが、十一月十日に迎えたサン・ドニの戦いでは王軍が新教軍を圧倒し、モー事件に報復した。モンモランシー大元帥は戦没したが、王弟アンジュー公アンリが「王国における国王総代」の称号で、あとの総指揮官に任じられた。十六歳の少年であれば、ヌムール公ジャック、モンパンシェ公ルイ、コセ元帥らが補佐につき、戦闘は各地で一五六八年三月まで続いた。三月二十三日にはロンジュモーの和が結ばれたが、平和は五ヵ月しかもたなかった。

尚書官ロピタルが罷免され、かたわらロレーヌ枢機卿が復帰し、当然といえば当然ながら、シャルル九世の宮廷は俄かにカトリック色が濃くなった。危機感を強めたコンデ大公とコリニィ提督は、八月二十三日、大西洋岸の港湾都市ラ・ロシェルに入城した。そこにジャンヌ・ダルブレが六千のガスコーニュ兵を率いて合流すれば、緊張は自ずと高まっていく。十月にはニオール、フォントネ・ル・コント、サン・メクサン、アングーレームと周辺都市を落とし始め、いよいよ第三次宗教戦争なのである。

緒戦は新教軍の攻勢が続いた。が、一五六九年三月十三日に迎えたジャルナックの戦いは、アンジュー公アンリが率いる王軍の勝利となり、コンデ大公が戦没した。六月二十五日のラ・ロシュ・ラベイユの戦いでは、コリニィ提督が勝利を収め、その勢いで新教軍は七月二十四日、ポワティエ包囲にかかる。が、この要塞都市を守るのはギーズ公アンリ、プロテスタントに暗殺された、あのギーズ公フランソワの息子だった。その猛反撃に見舞われて、九月七日に提督は包囲を断念、十月三日にはモンコントゥールの戦いを迎えるが、新教軍は再びアンジュー公アンリに手ひどく負かされる。攻守逆転で十月十六日、今度は王軍がサン・ジャン・ダンジェリの包囲を始め、十二月三日には陥落に持っていったが、その後は一進一退の攻防になった。双方ともに疲れたところで、一五七〇年八月八日、サン・ジェルマンの和が結ばれた。新教徒にラ・ロシェル、モントーバン、ラ・シャリテ、コニャックの「四安全地帯」が与えられるという妥協だった。

結婚政策

なんだか尻切れ蜻蛉《とんぼ》な感じがする。第三次宗教戦争の唐突な終息には、シャルル九世の宮廷でモンモランシー大元帥の息子たち、フランソワとアンリ兄弟をはじめとする穏健派が伸《の》してきた、というより旧教派が俄かに失速した事情があった。なぜかと問えば、政見の転換でもなく、政策の変更でもなく、ズバリ色恋沙汰だった。若きギーズ公アンリが、やってしまった。王妹マルグリットに手を出して、一五七〇年六月二十五日の朝には、あろうことか王や王母に現場を押さえられてしまったのだ。

醜聞である。ギーズ公アンリは王宮に居場所をなくし、そのまま逃げるしかなかった。といって、王妹マルグリット王女がメソメソ涙する玉だったわけではない。数多の男性遍歴で知られ、淫婦、毒婦、悪女の名をほしいままにする後の「王妃マルゴ」こそ、このマルグリットなのである。ギーズ公と醜聞を起こしたのが十七歳のときだが、すでに複数人と関係があり、そうした男たちのなかには、兄のシャルル九世やアンジュー公アンリ、弟のアランソン公フランソワまで含まれていたというから驚きである。

とんでもない女だけれど、それだけ魅力的といおうか、絶世の美女なんだろうなと肖像画を探してみると、やや裏切られた気分になる。醜女とはいわないながら、絶世の美女というのとも違う。可憐でも、妖艶でもなく、印象的なのはある種のたくましさなのである。その男性遍歴も相手に翻弄されるような受け身な態度の所産というより、気に入れば自分から積極的に近づいていく、そういう言い方が可能であるなら、むしろ男性的な態度の必然ではなかったかと想像させる。それを中性的と形容するなら、気難し屋の優男《やさおとこ》アンリ二世と、粘り強い女丈夫カトリーヌ・ドゥ・メディシスの間に生まれた子供たちは、男の子は皆どこかしら線が細く、女の子は誰も芯が強い感じで、つまりは皆が中性的なのである。

シャルル九世も然り――それは従前ただの飾り物で、ひたすら母親カトリーヌ・ドゥ・メディシスの言いなりだった王が、神経質で、ときに病的なほどエキセントリックな素顔を、徐々に露《あらわ》にし始めた頃でもあった。短気であるとか、乱暴であるとかの域に留まらず、とにかく血をみると興奮した。狩りで獣を仕留めると、好んで解体したとも伝えられる。妹のマルゴでないが、そろそろ年頃ということでいえば、シャルル九世は性的な衝動も激越だった。王という誰にも罰せられない地位をよいことに、貴族でも平民でも気に入った娘を手当たり次第に捕まえて、力ずくで強姦するようになったのだ。

ちょっと、尋常でない。もっとも性的な衝動のほうは、しばらくして落ち着いたようである。寵姫と呼ぶには慎ましやかながら、とにかく気に入りの愛人ができた。マリー・トゥーシェという、オルレアンでバイイ代理をしていた男の娘だが、この女との間には一五七三年四月二十八日に息子も生まれている。庶子なので王位継承権はないが、シャルル・ドゥ・ヴァロワと呼ばれ、後にオーヴェルニュ伯、アングーレーム公となる王子である。

ずいぶん御執心だが、それというのもマリー・トゥーシェが、マリー・ステュアール、つまりはスコットランド女王メアリー・ステュアートに似ていたからだとの説がある。シャルル九世からすれば義姉になるが、この伝説の美女を少年ながら憧れの目で眺めていたとしても、さほど不自然な話ではない。ちなみに、その頃のメアリー・ステュアートはといえば、度重なる醜聞と失政から息子に譲位する羽目になっていた。あげくが逃げたつもりのイングランドで、エリザベス女王に逮捕されてしまう。一五六八年五月の話で、それから幽閉が続いていた。

シャルル九世に話を戻そう。第三次宗教戦争が終結して間もなく、王は正式な結婚も果たした。相手はフランス語で「エリザベート・ドートリッシュ」と呼ばれた、神聖ローマ皇帝の皇女である。フランス王として順当な縁組であれば、カトリーヌ・ドゥ・メディシスが描いた絵図の通りであり、ドイツの筆頭勢力と結んで、これでフランスの東は安泰という格好だ。続いて画策されたのが、王弟アンジュー公アンリとイングランド女王エリザベス一世の結婚で、まとまれば今度はフランスの北が安堵される。のみならず、弟王子は妻の共同統治者として、晴れてイングランド王だ。ところが交渉は難航し、一五七一年七月末には破談に終わる。アンリは二十歳、エリザベスは三十八歳、さすがに嫌だと息子に断られ、カトリーヌ・ドゥ・メディシスも折れたのだ。

アンジュー公アンリという弟と妹マルゴ

それでもあきらめられない、なんとしてもアンリを王座につけたいと、それは王母の悲願だった。実をいえば、アンジュー公アンリこそ最愛の息子だった。統治を助けるのはフランソワ二世であり、シャルル九世であったとしても、カトリーヌ・ドゥ・メディシスが母親として溺愛したのは、アンジュー公アンリのほうなのだ。

フランソワ二世は知らず、それをシャルル九世は許せないと感じていたようである。父王アンリ二世に溺愛されたのは、かえってシャルルのほうだったが、その保護者はもういない。いるのは、カトリーヌ・ドゥ・メディシスだけだ。その母親に愛されていないと感じ、愛されている弟に嫉妬の火を燃やしている王にすれば、全てはアンジュー公アンリのためかと勘繰りたくなる。

戦場に出るのは、いつもアンジュー公アンリだった。しかもジャルナックの戦い、モンコントゥールの戦いと連勝して、あれよという間に英雄になっていた。その実はタヴァンヌ元帥はじめ補佐たちの力だが、それならば自分にも優れた将軍をつけてくれればいいではないか、どうして自分は戦場に出ることすら許されないのだと、シャルル九世は不満を抱かずにはおけなかったのだ。一五六九年十二月八日、戦勝をひっさげた弟は「国王総監察（intendant général du roi）」の職に就いた。国王書簡に自分のそれと署名を並べる、つまりは連名で君主としての命令を出し、あたかも王に並ぶかの地位まで与えられた。ますます面白くない。シャルル九世の素行が荒れたというのも、アンジュー公アンリに覚える嫉妬が一因だったのかもしれない。

カトリーヌ・ドゥ・メディシスが融和政策を捨てたのは、モー事件で限界を感じたからでなく、アンジュー公アンリのためだったのではないかとも、シャルル九世は疑念を抱く。新教軍を撃破して、アンリは今や旧教の守護者だからだ。王家の舵を大きく切り、挙げて旧教に肩入れするなら、そのまま英雄に仕立てることができるのだ。それを癪に思うならば、シャルル九世の態度はひとつである。逆に新教に近づくことだ。

一五七一年九月十二日、ガスパール・ドゥ・コリニィが宮廷に復帰した。コリニィ提督は新教派の最高指導者、コンデ大公亡き今や唯一の最高指導者である。この男を顧問会議に迎えながら、シャルル九世は「父上」と呼んだ。五十二歳の提督は、確かに適当な父親がわりだった。母親に愛されないなら、父親の庇護を得るまでと、日に日に傾倒を強める王は、コリニィの言いなりという体《てい》にもなる。カトリーヌ・ドゥ・メディシスも内心は苦々しく思ったかもしれないが、それを特に咎めるというわけではなかった。こちらもこちらで、新教徒に近づく必要があったからだ。

マルゴの結婚も決めてやらなければならなかった。神聖ローマ皇帝の皇太子ルドルフとか、スペインの王太子カルロスとか、あるいはスペイン王妃になっていた姉エリザベートが死んだので、それならスペイン王フェリペ二世の後妻にどうかとか、いろいろと話は出るが、まとまらない。ギーズ公との醜聞が響いたのかもしれないが、そこでカトリーヌ・ドゥ・メディシスが目をつけたのが、ナバラ王アンリ・ドゥ・ブルボンだった。かつての国王総代アントワーヌ・ドゥ・ブルボンの息子は、つまりは親王の血筋であり、家格としても王妹が嫁ぐに不足はない。加えるに、ナバラ女王ジャンヌ・ダルブレの息子は、当然ながらプロテスタントで、新教派の次代を担う逸材なのだ。この縁談をまとめられれば、フランス王家は新教派を懐柔できるのだ。

一五七二年三月、二人の母親ジャンヌとカトリーヌがブロワで会談を持ち、アンリとマルゴの結婚を約束した。四月十一日には結婚契約書も作成された。花婿は新教徒、花嫁は旧教徒であれば、両宗派の和解を象徴するかの結婚は、融和政策の復活さえ思わせた。あるいはカトリーヌ・ドゥ・メディシスにすれば、なんとか融和できる線まで引き戻したいと、そういうことだったかもしれないが……。

サン・バルテルミーの大虐殺

シャルル九世のコリニィ心酔は続いた。一五七二年四月十九日にはイングランド王家とブロワ条約を結び、ともにスペイン王を打倒するかの約束もしてしまう。フランス王の宮廷では、もはや新教派の優位が明らかである。低地諸州の争いも激化する一方だった。五月末、反乱軍はスペイン王軍の手から、遂に要衝モンスを奪った。そのナッソー伯やオラニエ公との友誼ゆえに、フランスからもラ・ヌーやジャンリスがプロテスタントの有志を率いて、戦場に馳せ参じた。未だ私的な行動にすぎない。が、今こそフランス王家として参戦するべきではないかと、コリニィ提督は大声で王を口説くのだ。

カトリーヌ・ドゥ・メディシスは反対した。スペイン王とは戦えない、戦えばフランスは破滅する、本気で戦うつもりなら、フランスを出ていくと脅しながら、こちらも懸命に王を止める。シャルル九世は父親（がわり）と母親の板挟みだった。コリニィに傾倒したのも、元が関心を引きたいからであり、王母カトリーヌのことも無視できないのだ。

決断に揺れる間も、ナバラ王アンリと王妹マルゴの結婚準備は進められた。まず行われたのが、アンリ・ドゥ・コンデとマリー・ドゥ・クレーヴの結婚だった。新しいコンデ大公は、ナバラ王アンリの従兄弟である。花嫁のほうはギーズ公家の一族だ。カトリーヌ・ドゥ・メディシスはギーズ公アンリともども、旧教派をパリに呼び戻していた。結婚式の祝いであれば、誰を断るという話にはできない。とはいえ、新教派と旧教派が狭い城壁の内側で、まさに呉越同舟の体になれば、空気は一気に緊迫の度を高める。

八月十八日、ナバラ王アンリ・ドゥ・ブルボンと王妹マルグリット・ドゥ・ヴァロワの結婚式は、ノートルダム大聖堂で執り行われた。カトリックの御堂であれば、プロテスタントの新郎は外、新婦は内という挙式になり、また執式のブルボン枢機卿も、マルゴには神父として秘蹟を授けるが、アンリには叔父として祝福するだけと、双方の教義を擦り合わせるだけで、もう一苦労という結婚式になった。

なんとか無事に済めば、後に連日の披露宴が続く。その最終日、八月二十二日に事件は起きた。コリニィ提督が銃で撃たれたというのだ。弾は急所を外れ、提督は死ななかった。シャルル九世は「父上」に正義を約束した。暗殺未遂の犯人をみつけ、必ず断罪すると宣言したが、八月二十三日に実行犯はモールヴェールなる殺し屋と突き止めてからが、よくわかっていない。カトリーヌ・ドゥ・メディシス、アンジュー公アンリ、ビラーグ、レッス、ソー・タヴァンヌらが集められ、顧問会議が開かれたことは確かだが、そこで誰がどんな発言をし、何がどんな風に決められたのか、詳《つまび》らかになっていないのだ。

ただ結論は、はっきりしている。コリニィはじめ、パリにいるプロテスタントの指導者たちを処刑する。婚儀に集まった今を好機として、一気に片をつけてしまう。融和政策まで引き戻すどころか、王家は旧教の擁護に舵を切る。それが王の決断だった。

どうして、そうなるのか。シャルル九世は翻意したのか。コリニィ傾倒など、はじめから演技にすぎなかったのか。暗殺犯モールヴェールを動かした黒幕が他ならぬカトリーヌ・ドゥ・メディシスで、邪魔な提督を殺そうとしていた事実が明かされたともいわれるが、それがどうしてプロテスタントの処刑になってしまうのか。どうにも腑に落ちないが、そこは土台がエキセントリックな一面を持つ王なのである。一種の錯乱状態になっていたと、それくらいの想像は許されないか。

「生き延びた者が後から朕を非難することができないよう、ユグノーはひとり残らず殺してしまえ」

これがシャルル九世のものと伝わる言葉である。八月二十四日は聖バルトロマイの祝日だった。日付が変わるや、王の決断は深夜のうちに実行に移された。歴史に悪名高い「サン・バルテルミーの大虐殺」である。始まりが指導者たちが宿泊していたルーヴル宮で、それがパリ中に拡大した。プロテスタントとわかるや問答無用に襲われて、その血でセーヌ河の水が赤くなった。コリニィ提督も屋敷を襲われ、今度こそ殺された。シャルル九世は昼すぎには殺人の中止を命じたが、もうパリは熱狂の虜になり、虐殺は容易に止まらなくなっていた。諸説あるが、数日で二千人から四千人が殺されたといわれている。

虐殺の波はパリに留まるものではなかった。二十四日のうちにラ・シャリテ、二十五日にモー、二十六日にオルレアン、ブールジュ、さらに二十八日にはアンジェ、ソーミュール、三十一日にリヨン、九月四日にトロワ、十七日にルーアン、十月三日にボルドー、トゥールーズ、五日にガイヤック、アルビ、ラバスタンと、旧教派の殺意はフランス中に伝《でん》播《ぱ》していった。全国での犠牲者はといえば、推定で一万五千から二万となる。フランスからの報せを聞いて、ローマ教皇庁は喜んだ。カトリック教会の頂点に君臨する教皇グレゴリウス十三世は、「サン・バルテルミーの大虐殺」を祝福するべく、賛美歌「テ・デウム」を歌わせた。それは宗教戦争が再開する、遠い狼煙《のろし》だったかもしれない。

第四次、第五次宗教戦争

新教派も黙っていない。直ちに報復を誓う。ところが、指導者がいなかった。ナバラ女王ジャンヌ・ダルブレは六月に亡くなっていた。コリニィ提督は殺され、ナバラ王アンリとコンデ大公アンリという次代を担う二人も、パリに囚われの格好である。自然発生的な蜂起から始まって、じき新教派はラ・ロシェルに籠城を決めた。それを王軍が包囲にかかる。十一月に着手したのはラ・ロシェル総督アルマン・ドゥ・ゴントー・ビロンだったが、一五七三年二月からは王弟アンジュー公アンリが指揮をとった。籠城する新教軍の内紛もあり、陥落目前まで追いこんだが、その王軍も七月六日には引き揚げた。

他でもない、五月十一日にアンジュー公がポーランド王に選ばれていた。カトリーヌ・

ドゥ・メディシスの執念が身を結んだというべきか。ヤゲロー朝が断絶し、ポーランドで新しい王が選ばれることになると、そこに王母は最愛の息子を押しこんだのだ。努力が実れば、もう戦争どころでないという話になり、七月のうちにブーローニュの和が結ばれた。

十二月にアンジュー公アンリがポーランドに出発すると、一五七四年一月、その「王国の国王総代」の地位を与えられたのが、末の王弟アランソン公フランソワだった。政治スタンスをいえば穏健派カトリックで、モンモランシー兄弟らと同じである。兄のほう、フランソワ・ドゥ・モンモランシー元帥も、王の気に入りになっていた。が、そのシャルル九世というのが、いよいよ普通でなくなってきた。

エキセントリックな激情家は、好悪の感情も極端に切り替わる。ギーズ公アンリと口論したのが許せないと、二月にはモンモランシーを宮廷から追放する。アランソン公からも「王国の国王総代」の位を取り上げて、それをロレーヌ枢機卿に与えてしまう。宮廷では旧教派が優勢になった。王の顧問会議で通るのも、旧教派の意見ばかりになる。

新教派は行動を躊躇《ためら》わなかった。フランス南西部から蜂起に踏み出し、結びついたのが穏健派カトリックだった。ラングドック州総督として、南部、そして西部まで影響力を振るえるのが、モンモランシー兄弟の弟のほう、アンリ・ドゥ・モンモランシー・ダンヴィルなのだ。奸臣を除け、旧教派の手から王を解放しろと、二月二十八日にはサン・ジェルマンにいたシャルル九世の誘拐を試みるが、これは失敗に終わる。ただ実質的に囚われの身だったアランソン公フランソワとナバラ王アンリは、この機会に宮廷を脱出した。手引きしたのがナバラ王妃になったマルゴで、自らの結婚を血塗られた意趣返しだった。

三月、ラ・ロシュフコー、シャテルローと戦闘が繰り広げられるかたわら、シャルル九世の誘拐が再び企てられた。が、これはカトリーヌ・ドゥ・メディシスが突き止め、未然に食い止めた。四月三十日、実行犯として逮捕、処刑されたのがアランソン公の二人の腹心、ジョゼフ・ボニファス・ドゥ・ラ・モルとアニバル・ドゥ・ココナである。ラ・モルはマルゴの愛人だったともいわれ、これがデュマの『王妃マルゴ』の素材になる。

戦いは終わらない。が、もうシャルル九世にとっては、どうでもよかったかもしれない。結局はカトリーヌ・ドゥ・メディシスに政治を任せて、王が戦っていたのは病魔だった。結核だったとされるが、最後は血の汗を流し、なにより半狂乱の体だった。襲われていたのは、あるいは「サン・バルテルミーの大虐殺」の悪夢だったのかもしれない。

「母上、それでは御先に」

そう言葉を残して、シャルル九世は事切れた。享年二十四歳——一五七四年五月三十日、ヴァンセンヌ城での崩御は、強すぎる母と弱すぎる自分からの終《つい》の解放だった。

第十三章　アンリ三世（一五七四年～一五八九年）

ポーランド王

シャルル九世に子がないわけではなかった。が、正式な王妃であるエリザベート・ドートリッシュが産んだのは、王女マリー・エリザベートだけだった。それでも、フランス王家は困らなかった。王位継承の定めに従い、今回も故王の弟が即位することになった。アンジュー公アンリとして、すでに登場している王子のことである。

兄王の崩御を知らされたのは一五七四年六月十四日、アンリはポーランド王国のクラカウにいた。ポーランド王に選出され、二月二十一日には戴冠式を挙げて、そのまま暮らしていたわけだが、その新生活に馴れたか馴れないかのうちに、今度はフランス王アンリ三世になれると嬉しい報せが来たのだ。アンリは六月十八日にはクラカウを脱出した。フランスから同道していた家臣だけ伴うと、こっそり宮殿を後にした。ポーランド王国の重臣たちが気がついて、急ぎ追手を発したので、まるで逃避行のような脱出になったが、それでも後ろを振り返ろうとはしなかった。
やはり、生まれた国がよい。ポーランドを出ると、ウィーンに入り、さらにヴェネツィアに向かい、この歓楽の都で羽目を外してから、フェッラーラ、マントヴァ、ミラノ、トリノと経て、フランスに帰国した。九月にリヨンで王母カトリーヌ・ドゥ・メディシスに迎えられると、ここで国王顧問会議を開き、フランス王としての第一歩を記す。その初仕事というのが、宮廷で守られるべきエチケットの制定だった。それこそ洒脱の証とばかり、愛玩犬と、鸚鵡《おうむ》と、尾長猿を常に身近に遊ばせながら、つまるところ二十三歳の新王は、そういう人物だった。

武勇で知られていながら、アンリ三世には武張ったところが皆無だった。なよなよした美男子で、いつも身なりばかり気にかけ、女装趣味さえあったとされる王子であれば、なるほど、カトリーヌ・ドゥ・メディシスに溺愛された理由も頷《うなず》けてくる。シャルル九世のような粗暴な息子でなく、刺繡の美しさを愛《め》

アンリ3世
カルナヴァレ美術館

で、リボンの可愛らしさに歓声を上げ、絹地の滑らかさにうっとりする感性の持ち主だからこそ、女親ともぴったり話が合うのである。王になるや一番に宮廷のエチケットに悩み、それをヨーロッパで最もきらびやかに昇華させたアンリ三世は、稀代の洒落男というか、ある種の芸術家肌というか。

それが悪いわけではない。無能と決めつけたものでもなく、宮廷侍医レトワールは「良い世紀と出会っていれば、偉大な王になれたであろう」と評している。が、残念ながら「良い世紀」ではなかった。あまりに陽気に遊ばれ、あまりに呑気に趣味の世界に走られるので忘れてしまうが、アンリ三世が相続したフランス王国は、未だ内乱の渦中なのだ。

ポリティーク派

新教派との戦いは続いていた。王軍は一五七四年八月二十九日からフォントネ・ル・コントを包囲し、「鉄腕」の異名を残す名将ラ・ヌーと矛を交えている。やはり手強い。「サン・バルテルミーの大虐殺」ひとつで壊滅させられるほど、簡単ではない。が、新教派が最大の敵かといえば、第五次宗教戦争は違った。最も手を焼いたのは、穏健派のアンリ・ドゥ・モンモランシー・ダンヴィルだった。

権力の基盤は総督を務めるラングドック州だが、それならばと王家は六月十八日に解職を決定した。が、七月にミヨーで行われた新教派集会が、自らの名前でラングドック州におけるダンヴィル卿の地位を確認したので、実際に振るえる影響力は些《いささ》かも変わりなかった。十一月十三日、ダンヴィル卿はモンペリエで王家を批判する声明を出した。一五七五年一月から二月にかけて、新教派集会が今度はニームで開催されると、それに合流して相互提携条約も結んだ。歴史家によっては、「南フランス諸州連合」が成立した、フランス王の支配から独立した、とも解釈している事件である。アンリ三世は二月十三日にランスで戴冠式を挙げたが、その後光さえ届かない場所が、フランス王国の内にはできていたのである。

ダンヴィル卿らの党派は穏健派カトリックというより、新教、旧教と宗派にこだわるのでなく、あくまで政治や政策を優先させるという意味で、「ポリティーク派（les politiques)」と呼ばれ始める。政治的成功が最優先であるからには、自分は報われていないと思う不満分子の横顔も持つ。このポリティーク派の首領に再び収まったのが、ルーヴル宮から逃げた王弟アランソン公フランソワなのである。同じく脱出したナバラ王アンリも、新教派の指導者に返り咲いた。提携する両派は勢いづくばかりであり、アンリ三世は折れるしかなかった。五月六日に結ばれた和平は「ムッシューの和平（La paix du Monsieur)」と呼ばれるが、その大文字から始まる「ムッシュー」とはアランソン公フランソワのことなのだ。

和平の内容は、五月八日のボーリュー勅令で法制化された。アランソン公はアンジュー、トゥーレーヌ、ベリーを親王領として与えられ、以後は「アンジュー公」の名乗りを用いることになった。ダンヴィル卿がラングドック州で占める総督職も、王家の名において確認された。新教派には、パリと宮廷がある都市以外なら、どこでも信仰の自由が認められる、安全地帯は八都市に増える、新教徒の高等法院を認可する等々、かつてないほどの好条件が認められた。あげくにフランス王国の再建、政治改革は急務であるからと、王家による全国三部会の召集まで呑ませたのだ。アンリ三世とギーズ公が率いる旧教派にとっては、敗北以外の何ものでもなかった。

ブロワ全国三部会

巻き返しのために旧教派が試みたのが、旧教同盟の立ち上げだった。ひとつがパリで行われた結社で、自市をカトリックの牙城と任じながら、それを死守するためと称して、市政を牛耳ろうとした。もうひとつが六月五日にペロンヌで立ち上げられた組織で、ギーズ公を首領としたことからも明らかなように、いっそう戦闘的な性格を有した。いうまでもなく、宗派の対立は緊迫の度を高めるばかりだ。

かかる空気のなかで一五七六年十二月六日、ブロワで全国三部会が開幕した。旧教派、新教派、ポリティーク派の三派は、そこでも激しい主導権争いを演じた。王家の立場でいえば、直面させられたのは未曾有の政治危機である。これを打開するために、アンリ三世はなにより金を必要としていた。永《とこしえ》の平和を取り戻すためにも認めてほしいと、援助金の供出を掛け合うが、全国三部会のほうは簡単には承認しなかった。

それを取り引きの材料にして、逆に厳しい政治改革を突きつけてくる。全部で三百六十三条にも上る改革案だが、なかんずく特筆すべきは、全国三部会には全会一致の投票による法制化の権限があり、それを王も守らなければならないとした、十二月十二日の決議だった。かねて法律を作るのはフランス王だけであり、どれだけ不服に思おうとも、臣民の側には高等法院を介した建白権しか認められていなかった。ところが、向後は立法の主体が全国三部会に、つまりは臣民の側にあるとされたのだ。政治危機どころか、すでにして体制の危機、王政の危機である。立憲王政の考え方にも通じて、一種の革命ともいえる。

宗派の対立に話を戻せば、三部会の主導権掌握に成功したのは旧教派だった。ギーズ公アンリに従う三者、リヨン大司教ピエール・デピナック、セヌシー男爵、パリ高等法院弁護士ジャン・ヴェルソリが、それぞれ聖職者代表部会、貴族代表部会、平民代表部会の議事を主導した。全国三部会の多数決は議員各自の意志を一票とするのでなく、各部会の結論を一票とする方式なので、そのいずれをも牛耳る旧教派の主張が通るのだ。

ブロワ全国三部会は前年五月のボーリュー勅令を廃止、つまりは新教派に有利な法制化を反故《ほご》にした。これまた王にすれば、自らの決定を取り消しにされた格好である。今度は旧教派かと、アンリ三世は腹を立てたのか。それともホッと胸を撫で下ろしたか。旧教派の巻き返しを受けて、新教派はポワトゥーとギュイエンヌで武装蜂起にかかった。第六次宗教戦争の始まりだが、再びの内乱の事態にブロワ全国三部会の政治改革も、うやむやになってしまう。さしあたりフランス王は、臣民が定めた法には従わなくてよくなった。

第六次、第七次宗教戦争

一五七七年一月十七日、ブロワ全国三部会は閉会を宣言した。が、援助金の話はどうなったと、アンリ三世は駄々っ子のように議員の帰宅を許さなかった。聖職者代表部会が四十万リーヴルを出してくれることになり、ようやく三月に解散を認めたが、目標の百万リーヴルに遠く及ばない結果だった。

軍資金が足りなかったか、あるいは元から適性を欠くということか、王は内乱の事態も持て余す。となると、俄然がんばり始めるのが、王母カトリーヌ・ドゥ・メディシスなのである。同じく息子王を支えながら、シャルル九世時代の振る舞いに比べると、常に一歩下がっている印象だった。そこは最愛の息子であり、まずアンリ、さておきアンリ、とにかくアンリと、王を押し立てたということだろうが、それで危機が極まったとなれば、この時代では老齢にかかる五十八歳にして、またぞろ精力的な働きをみせるのだ。

狙いも的を射ていた。四月、カトリーヌ・ドゥ・メディシスは末息子アンジュー公フランソワと、ダンヴィル卿アンリ・ドゥ・モンモランシーに呼びかけた。ポリティーク派を王軍に引き抜いて、新教軍を孤立させてやったのだ。アンジュー公が率いる王軍は、五月にラ・シャリテ・シュール・ロワール、六月にイゾワールと、新教派の拠点を次々陥落させていった。ダンヴィル卿は九月にかけて、コリニィ提督の息子フランソワ・ドゥ・シャティヨンが守るモンペリエを包囲した。最後は撤退したが、血縁が敵味方に分かれる構図には、両軍とも士気を下げたと伝えられる。

九月十四日にベルジュラックの和が結ばれ、第六次宗教戦争は幕を引いた。十八日に発布されたポワティエ勅令によれば、信仰の自由が認められるのはバイイ管区ごと一都市のみ、八安全地帯が認められるのは六年間だけ等々、新教派にとっては後退となる和平だった。

カトリーヌ・ドゥ・メディシスは休まない。一五七八年八月には新教派の根城、南フランスに乗りこんだ。一五七九年十一月にパリに戻るまで、ナバラ王、ダンヴィル卿、サヴォイア公と会談を繰り返し、潮時と皆に武器を収めさせたい、なんとか息子王の威信を取り戻したいと、それは一所懸命だった。が、母の偏愛は許されない。必ずや報いを受ける。全ての努力は台無しになる。まだ息子は、もうひとりいたのである。

一五七八年二月十四日、アンジュー公フランソワは再び王宮を抜け出した。シャルル・ドゥ・ララン、オラニエ公ウィレムら、低地諸州の有力者たちと接触して、狙うはネーデルラントの王座だった。闘争はスペイン王の支配から独立を模索するところまで来ていた。それはフランスの支援を引き出せるなら、新しい国の君主に王弟を迎えてもよいという話だった。

十二月、アンジュー公はモンス攻めで活動を開始した。一五七九年に入ると、ネーデルラント独立の動きも具体化していく。一月六日に南部のアラス連合、一月二十三日に北部のユトレヒト連合と別々の組織が立ち上げられ、前者は旧教信仰を守り、かつスペイン支配の内に留まり、後者は新教を奉じ、また諸州連合として新国家を設立すると、それぞれに旗幟《きし》を鮮明にしたのだ。ベルギーとオランダの分かれ道だが、そのオランダのほうの君主に迎えられるのだなと、王弟はますます前のめりになっていく。

立身の好機かもしれないと、ポリティーク派の貴族たちも張り切る。ネーデルラントの話であれば、信仰を同じくする新教派も黙ってはいられず、フランスでは袂《たもと》を分かっていながら、再びポリティーク派と共闘する。となれば、旧教派も傍観者ではいられない。スペイン王こそ旧教の保護者だからと、ネーデルラント総督パルマ公を応援する。つまるところ、カトリーヌ・ドゥ・メディシスが丁寧に水をかけたはずのフランスに、再び火の手が上がるまでは、ほんの時間の問題という形勢なのである。

争いは低地諸州との国境地帯、ピカルディ州の支配を巡って勃発した。ペロンヌの旧教同盟が実効支配を行っていたが、それではネーデルラントを助けられないと、コンデ大公アンリが新教軍を率いて侵攻したのだ。一五七九年十一月二十九日にラ・フェール・アン・タルドノワを奪うと、これを取り戻せと旧教派も武器を取り、第七次宗教戦争の始まりとなった。

ナバラ王アンリの参戦で戦火は南フランスにも拡大した。ここでアンジュー公が火消しに動いた。実をいえば、王弟とユトレヒト連合は九月十九日、プレッシ・レ・トゥール条約を結んでいた。オランダの立憲君主として、いよいよ即位できることになった。あとはスペイン王軍を倒すだけ、フランス王軍が頼みであれば国内が揉めていては困ると、甚だ自分本位な動機ながら、一五八〇年十一月二十六日にはフレークスの和に漕ぎつけた。

ミニョンたち

老いた母親が奮闘し、自分勝手な弟が野心に燃えているとき、アンリ三世は何をしていたかといえば、ひたすら宮廷を飾り立てていた。宮殿を華やかに改装したとか、家具や絨毯を新調したとか、そういう話ではない。まず挙げられるのが、一五七八年十一月のサン・テスプリ騎士団創設だった。

フランス王家の騎士団といえば、ジャン二世のエトワール騎士団や、ルイ十一世のサン・ミシェル騎士団があった。サン・ミシェル騎士団は存続もしていたが、時代が進むにつれて、鎧冑で剣を帯び、皆で主君を取り囲むというような古風な実質はなくなって、騎士の資格も単なる名誉の称号というか、今日の叙勲に通じる感覚で、与えられるようになっていた。インフレ気味だったこともあり、フランス王と固い絆で結ばれている腹心たち、というような本来の意味は薄れる。サン・ミシェル騎士の称号を持つ多くが内乱に身を投じ、また王に反旗を翻している通りである。

そこで出直しといおうか、引き締めといおうか、サン・テスプリ騎士団は団員数を百人に限定して創設された。内乱の時代でなければ必要なかったかもしれないが、そうすることでアンリ三世は、唯一自分にのみ忠誠を尽くす人間を集めようとしたわけだ。

まあ、そういう言い方をすれば、確かに政治的な試みだが、土台が王は気に入りに囲まれているのが好きな男だった。それもカイリュス、オー、リヴァアラ、ダントヴィル、サン・シュルピスと、皆が武芸に優れた若者で、しかも皆が絶世の美男ばかり、皆で流行の先端をいく洒落衣装を着飾りながら、ぞろぞろ宮廷を闊歩していたとなれば、ちょっと様子が怪しくなる。

実のところ、アンリ三世は男色家だったとの説がある。いや、それは政敵が流したデマ、悪意の中傷にすぎないとする反論もあり、なるほど、妹のマルゴ王女やコンデ大公妃マリー・ドゥ・クレーヴなど、相手が女性という醜聞も起こしている。一五七五年二月十五日には、ロレーヌ公家の分家の姫君ルイーズ・ドゥ・ロレーヌ・ヴォーデモンとも結婚している。女性が駄目というわけではなさそうだが、だからといって、男性は考えられないというわけでもなく……。

いずれにせよ、アンリ三世の側には、常に「ミニョン（mignon）」と呼ばれる寵臣たちがいた。領地を与え、称号を与え、役職を与え、年金を与えと、愛顧の仕方も一通りでない。わけても引き立てられたのが「大ミニョン（Arch-mignon）」と呼ばれた二人、ジョワユーズ公とエペルノン公だった。フレークスの和で平和が訪れるや、もう王は止まらなくなる。アンヌ・ドゥ・ジョワユーズが副伯から格上げされて公になったのが一五八一年八月、ほどない九月にはマルグリット・ドゥ・ロレーヌと結婚したが、これがアンリ三世の王妃ルイーズの異母妹だった。以後ジョワユーズ公は王の義弟ということになり、ちょっと異常な印象も受けてしまう。一五八二年六月一日には、フランス提督も任じられる。

やはり恋愛感情のなせる業かと勘繰りたくなるが、やはり政治的な意図も読み取れないわけではない。サン・テスプリ騎士団の創設意図とも重なるが、アンリ三世は腹心を必要としていた。これを自らの分身として、ほとんど副王のような存在として、しばしば反乱、内乱の根城になる地方に送り込んだのだ。現にジョワユーズ公は州総督ダンヴィル卿の対抗馬として、ラングドック国王総代に任じられている。九月に領地のひとつをエペルノン公領に格上げされたのが、ジャン・ルイ・ドゥ・ノガレ・ドゥ・ラ・ヴァレットだが、こちらもノルマンディ州総督を務めた。

もうひとつには、王家の求心力を高める狙いがあった。ポリティーク派、とりわけ王弟アンジュー公フランソワは、自分は報われていないと思う不満分子を多く集めて、自らの政治力としていたが、王家に仕えてこそ立身があるのだと、アンリ三世はミニョンたちを通じて示そうとしたのである。

王位継承問題

ネーデルラントの王位を狙うアンジュー公フランソワは、どうなったか。兄のアンリ三世にも、母親のカトリーヌ・ドゥ・メディシスにも、その野心を後押しする気はさらさらない。むしろ反対した。スペイン王に睨まれたくないからだ。それでもフランソワには、聞き分ける様子がない。一五八一年七月二十六日、ネーデルラント諸州連合は、フェリペ二世の廃位と自らの独立を宣言した。十二月、その新国家にさしあたりブラバント公とフランドル伯の称号を献じたいと伝えられれば、おとなしくなどしていられない。

ただ耳も貸さない、というわけではなかった。ネーデルラントを治めたいなら、イングランド女王エリザベス一世との結婚を考えろと、兄、それに母から勧められ、一五八一年八月に交渉が始まると、アンジュー公フランソワは、十月には自らイングランドに渡航した。本気で結婚するつもりだったかはさておき、支援は期待したようだ。が、なにひとつ引き出せないまま、一五八二年二月にはロンドンを離れた。ネーデルラントに向かったものの、金もなく、兵もなく、ただ闇雲に転戦すれば負けがこみ、そうするうち夏には議会と仲違いしてしまう。一五八三年一月十七日には、アントヴェルペンの民兵隊に手ひどく退けられてしまい、六月二十九日にはフランスに去らざるをえなくなる。

王弟殿下《ムッシュー》の野望は潰《つい》えた。フランスに余計な悶着を持ちこまれる心配はなくなった。が、連戦の疲れが出たか、それとも失意のせいなのか、アンジュー公フランソワは十月に結核を発症、一五八四年六月十日には死んでしまった。それは王弟の死であるのみならず、王位継承者の死でもあった。アンリ三世は未だ子がなかったのだ。

フランス王国は騒然となった。いや、アンリ三世は三十三歳、ルイーズ王妃とて若い。

王子誕生は十分見込めるはずなのに、やはり王国中が騒然となった。男色家の素顔は、もはや公然の秘密だったのか。少なくとも目覚めてからは、女になど見向きもしなくなっていたのか。アンジュー公フランソワが早世すれば、その時点でヴァロワ朝の断絶は時間の問題になると、皆が承知していたのか。そう考えて、なお首を傾げてしまうのは、ヴァロワ朝が断絶しても、フランス王家がなくなるわけではないからである。

王位継承者はいた。法に照らせば、次の王はナバラ王アンリ・ドゥ・ブルボンだった。ブルボン親王家は十三世紀のフランス王ルイ九世の六男、ロベール・ドゥ・クレルモンの末裔だが、三世紀もの時間が経過する間に、本家のブルボン公家、分家のモンパンシェ伯家は絶えた。残る分家がヴァンドーム伯家（後に公家）だが、その家長がアンリ・ドゥ・ブルボンだったのだ。

この男に王位が移れば、ヴァロワ朝の断絶、ブルボン朝の成立ということになる。家系図をずいぶん遡らなければならない王位継承は、カペー朝が断絶し、ヴァロワ朝が成立したときと比べても、遥かにインパクトがある。が、それは問題ではない。王位継承の原則は、シャルル五世時代に確立されている。

問題はアンリ・ドゥ・ブルボンがナバラ王であることだった。いや、イベリア半島の王号を持つことも、パリでなく、サン・ジェルマン・アン・レイでなく、フォンテーヌブローでなく、ピレネ山麓の小都市ポーで生まれたことも、ひどいガスコーニュ訛《なま》りで喋ることも、なんら妨げとはならない。厄介なのはナバラ女王ジャンヌ・ダルブレの息子であること、妥協のない新教派で知られた母親の信仰を受け継いで、自身も「フランス改革派教会の首領にして守護者」と呼ばれる新教派の指導者であることだった。

だから、王になれないわけではない。歴代のフランス王はカトリックばかりだが、大半は宗教改革が起こる前の話である。政治は政治、宗教は宗教の理屈を貫けばよいだけなのだが、それでは旧教派が断じて納得しないのだ。火をみるより明らかな展開であれば、アンリ三世は先手を打とうとした。弟が息を引き取るや、妹のマルゴと結婚しているので、義理の弟ということにもなるナバラ王アンリに、急ぎエペルノン公を遣わした。腹心のミニョンを通して、カトリックへの改宗を説得したわけだが、ナバラ王は頑として首を縦には振らなかった。

そうこうしている間に、旧教派のほうも動く。九月、十二月と繰り返された密談の参加者は、ギーズ公アンリと、ブルボン枢機卿シャルルの名代であるメーヌヴィル、スペイン王フェリペ二世の名代であるタクシならびにモレオだった。十二月三十一日に結ばれたジョワンヴィル条約では、ナバラ王アンリの王位継承は認めない、ブルボン枢機卿をアンリ三世の後継者とする、それにスペイン王が支持と支援を与える、等々が定められた。

ブルボン枢機卿というのはナバラ王アンリの叔父で、聖職に進んだからには旧教徒である。ナバラ王アンリがいなければ、王族の筆頭だ。これを還俗させて、「シャルル十世」を名乗らせれば、フランスはカトリックの王を抱き続けられるわけだが、もう六十一歳という、当座は凌げても、また次の王位継承者に困るような男を担いで、まさに苦肉の策である。が、どうでもプロテスタントの王は認められないという、意固地な態度だけは明らかだ。

第八次宗教戦争

再び緊張が高まった。一五八五年三月、ナバラ王アンリがラングドック州に赴き、カストルで総督ダンヴィル卿と会談した。新教派とポリティーク派の同盟が再興したとみるや、ギーズ公アンリは躊躇なく武器を取った。アンリ三世、ナバラ王アンリ、ギーズ公アンリと、皆が故アンリ二世にもらって同じ名前なので、歴史に「三《トロワ》アンリの戦い」とも呼ばれる、第八次宗教戦争の始まりである。北も南も、東も西も、フランス中が戦場と化した。それは最後にして、最長の内乱でもあった。

いや、なるだけ小さく収めたいと、四月にアンリ三世は母親に頼みこんだ。老骨に鞭打ちながら、カトリーヌ・ドゥ・メディシスはエペルネに向かい、そこでギーズ公に停戦を説いたが、やはり無駄な努力だった。ペロンヌに結成された旧教同盟が、全国的な組織になっていた。その総意で逆に圧力をかけてくる。それに王は、あっさり屈した。七月七日にヌムール条約を結び、フランスでは新教の信仰が禁止される、プロテスタントは改宗しなければ国外追放、アンリ・ドゥ・ブルボンを王位継承候補から外す、等々を約束させられたのだ。

当然ながら、新教派も態度を硬化させる。カトリーヌ・ドゥ・メディシスはこちらにも足を運んだが、王家は旧教派と結んだではないかと、もはや話も聞いてもらえない。アンリ三世も再度ナバラ王アンリ・ドゥ・ブルボンに改宗を勧めたが、これまた綺麗に無視される。アンリ三世とカトリーヌ・ドゥ・メディシスばかり右往左往して、もはやフランスでは誰が王だかわからない有様だが、だからこそ、もはや泥沼の戦いあるのみなのだ。

旧教派と結んで、王は有体《ありてい》な敗残すら強いられた。一五八七年十月二十日のクートラの戦いで、ナバラ王アンリが率いる新教派とポリティーク派の連合軍に惨敗を喫したのだ。王軍を率いたのがジョワユーズ公だが、この「大ミニョン」も戦死に果てた。旧教派はといえば、ミニョンどもが悪い、全てミニョンどものせいだの大合唱で、残るエペルノン公まで排斥しようとするのだから、本当に王には何もいいことがない。

おまけにパリまで不穏だった。プロテスタントの王が生まれる可能性に危機感を抱いて、かねてからのカトリック色を一段と強めたのだ。一五八八年一月頃からは旧教派が市政庁の実権を握り、ことあるごとに暴動を起こして、新教派に甘すぎるとアンリ三世に圧力をかけるようになる。ギーズ公アンリと連携し、画策したのが旧教同盟による国政の運営だった。王家から国政の権を奪おうとする、一種のクー・デタである。

アンリ三世も手を拱《こまね》いていたわけではない。パリ市政庁にポーランという密偵を送りこみ、策謀という策謀を探らせた。呼び寄せたと聞いてはギーズ公を遠ざけ、自らを誘拐する計画があると報告されては、護衛の兵数を増員する。それでも一五八八年五月九日、ギーズ公アンリはパリ入城を強行した。内通を疑われて、ポーランは十一日に遁走、いよいよ危ういと、王は十二日の早朝に市内にスイス傭兵隊を入れた。

これがパリの逆鱗に触れた。民兵隊を動員し、また道路の敷石を剝《は》がして、陣地を作るなどして、応戦に乗り出したのだ。歴史に「バリケードの日」と呼ばれる顚末《てんまつ》で、このとき旧教同盟は十万人を動員したと伝えられる。十三日の夕、アンリ三世は王都を逃れた。サン・クルー、シャルトル、さらにトゥールと移動して、いちいち宮廷を構えたが、王たる者の敗北は変わらない。

最後の攻勢

ギーズ公はラニィ、モー、ムラン、エタンプ、コルベイユと、パリ周辺を制圧していく。パリの旧教同盟はといえば、王国各地に使者を遣わし、全国的な都市連合の構築を試みる。七月五日にはバスティーユの取り壊し、市内警察活動の監督権、十二リュー以内の軍隊の駐屯禁止等々の要求を、アンリ三世に容れさせた。十五日のルーアンでは「一体《ユニオン》勅令」も出させた。王と旧教同盟は一体なのだという意味で、新教徒を撲滅する等々の内容に新規なものはないながら、それはアンリ三世が遂に調印させられた降伏文書といってよかった。

王を屈服させるといえば、旧教同盟の主導で全国三部会も再び召集された。第二次ブロワ全国三部会がそれで、十月十六日に開会、十八日には「一体勅令」の遵守が誓われ、それは王国基本法に格上げもされた。前回と同じく臣民の側に法制化の権限ありとした点、さらにナバラ王アンリの王位継承権を否定して、つまりは王家の法を曲げた点では、いっそう革命的な三部会になった。かわりにアンリ三世は十二万エキュの援助金を引き出した。この金で贅沢な宮廷生活を楽しめたり、ミニョンたちと遊んで暮らせたりすれば、呑気な耽美主義者の王はもう満足なのかと思いきや、どこまで馬鹿にしたら気が済むのかと、いよいよ堪忍袋の緒も切れていたらしい。

十二月二十三日深夜、王は動いた。アンリ三世に従う「四十五士隊（Les quarante cinq）」

は、寵臣エペルノン公が同郷のガスコーニュ貴族で組織した近衛部隊である。美々しく着飾る美男の若者揃いであれば、これまた宮廷の飾りといえなくもないが、他面では武術に優れる精鋭たちでもある。この四十五士隊に命じて、ブロワ城の回廊で実行したのが、ギーズ公アンリの暗殺だった。ブルボン枢機卿、リヨン大司教エピナック、パリ選出の議員なども同じ日に逮捕した。翌二十四日にはギーズ公の弟、ギーズ枢機卿も殺害した。

まさに大事件である。その衝撃も覚めやらぬ一五八九年一月五日、王母カトリーヌ・ドゥ・メディシスが死んだ。最愛の息子として、守られ続けたアンリ三世は、とうとう保護者を失った。王は失意と悲しみの底に沈む。そこを報復の嵐に襲われなければならなかったのだ。

一月七日、旧教同盟は「フランス人は、普遍的で、使徒の伝統を受け継ぐ、ローマの教会のために、武器を取り、金子《きんす》を集め、一致団結しなければならない。諸身分による議会の信頼を公然と踏みつけにした王と戦うのだ。こんなことがあっても、なお臣民たる者は忠誠の誓いを免れえないとでもいうのか」と声を荒らげた。押され放しの弱い王アンリ三世が、あれよという間に暴君呼ばわりで、その専制から身を守れと、ルーアンでも、リヨンでも、バリケードが築かれる。パリでは旧教同盟が「神聖同盟」と名前を変え、新しい指導者としてギーズ公の弟、マイエンヌ公シャルルを担ぐ。もちろん、王の入城など許さない。

アンリ三世が近づけるのは、もうナバラ王アンリしかなかった。旧教派の敵ということであれば、ナバラ王も拒まない。四月三日、双方の代理によりトゥール秘密条約が結ばれ、三十日にはプレッシ・レ・トゥール城で、フランス王とナバラ王が晴れて合流となった。二王の軍隊は進軍を開始、マイエンヌ公の軍隊を各地で押し返しながら、七月三十日にはサン・クルーに到着、いよいよ手をつけたのがパリ包囲戦だった。王都を陥落させ、見事入城できれば、アンリ三世の逆転勝ちだ。が、ここで事件が起きた。

八月一日、王をサン・クルーに訪ねたのは、ジャック・クレマンと名乗るジャコバン派の若い修道士だった。パリからの手紙を託されたといって近づき、とみると、一瞬の隙を突いてアンリ三世の背中に短剣を突き刺した。短剣の刃は腹まで抜けたと伝えられる。さすがに死を覚悟したのだろう。急ぎ駆けつけてきたナバラ王アンリを自らの王位継承者と認め、居合わせた面々にも忠誠と服従を誓わせ、あとは義弟に再度カトリックへの改宗を勧めて、それで最後だった。

八月二日午前三時、アンリ三世は絶命した。その崩御で、ヴァロワ朝も断絶した。ナバラ王アンリ・ドゥ・ブルボンが後を継ぎ、フランス王アンリ四世となる。ブルボン朝の成立だが、まだ王位を得ただけで、王国は得ていない。全土的な組織を誇る旧教同盟が、対決姿勢を少しも弛《ゆる》めていないからだ。宗教に根ざした内乱に喘《あえ》ぎ続けるからには、フランスという国は王でなく、まだまだ神に支配されていたというべきか。

おわりに　国家改造の物語

王たちのデータ

ヴァロワ朝のフランス王は全部で十三人を数える。かかる王たちのデータ処理を試みると、どんな結果が現れてくるだろうか。

まずフランス王に即位する年齢だが、十三人の平均で二十三歳八ヵ月と出る。十代で即位した王が五人、二十代で即位した王が四人、三十代で即位した王が四人で、十代で即位した王が最も多かったというのは、少し意外な感じもある。シャルル六世、シャルル八世、フランソワ二世の三人までが、なかなか恵まれなかった「遅い子」だった。直系が絶えて、分家に王位が回ったり、父から息子の線でなく、兄から弟の線で継承されたりという例もみられ、子作りにはいくらか苦労させられた王朝といえるかもしれない。

まあ、先立つカペー朝の王たちが特異なだけで、ヴァロワ朝の王たちのほうが普通といえば普通だ。ちなみにカペー朝の王たちの即位年齢は、平均で二十三歳五ヵ月だった。

次に在位年数だが、こちらの平均は二十年一ヵ月となる。最長がシャルル六世の四十二年一ヵ月、次がシャルル七世の三十八年九ヵ月、フランソワ一世の三十二年二ヵ月と続くが、いずれも十一歳九ヵ月、十九歳八ヵ月、二十歳四ヵ月と若くして王位についているので、当然といえば当然である。

国を混乱させるばかりだった狂王の御世が、ヴァロワ朝では最も長く続いたというから、なんとも皮肉な話である。最短がフランソワ二世の一年五ヵ月だが、これは病弱な王のデータであり、特殊な事例に属するといえるだろう。再びカペー朝の諸王と比べると、こちらの平均在位年数は二十四年四ヵ月となり、四年以上の差が開いて、ヴァロワ朝の諸王は治世が短かったことになる。

最後が没年齢だが、十三人の平均で四十三歳九ヵ月と出る。最も長生きしたのがルイ十一世で、六十歳一ヵ月まで生きた。五十八歳五ヵ月のシャルル七世、五十七歳のフィリップ六世と後に続いて、長寿の王は結構な長寿なのだが、それでも平均を取れば四十三歳九ヵ月まで早まる。

ヴァロワ朝の王たちは総じて短い人生だった。カペー朝の諸王と比べてみても、こちらの平均没年齢は四十七歳十ヵ月なので、四歳から差がついて、やはり短い印象が拭えない。この短命という傾向から、ヴァロワ朝の諸王の在位年数の短さも、ある程度までは説明がつけられる。短命であれば、在位年数も短くなる。因果関係は明らかなのだが、それとして、なんだか、おかしい。

寿命というものは、時代を遡れば遡るほど短い、時代を下れば下るほど長いというのが、普通である。食べ物もよくなるし、医学も発達する。衛生状態もよくなるからだ。あてはめれば、カペー朝の時代よりヴァロワ朝の時代のほうが、人々は長生きなはずである。戦没が多いのかといえば、そこは王の話であり、カペー朝の時代でもひとりしかいないし、ヴァロワ朝の時代では皆無である。努めて探そうとしても、騎馬槍試合の事故に倒れたアンリ二世や、暗殺に果てたアンリ三世の事例があるだけだ。黒死病の上陸を特筆しなければならないかといえば、大打撃を受けたのは庶民のほうであり、この疫病で命を落とした王はいない。やはり、解せない。

前著でカペー朝の諸王を論じたとき、私は「まさに等身大の人生」と評した。してみると、短命なヴァロワ朝の諸王は、残念ながら悪いほうの意味で少し普通でない生き方をした、大分ストレスが多い人生だったと形容されるべきなのか。

なるほど、ヴァロワ朝の時代を振り返れば、まさに戦争に次ぐ戦争の歴史である。大雑把な括りでいっても、十四世紀から十五世紀前半にいたる百年戦争を皮切りに、十五世紀後半がブールゴーニュ戦争とブルターニュ戦争、十六世紀前半がイタリア戦争、十六世紀後半が宗教戦争と、それこそ息継ぐ間もないくらいに連続している。かかる戦争を率い、あるいは営み、つまりは戦わなければならないとするならば、確かに王たちが感じていたストレスは、並大抵のものではなかったろう。しかし、だ。戦争に次ぐ戦争の歴史といえば、差はあれカペー朝の時代も同じだった。戦争こそ王の仕事といえるくらいで、そこはなんら変わっていない。変わったとするならば、挙げるべきはスケールの違いだろうか。

戦争は比べられないくらいに大きくなった。とりもなおさず、国が比べられないくらいに大きくなったからで、ヴァロワ朝が治めたフランス王国は、人口千七百万を誇るヨーロッパ最大の国家だった。それはスペインやドイツの二倍、イングランドの四倍にあたる人口であり、なるほど一国にして諸国を全て敵に回すような戦争ができたはずである。東西を横断するのに三週間半、南北を縦断するのに一月といわれた国土の広大さにおいても、他の追随を許さない。ヴァロワ朝の王たちには全国行脚を試みた者が少なくないが、文字通り自分の足で稼いで、この大国を治めなければならないならば、それは、もう、筆舌に尽くしがたい労苦だったに違いない。

いや、それは無理だ。たまに行脚することはあれ、フランス各地を常に歩いて回れたわけではない。そういう治め方は、とうに限界に達していたのである。

ヴァロワ朝の功績

やはり前著で私はカペー朝の歴史を「個人商店の奮闘日記」に譬《たと》えた。王冠を載せただけの一豪族の身から始めて、てんやわんやで王たちが奮闘したのが、天下統一の戦いだった。もう名ばかりの王とはいわせないと、どんどん領地を掻き集める、なるだけ支配の面を拡げていく。かかるカペー朝の方針は、ヴァロワ朝でも踏襲された。

次々頁の地図は一五八九年のフランス王国だが、ほとんど全土がフランス王家の色で塗りつぶされている。外様の諸侯、あるいは親藩であったとしても、フランス王家に反旗を翻すような豪族は、もはや完全に姿を消した。シャルル七世が百年戦争に勝利したので、イングランド王家の領地は粗方《あらかた》なくなった。ルイ十一世は長年の闘争の末にブールゴーニュ公家を倒し、また相続を通じてアンジュー公家の諸領を手に入れた。シャルル八世、そしてルイ十二世がブルターニュ公領の確保に腐心し、続くフランソワ一世がブルボン公家の諸領まで奪ってしまうと、残る有力豪族はヴァンドーム公家（ブルボン公家の分家）と、ナバラ王家（アルブレ家）くらいのものになってしまった。ルイ十二世とフランソワ一世の即位で、オルレアン公家やアングーレーム伯家の諸領も、自動的に王領になったのだ。天下統一といって、信長、秀吉、家康というような日本の名だたる天下人も、こうまで総取りはしなかったと呆れてしまうほど、フランス王家というのは、それはもう貪欲に全てを自分のものにしようとしたのである。

が、そうした「個人商店」のやり方では、早晩破綻してしまう。どれだけ領地を集めようと、大きな領主にしかなれないからである。にもかかわらず、政治問題に向かうとき、わけても戦争をするときは、一国の君主として振る舞わなければならない。活動範囲も広くなる。パリの近くだけというわけにはいかず、ブルターニュでも、ブールゴーニュでも、ギュイエンヌでも、ラングドックでも、厭《いと》わず出かけなければならない。となれば、そこここの家来を掻き集めるだけでは兵隊が足りない。その支出も領主風情がやりくりする域を超える。フランス王家はカペー朝の末期で、すでに限界を迎えていたのである。

自らの大きさを持て余し、あるいは自らの大きさに、かえって首を絞められる。こんな調子では勝てない。小さなイングランド王家を相手にしても、勝てない。事実、最初期のヴァロワ王家は負け続けた。王家存亡の危機に追いこまれたときさえあった。が、かくて与えられた未曾有の試練を克服するなかで、王たちは新しい武器を獲得し、それを錬成していった。新しい武器というのは、カペー朝末期からの試行錯誤を受けて、シャルル五世が先鞭をつけ、シャルル七世が確立し、ルイ十一世、フランソワ一世というような精力的な後継者たちがさらに拡大発展させた、諸々の国家制度のことである。

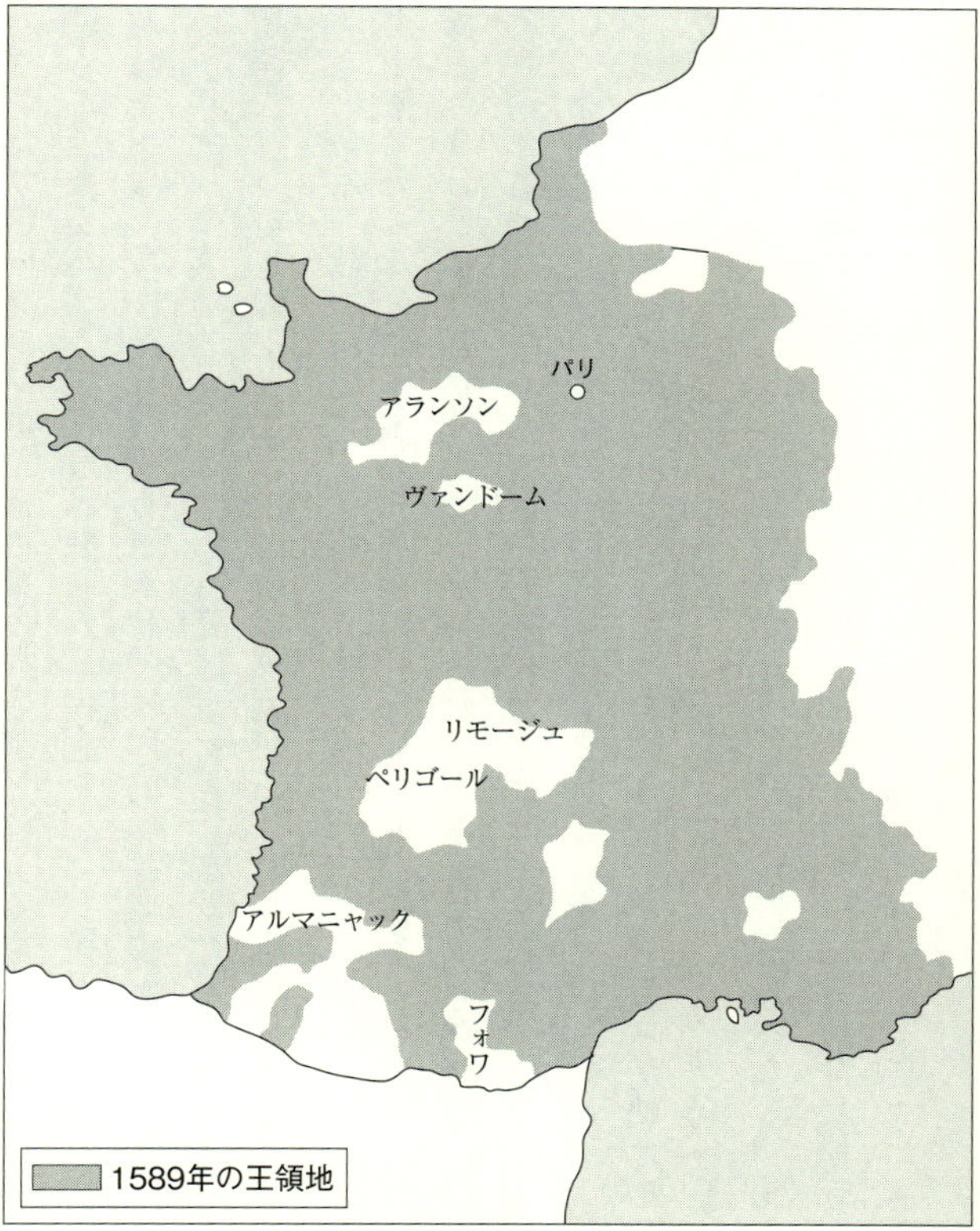
パリ
アランソン
ヴァンドーム
リモージュ
ペリゴール
アルマニャック
フォワ
1589年の王領地

1589年の王領地

ヴァロワ朝のフランス王は従来の封建制とは全く違う原理において、国家制度の整備を進めた。なかんずく王だけが取りうる税金を課し、王だけが持ちうる常備軍を創設した。かねてからの司法行政機構も磨かれ、終局的には全てがフランス王に行きつくシステム、つまりは中央集権的なシステムも完成させた。司法は下からバイイもしくはセネシャル、高等法院、そして王と上る。財政は課税が王、財務総督、そしてエリュと下り、徴税が徴税官、徴税官長、そして王と上る。行政はバイイもしくはセネシャル、州総督、そして王と上る。ところにより地方三部会が介在したり、独自の制度が設けられたりと、綺麗に一様というわけにはいかなかったが、それでも最後はフランス王につながったのだ。諸侯に寄り道するでなく、また外国の君主に流れ出るでもなく、きちんと王のところに収斂《しゅうれん》していく諸制度が、ヴァロワ朝の時代に確立されたのだ。

カペー朝の頃と名前は同じフランス王国ながら、ヴァロワ朝はその中身を別に造り変えてしまった。ヴァロワ朝の国造りは、カペー朝から受け継いだ天下統一であるのみならず、なによりも国家改造だったのである。それ式に譬えるなら、個人商店としては大きくなりすぎたカペー朝のフランス王国を引き継いで、会社形態に刷新したようなものだ。日本の歴史に準《なぞら》えるなら、天下統一して江戸幕府を開いたときに、ある程度まで明治維新もやってしまったようなものなのだ。

これが効果覿面《てきめん》だった。フランス王国のほとんどが、ひとりフランス王のものになったというのも、この新しい力のおかげである。のみならず、外国に攻めて出ることもできた。諸国を向こうに回しながら、ヨーロッパの覇権を争うことさえできた。かくも強力な国家組織に支えられて、あとは我が世の春を謳歌すればよさそうなものながら、ヴァロワ朝の諸王の実際をいえば、そうそう楽なものではなかったようなのだ。

ヴァロワ朝の限界

端的な事実として、宗教戦争ではひどい目に遭わされている。フランソワ二世、シャルル九世、アンリ三世と時代が進むほど、王は弱くなっていくばかりで、新教派に気を遣い、旧教派に媚《こび》を売り、あるいはポリティーク派の顔色を窺いと、諸派の動きに翻弄されるばかりになる。落ち着いて考えると、おかしな話だ。あれほど強かったフランス王は、全体どこにいってしまったのか。この体たらくは、個々の王の資質の問題ということなのか。いや、それが「個人商店」なら、わかる。けれど、ヴァロワ朝のフランス王国は会社形態なのだ。誰がトップに座ろうと、組織は組織として動く。王家は中央集権の制度を練り上げ、フランスの全てを一元的に支配できていたはずなのである。

実のところ、この優れたシステムが曲者だった。王につながる前、その途中でチョンと線を切られてしまうと、あっという間に優秀な反乱勢力ができあがるからである。王の手を離れてしまったシステムも、システムとしては相変わらず優秀なまま、それを横領する人間に大きな力を与えてしまうのである。例えば、州総督だ。総督が王と結びついている間は、よい。が、いざ内乱の事態となり、王と袂《たもと》を分かつ展開になれば、総督は管轄の州を直ちに私物化してしまい、反乱の強固な基盤に使う。そうなれば、かつての外様勢力が、不意に再興したようなものだ。いや、ギュイエンヌ州総督だの、ブルターニュ州総督だのは、アキテーヌ公だの、ブルターニュ公だのよりも、かえって質《たち》が悪かった。王が周到に整備した諸制度を、そのまま流用できたからだ。封建制の原理にしか頼れなかった諸侯たちより遥かに効率的に、フランス王に対する戦いを組織できたのだ。

こうした問題については、フランス王の側も気づいていないではなかった。わけてもアンリ二世は神経を尖らせ、国務卿に大権を与えたり、宮内審査官に諸州を巡察させたりしながら、王家に直属する官僚の拡充に努めている。これらの試みが次のブルボン朝の時代には、中央で省庁を率いる大臣に発展し、あるいは州総督区に、財務総督区に、方面軍にと派遣されるアンタンダン制に結実していく。いずれも王家が直に目を光らせ、現場の勝手を許さないというシステムであり、これが一定の効果を上げたとされているが、さて、どこまで評価できたものか。この程度で解決するくらいなら、土台が宗教戦争のような大内乱には、発展しなかったのではないか。

本質的な問題は、ヴァロワ朝の諸王が制度を造り上げたこと、造り上げたものが制度でしかなかったことにある。フランス王は形としては、フランス王国の末端まで支配していた。が、実際に掌握できていたかといえば、それは心もとなかった。フランス王にしてみれば、フランス王国は一にして不可分な単位だが、支配される人々にしてみれば、フランス王は必ずしも絶対の存在ではなく、またフランス王国という枠組みが常に頭にあるでもない。むしろ自分が暮らしているギュイエンヌやブルターニュが、まず一番に来る場合のほうが多い。だから、フランス王は心労が絶えなかったのだ。

何もしなくても、中央集権化されたシステムが勝手に働いてくれるというのでなく、それを制度として破綻させないためには、王自身による不断の政治努力が欠かせなかった。人々を、あるいは地域を自分につなぎとめておくために、常に汲々としていなければならなかった。個人商店を会社形態に変えたと譬えてはみるものの、ヴァロワ朝の歴史を眺めれば「中小企業の苦闘実録」くらいの印象になってしまうのは、そうした事情からなのだ。

絶えざる激務に追われる中小企業の社長に比べられるとするならば、なるほど、大変なストレスだ。王たちが短命だったというデータも、俄《にわ》かに頷ける気がしてくる。それでも社長は社長であり、普段から粗略に扱われるわけではない。ヴァロワ朝のフランス王として、敬われた。王によっては、ワンマン社長よろしく暴君になることもできたし、カリスマ社長さながらに大変な威風を誇ることもできた。フランスが簡単に後回しにされたわけでもない。王につながる線を途中で切るときは、やはり躊躇も覚えたに違いない。それでも人々は、ときにフランスが四分五裂することも辞さなかったのだ。わけても宗派のため、神のためとあらば、フランス王の手を離れ、あるいは刃向かうことさえできたのだ。

いいかえれば、フランス王は未だ神ほどには、人々の心をつかむにいたっていなかった。国家制度がないがしろにされるのは、それが神聖なものとは受け止められていなかったからだ。所詮は人間が拵《こしら》えたものにすぎないと、頭で割り切られてしまうのだ。

「フランスを救え」

そう叫んだジャンヌ・ダルクに象徴されているように、フランスという国の意識は確かに芽生えていた。が、それも思えば神のお告げを介して、なんとか成立した言葉だった。そのものは発育途上だ。人々は神のためになら死ねても、フランスのためとなると、まだ容易に死ねなかった。それがフランス王のためとなれば、ましてや命など賭けない。

つまるところ、フランス王の国造りは、道半ばということである。まあ、無理もない。順番を踏まなければならない。個人商店さながらだったカペー朝のフランス王国が、ヴァロワ朝の手によって会社形態になったのなら、その中小企業が大企業に成長するのは、また次なる段階なのだ。ただ名前が響くだけで特別な霊感を覚え、ただ属しているだけで自分まで後光を帯びるように感じる大企業——寄せられる忠誠心が信仰にも近いとするなら、あるいは会社というよりも宗教団体のイメージか。人々にフランスのためなら死ねると思わせるためには、フランス王は神にならなければならない。新教派も、旧教派も、キリスト教さえ従えてしまうような、唯一無二の神にならなければならない。次なるブルボン朝に与えられた課題というのは、どうやら、それに尽きるようだ。

主要参考文献

・ＪＰエチュヴェリー著、大谷暢順訳『百年戦争とリッシュモン大元帥』河出書房新社、一九九一年
・Ｊオリュー著、田中梓訳『カトリーヌ・ド・メディシス』上下、河出書房新社、一九九〇年
・Ｂグネ著、佐藤彰一、畑奈保美訳『オルレアン大公暗殺——中世フランスの政治文化』岩波書店、二〇一〇年
・Ｐｈコンタミーヌ著、坂巻昭二訳『百年戦争』白水社文庫クセジュ、二〇〇三年
・Ｒストロング著、星和彦訳『ルネサンスの祝祭』上下、平凡社、一九八七年
・Ｈラペール著、染田秀藤訳『カール５世』白水社文庫クセジュ、一九七五年
・Ｇリヴェ著、二宮宏之、関根素子訳『宗教戦争』白水社文庫クセジュ、一九六八年
・朝治啓三、渡辺節夫、加藤玄編著『中世英仏関係史1066-1500』創元社、二〇一二年
・城戸毅『百年戦争——中世末期の英仏関係』刀水書房、二〇一〇年
・清末尊大『ジャン・ボダンと危機の時代のフランス』木鐸社、一九九〇年
・佐藤賢一『カペー朝——フランス王朝史１』講談社現代新書、二〇〇九年
・佐藤賢一『英仏百年戦争』集英社新書、二〇〇三年
・佐藤猛『百年戦争期フランス国制史研究——王権・諸侯国・高等法院』北海道大学出版会、二〇一二年
・新人物往来社編『フランス王室一〇〇〇年史』新人物往来社、二〇一二年
・樋口淳『フランスをつくった王——シャルル７世年代記』悠書館、二〇一一年
・福井憲彦編『フランス史』山川出版社、二〇〇一年

・八幡和郎『愛と欲望のフランス王列伝』集英社新書、二〇一〇年
・堀越孝一『ブルゴーニュ家』講談社現代新書、一九九六年
・山瀬善一『百年戦争——国家財政と軍隊』教育社、一九八一年

・Allmand,Ch.,*The Hundred Years'War:England and France at war,c.1300-c.1450*,Cambridge,1988.
・Autrand,F.,*Charles* V,Paris,1994.
・Autrand,F.,*Charles* VI,Paris,1986.
・Basin,Th.,Samaran,Ch.,*Histoire de Charles VII,I~III*,Paris,1964.
・Basin,Th.,*Histoire de Louis XI, I~III*,Paris,1963.
・Blancpain,M.,*Anne de Montmorency."le tout-puissant"1493-1567*,Paris,1988.
・Bourquin,L.,*La France au XVIe siècle1483-1594*,Paris,1996.
・Bully,Ph.,*Charles VII:le"Roi des merveilles"*,Paris,1994.
・Cloulas,I.,*Charles VIII et le mirage italiem*,Paris,1986.
・Cloulas,I.,*Henri II*,Paris,1985.
・Commynes,Ph.de,*Mémoires,I~II*,Paris,1965.
・Constant,J.M.,*Les Guises*,Paris,1984.
・Constant,J.M.,*La Ligue*,Paris,1996.
・Bellaguet,L.,Guenée,B.,*Chronique du Religieux de Saint-Denys,1~3*,Paris,1994.
・Deviosse,J.,*Jean Le Bon*,Paris,1985.
・Duchein,M.,*Marie Stuart*,Paris,1987.

- Favier,J.,*Finance et fiscalité au bas moyen âge*,Paris,1971.
- Fénin,Ph.de,*Mémoires des règnes de Charles VI et Charles VII:1407-1425*,Clermont-Ferrand,2009.
- Ferlet,M.,*Les testaments des rois français:l'art de transmettre le pouvoir*,Paris,2013.
- Froissart,J.,*Chronique*,Paris,2003.
- Froissart,J.,*Chronique*,Paris,2001.
- Gobry,I.,*Philippe VI:père de Jean II le Bon,1328-1350*,Paris,2011.
- Garrisson,J.,*Les derniers Valois*,Paris,2001.
- Gaussin,P.R.,*Louis XI*,Paris,1988.
- Gauvard,C.,*Le temps des Valois:1328-1515*,Paris,2013.
- Guenée,B.,*L'Occident aux XIVe et XVe siècles:les états*,Paris,1971.
- Holt,M.P.,*The French Wars of Religion,1562-1629*,Cambridge,1995.
- Jacquart,J.,*François Ier*,Paris,1980.
- Jouanna,A.,*La France du XVIe siècle, 1483-1598*,Paris,1996.
- Labande-Mailfert,Y.,*Charles VIII*,Paris,1986.
- Lot,F.,*Recherche sur les effectifs des armées françaises des guerres d'Italie aux guerres de Religion 1494-1562*,Paris,1962.
- Louis XI,*Lettres choisies*,Paris,1996.
- Minois,G.,*La guerre de cent ans*,Paris,2008.
- Orgemont,P.d',*Chronique de Jean II,1350-1364*,Clermont-Ferrand,2003.
- Orgemont,P.d',*Chronique de Charles V,1364-1380*,Clermont-Ferrand,2003.

- Perroy,É.,*La guerre de cent ans*,Paris,1945.
- Potter,D.,*A History of France,1460-1560,The Emergence of a Nation State*,New York,1995.
- Phan,B.,*Rois et Reines de France*,Paris,2009.
- Quilliet,B.,*Louis XII*,Paris,1986.
- Simonin,M.,*Charles IX*,Paris,1995.
- Sablon du Corail,A.,*Louis XI ou le joueur inquiet*,Paris,2011.
- Solnon,J.F.,*Henri III*,Paris,2001.
- Ursins,J.J.des,*Histoire de Charles VI,I~III*,Clermont-Ferrand,2011.
- Zeller,G.,*Les institutions de la France au XVIe siècle*,Paris,1948.

N.D.C.235　365p　18cm
ISBN978-4-06-288281-1

講談社現代新書　2281

ヴァロワ朝《ちょう》――フランス王朝史《おうちょうし》　2

二〇一四年九月二〇日第一刷発行　二〇二〇年五月二七日第六刷発行

著者　佐藤賢一《さとうけんいち》　
発行者　渡瀬昌彦
発行所　株式会社講談社
東京都文京区音羽二丁目一二―二一　郵便番号一一二―八〇〇一
電話　〇三―五三九五―三五二一　編集（現代新書）
〇三―五三九五―四四一五　販売
〇三―五三九五―三六一五　業務
装幀者　中島英樹
印刷所　大日本印刷株式会社
製本所　株式会社国宝社
定価はカバーに表示してあります　Printed in Japan

「講談社現代新書」の刊行にあたって

教養は万人が身をもって養い創造すべきものであって、一部の専門家の占有物として、ただ一方的に人々の手もとに配布され伝達されうるものではありません。

しかし、不幸にしてわが国の現状では、教養の重要な養いとなるべき書物は、ほとんど講壇からの天下りや単なる解説に終始し、知識技術を真剣に希求する青少年・学生・一般民衆の根本的な疑問や興味は、けっして十分に答えられ、解きほぐされ、手引きされることがありません。万人の内奥から発した真正の教養への芽ばえが、こうして放置され、むなしく滅びさる運命にゆだねられているのです。

このことは、中・高校だけで教育をおわる人々の成長をはばんでいるだけでなく、大学に進んだり、インテリと目されたりする人々の精神力の健康さえもむしばみ、わが国の文化の実質をまことに脆弱なものにしています。単なる博識以上の根強い思索力・判断力、および確かな技術にささえられた教養を必要とする日本の将来にとって、これは真剣に憂慮されなければならない事態であるといわなければなりません。

わたしたちの「講談社現代新書」は、この事態の克服を意図して計画されたものです。これによってわたしたちは、講壇からの天下りでもなく、単なる解説書でもない、もっぱら万人の魂に生ずる初発的かつ根本的な問題をとらえ、掘り起こし、手引きし、しかも最新の知識への展望を万人に確立させる書物を、新しく世の中に送り出したいと念願しています。

わたしたちは、創業以来民衆を対象とする啓蒙の仕事に専心してきた講談社にとって、これこそもっともふさわしい課題であり、伝統ある出版社としての義務でもあると考えているのです。

一九六四年四月　野間省一